教师迁移研究

曲中林　杨小秋　胡海建　著

图书在版编目（CIP）数据

教师迁移研究 / 曲中林，杨小秋，胡海建著. — 武汉 ：武汉大学出版社，2020. 9（2023.8重印）

ISBN 978 - 7 - 307 - 21572 - 6

Ⅰ. 教… Ⅱ. ①曲… ②杨… ③胡… Ⅲ. 教师—人员流动—研究—广东 Ⅳ. G525. 1

中国版本图书馆 CIP 数据核字（2020）第 097054 号

责任编辑：黄朝昉　　　　责任校对：牟　丹　　　　版式设计：天　韵

出版发行：**武汉大学出版社**（430072　武昌　珞珈山）
（电子邮箱：cbs22@ whu. edu. cn　网址：www. wdp. com. cn）
印　刷：廊坊市海涛印刷有限公司
开　本：710 × 1000　1/16　　印　张：11. 5　　字　数：210 千字
版　次：2020 年 9 月第 1 版　　2023年 8 月第 2 次印刷
ISBN 978 - 7 - 307 - 21572 - 6　　定　价：45. 00 元

内容简介

虽然迁移的知识型人口是人口学研究中的小样本，也不是研究的主流，但近些年来相关研究逐渐趋热。在当前中国乃至世界教师总量不足的背景下，教师迁移现象属于社会的一种正常人口流动。本书以粤港澳大湾区建设背景下的珠三角地区教师迁移为切入点，通过对人口及教师迁移研究进行文献综述，依据人口迁移理论，分析教师迁移的现状、特征和发展态势，分析迁移对教师地缘结构的重构、教师迁移对迁入地的教育贡献、教师迁移的环境选择以及教师迁移的对策，并提出珠三角地区教师高地建设的策略。

作者简介

1．曲中林，男，1965年出生，黑龙江绥化人，肇庆学院教育发展研究院常务副院长，教育学教授，硕士生导师，主要从事教育发展战略、教师教育和教师专业化研究。在《高等教育研究》《教师教育研究》等刊物上公开发表论文90多篇，出版《教师教育的实践性研究》等多部专著，主持、参与课题研究多项。

2．杨小秋，女，1965年出生，黑龙江绥化人，肇庆学院教育科学学院教育学教授，硕士生导师，主要从事教育基本理论、教师教育和教师专业化研究。在《中国高教研究》《课程·教材·教法》等刊物上公开发表论文60篇，出版《教师实践力的实证研究》《教师工作环境权的研究》等著作，主持、参与课题研究多项。

3．胡海建，男，1964年出生，湖南长沙人，广东科学技术职业学院（广东省科技干部学院）马克思主义学院院长，教育学博士、教授、博士生导师，主要从事教育管理研究。在《课程·教材·教法》《中国教育学刊》等刊物先后发表学术论文50多篇，出版《创新教育概论》《中国本土教育学——《论语》中的教育智慧》等多部专著，主持、参与课题研究10余项。

前　言

一

从古至今，人口迁移流动一直是中国的一道“风景”，尤其是改革开放以来省与省之间的人口迁移流动逐渐增多，人口流动网络趋于复杂，其规模大、影响深远。据统计，目前我国的流动人口已占全国人口的10%以上，形成世界最大人口迁移流，正在实现从生存型迁移向发展型迁移的转变。国内外学者对这一人口迁移流动过程的研究予以了高度关注，并在人口迁移流动的宏观空间格局和微观区位特征等多方面产生了大量成果。就宏观空间格局而言，改革开放以来中国人口具有从乡村向城镇，从中西部内陆地区向东部沿海省份迁移流动的鲜明的流向特征，并在此过程中逐步形成了珠三角地区、长三角地区、京津冀地区等为主的流入区域，以及以中西部尤其是中部省份为主的主要流出区域。就微观区位特征而言，大量流动人口主要分布在城市郊区或城郊接合部，城中村是其集居的主要场所；流动人口还往往通过血缘、宗缘和地缘的纽带与同乡聚居，从而在特定的微观地域形成了独特的乡缘社区。人口学、社会学、人类学等相关学科的相关研究成果极大地丰富和深化了人们对中国人口迁移流动这一过程的发生发展规律和空间特征的认识。

从世界范围看，中国将逐渐成为国际上人才主要流入地之一，知识型人口重要迁入地。福布斯中国与外联出国顾问集团共同打造的《2018全球人才流动和资产配置趋势》报告认为，在全球人才流动中，“中国引力”逐渐增强的现象受到关注。根据报告，“中国引力”日渐改变国际人才流动格局。作为最大的留学生输出国，我国目前持续迎来留学生归国潮，“北上广深”一线城市以及武汉、重庆等“新一线城市”正在成为吸引全球人才的高地。中国与全球化智库创始人王辉耀指出，中国现在参与“全球人才环流”，虽然目前环流到中国来的国际人才主要为海归和华侨华人，但外国人到中国发展在未来10年、20年会成为一个新趋势。伴随发展，中国已非过去的人才输出国，而将是具备强大竞争力的人才吸引高地。

二

随着互联网的迅速发展，国家与国家、区域之间的竞争将更加强调创新能力，人才成为现代社会的核心竞争力。党的十九大报告指出，要建设知识型、技能型、创新型劳动者大军，健全人才顺畅流动机制。2019 年 1 月 11 日，国家人力资源和社会保障部发布的《人力资源和社会保障部关于充分发挥市场作用　促进人才顺畅有序流动的意见》中提出，促进人才顺畅有序流动，努力形成人尽其才、才尽其用的良好局面，让各类人才的创造活力竞相迸发，聪明才智充分涌流。《粤港澳大湾区发展规划纲要》和《中共广东省委 广东省人民政府关于贯彻落实〈粤港澳大湾区发展规划纲要〉的实施意见》均指出，粤港澳大湾区已具备教育和人才集聚发展的硬件条件，要打造粤港澳大湾区教育和人才高地，共同推动教育和人才培养事业高质量发展。广东省大力实施“强师工程”，全面深化教师管理制度改革，形成开放的、富有活力的教师队伍管理机制，确保教师队伍的生机活力。

在推进教育事业发展的进程中，最重要的教育资源不是高楼，不是课桌，也不是现代化的教学设备，而是教师。教师队伍建设是一个动态的发展过程，如中华人民共和国成立初期，广东省教师数量不到 10 万人，截至 2018 年底，广东省教师数量达 144 万人，全国教师数量第一，其中包括大量迁移流动而至的外来教师，特别是在深圳，外来教师已经成为主体。教师是社会中的“自由漂浮者”，抑制不住的教师“孔雀东南飞”，越来越多的优秀教师向经济发达地区迁移流动，教师南迁实属必然。

借助“外脑”进一步激活珠三角地区的教育“热度”，成为粤港澳大湾区教育发展的重要一环。在粤港澳大湾区建设背景下，本书研究知识型人口迁移，聚焦教师迁移这一现象，力图追觅、解析、反思教师迁移轨迹，探讨教师迁移对广东省珠三角地区经济社会的影响，提出珠三角地区教师高地建设策略，是推进粤港澳大湾区建设的战略性课题之一。

目　　录

第一章 绪 论

在粤港澳大湾区建设背景下，以中国知识型人口迁移数量最大的教师人口为样本，以国内迁入教师人数最多的广东省珠三角地区为切入点，以珠三角教师高地建设为目标，对粤港澳大湾区教师迁移问题进行综合研究，这是关涉粤港澳大湾区建设的战略性课题之一。

第一节 研究的背景、价值与目标

一、研究的背景

联合国经济与社会事务部发布的2017年《国际移民报告》指出，全球目前共有2.58亿移民，移民占全球总人口的3.4%[①]。无论是国际移民还是国内移民，大多属于从经济落后地区往经济发达地区的人口移动，其中往往还伴随着经济落后地区文化向经济发达地区的流动。

（一）教师迁移和流动已引起世界各国政府热切关注

近年来，教师迁移和流动问题已成为世界各国热切关注的重点话题，同时教师迁移和流动也已成为实现教育资源均衡配置的重要手段，但在某种程度上，也成为世界各国教育可持续发展的阻力。一些发达国家，根据本国中小学教师迁移和流动的现状，结合本国教育发展情况，采取了促进本国教育均衡发展的举措。

为了应对教师迁移和流动率过高带来的教师职业不稳定性，美国早在20世纪90年代初就启动“教师留住危机”项目（Teacher Retention Crisis），希望通过大量储备新教师以弥补教师流失所造成的短缺危机，以促进教师资源合理配置。之后，美国又出台了《不让一个孩子掉队》教育法案，设立“全国教师流动委员会”（National Panel On Teacher Mobility），其主要职责在于专门负责对各种教师迁移和流动进行调查和分析，制定相关政策，提高教师薪

① United Nations Department of Economic and Social Affairs Population Division. International Migration Report 2017[R]. New York:United Nations,2017,p. 1.

酬待遇，额外提供福利津贴，鼓励优秀教师向经济欠发达地区、发展较弱的学校流动，以推动全国教育均衡发展。法国的教师属于公务员身份，由政府进行统一管理，因此具有流动的义务性。但法国为了更好地促进教师合理迁移和流动，均衡教育发展，采取了一些积极的配套措施。如：为了解决就学率差距较大的问题，法国政府于1989年颁布了《教育方向指导法》，均衡师资在各区之间和各省之间的配置，改善各学校的师生比率。此外，法国还统一了中小学教师的工资和培养标准。为扶持薄弱学校师资，实施“教育优先区”计划，大大缩小了法国各区之间的师资差距。日本基于第二次世界大战之后的国家教育破败现象，实施教师定期流动制来提高教育质量，其教师迁移和流动的形式基本上是全员流动。日本中小学教师跟法国一样，属于公务员身份，进行定期流动是其义务。但日本为了让教师迁移和流动更好地实现教育资源均衡配置，通过一系列政策法规，如《国家公务员法》《教育公务员特例法》，使日本教师教育资源得到充分配置。从全球领域来看，为了均衡教育资源配置，提升教育发展水平，各国结合自身迁移和教师流动现象，提出了行之有效的教师迁移和流动制度，从政策倾斜、提高薪酬待遇、增加职业进修机会等方面做了全面的探索。

（二）教师跨国迁移流动研究越来越成为学术界的热点①

目前，我国已经成为全球移民输出大国，数千万的中国移民及其后裔群体分布海外。在2017年的移民输出国排行榜上，我国的国际移民人数已从1990年的410万增至2017年的1 000万。数据显示，1978年至2016年间，各类出国留学人员总数达458.66万人，2017年，我国对外劳务合作派出各类劳务人员数量达52.2万。在2016年共有超过90万名外国专家以及其他外国人员在华工作。人力资源和社会保障部的统计显示，截至2016年已有23.5万名外国人持有外国人就业证。随着我国国际影响力和经济实力的提升，我国接收的国际移民数量也日渐增多，人数从1990年的37.64万，增至2017年的99.95万。② 我国的海外移民群体，这表面上的人口迁移，实际上带来的是劳务的迁移、技术的迁移、经济的迁移、思想的迁移、文化的迁移、教育的迁移。教育资源的全球性流动越来越广、频率越来越高、速度越来越快，在世界教师总量不足的背景下，“离国出走”、跨国迁移的教师逐渐增多并成为普遍现象，这使得教师跨国迁移流动这一课题变得越来越有研究的

① 曲中林. 跨国教师迁移：中国现象与对策［J］. 外国中小学教育，2009（12）：10－13.

② 路阳. 国际移民新趋向与中国国际移民治理浅论[J]. 世界民族,2019(4):60－72.

必要。

第一，跨国教师迁移问题的研究趋热但是较为零散，因而需要从全球化视野进行全面而系统的整体审视和把握。以往对跨国教师迁移的研究成果数量不多，真正有价值的寥寥无几。原因在于与中国国内迁移的教师相比，教师跨国迁移的数量、规模还是相当小的。跨国教师迁移不只是一个实践问题、现实问题，而且还是一个关乎中国乃至世界教育未来走向的理论问题。国际间教育联系越来越紧密，许多教育问题具有国际性，体现了教育的国际性。在全球化的移民浪潮中，世界变得越来越扁平，人们像地球村的公民一样不停地在世界迁移。作为一种历史运动，哈贝马斯所说的“世界公民社会”（global civic society）似乎正在潜滋暗长。在全球化的背景下，教育不仅应走出地方区域，成为国家的事业，更应走向国际，成为全球的事业。如在美国，2002 年领取 H－1B 签证从事教育职业的移民有 20 613 人，平均年龄 34 岁，平均收入 3. 6 万美元，75% 的移民以上具有硕士及以上学位，其中来自中国的最多，占 17%①。经济全球化、政治全球化带来的教育全球化，促进了师资队伍国际化，教师将逐渐走进全球化的角色中。

第二，跨国教师迁移问题的研究应从关注外籍教师的输入，到“中籍”教师如何走出国门的主动输出。今天，人们对教师寄予厚望，认为教师应成为民族的良心，甚至成为世界的良心。所以要以超越并整合国家利益的视角研究多边的跨国教师迁移。中国国际学校数量已达 734 所，排名全球第一。北京在 2000 年大约有外籍教师 357 名，到 2002 年就有 2 000 多名外籍教师在北京市的各个学校任教，发展速度非常快②。党的十七大报告提出中国要建设人力资源强国，就必须大量引进包括教师在内的各类人才。这种发展势头不仅挑战着中国教育，也挑战着中国教师。中国教师要把握时代的脉搏、具有国际视野，更要走出国门，适应世界对中国的需要。每一个教师都应更多地了解国际问题，所有教师、学生都应该有机会与不同于自己的伦理与文化背景的人一起学习或工作。钱钟书先生说：“咱们开门走出去，正由于外面有人推门、敲门、撞门，甚至破门跳窗进来。”我们难以统计中国在海外教书的人有多少，但学术界越来越关注他们。例如，从 2004 年开始，中国在海外设立了以教授汉语和传播中华民族文化为宗旨的非营利性机构——“孔子学院”，截至 2019 年底，全球已有 550 所孔子学院，分布在 162 多个国家和

① 汪怿. 学术人才国际流动及其启示[J]. 教育发展研究,2006(4A):34－39.

② 万兴亚. 中小学里洋学生洋老师多起来[N]. 中国青年报,2002－09－13(1).

地区①，大批汉语教师主动走出国门，迁移异国他乡。

第三，跨国教师迁移问题研究的理论预设：社会冲突－融合论与社会进化论。跨国教师迁移在政治学上和社会学上使人产生高度的敏感，特别是社会冲突－融合论与社会进化论的视野。社会冲突－融合理论的研究在于分析不同国家之间特别是发达国家与发展中国家之间的相互关系，这种关系是从冲突走向融合、再到冲突的循环过程。社会进化论的代表人物是孔德、斯宾塞等人，是达尔文生物进化论思想在社会领域的扩展，是解释社会变迁与进步的一种理论②。上述两种理论及其主张有助于深化跨国教师迁移问题的研究。出国、引进作为专业技术人员的教师，其跨国迁移不是那种只依靠一张单程车票而离开出生地的人。作为知识分子的教师是社会中的“自由漂浮者”，不仅其言论、行动，而且在行踪方面，一定程度上可以超然事外。跨国教师助推了各个不同民族文化之间从冲突走向融合，教师成为东西方文化交流和对话的推动者和带头人。迁移的教师是跨国行动者，他们把自己的文化和生活方式传播给了所要居住的社会，促进了跨民族文化的大发展。全球化增强了人们对于异质文化认同的渴望，各国都在提升本国文化的“软实力”的影响，都在提升基于本土文化的国际社会的文化认同感、亲和力、吸引力和影响力。如，全球化正在缔结一个统一的国际劳动力市场，高技能人才的国际劳动力市场正在形成。移民入境国，像美国、加拿大、澳大利亚等国不断吸引发展中国家的优质师资力量，发展本国教育。这种国际化迁移的逐渐增多，带来了跨文化的融合和变迁。

（三）教师迁移和流动在我国已经成为一种常态

在知识经济社会以及创新驱动发展战略的背景下，知识移民越来越常态化，中国的知识移民、技术移民与国家发展研究变得越来越重要。改革开放后教师的“迁移与流动潮”构成了中国社会发展的一道风景线。改革开放以来，教师迁移逐渐变为一种常态，教师成了“流水的兵”，对国内省际教师迁移及省外人力资源对省域教育贡献的研究是中国教育发展进行中的重要课题。

人力资源是我国经济社会发展的第一资源，教育是开发人力资源的主要途径。随着经济全球化的不断深入，国际竞争更加激烈，人才的竞争已经成为国际核心竞争力的重要组成部分，而人才培养与开发的基础在于教育，特

---

① 余冠仕. 共同办好孔子学院，增进友谊和了解[N]. 中国教育报，2007－12－12(1).

② Nisbet R. Social change and history：aspect of the western theory of development[M]. New York：Oxford University Press，1969：240.

别是高等学校，作为人才培养与开发的输出终端，被誉为现代人类社会发展的“动力站”。知识的传播、应用和创新，文明的传承与进步，人才的发掘与培养，科学的发现与技术的更新，社会的文明与理智，不同文化的交流与沟通，都以大学为基础。作为大学主体的大学教师则是人类文明的传播者、思想和科技的时代先锋，高等教育质量的提高在很大程度上取决于大学教师整体素质的提高，因此，建设一支高素质、高水平、结构优良的教师队伍是提高高等教育质量的关键所在，也是我国经济社会发展的必然要求。合理配置不同层次的教育资源，实现高校教师的合理迁移与流动，有利于提高我国教育整体质量，进而全面提高教育整体水平。

从国家政策层面看，教师迁移流动的空间越来越开阔。党的十九大报告指出，要建设知识型、技能型、创新型劳动者大军，健全人才顺畅流动机制。2019 年 1 月 11 日，国家人力资源和社会保障部发布《人力资源和社会保障部关于充分发挥市场作用　促进人才顺畅有序流动的意见》（人社部发〔2019〕7 号）提出，围绕实施人才强国战略和创新驱动发展战略，以促进人才顺畅有序流动、激发人才创新创业创造活力为目标，以健全人才流动配置机制为重点，以充分发挥市场决定性作用和更好发挥政府作用为保障，加快建立政府宏观调控、市场公平竞争、单位自主用人、个人自主择业、人力资源服务机构诚信服务的人才流动配置新格局，努力形成人尽其才、才尽其用的良好局面，让各类人才的创造活力竞相迸发，聪明才智充分发挥。

（四）教师迁移和流动契合粤港澳大湾区发展战略，符合广东省打造南方教师高地的愿景

《粤港澳大湾区发展规划纲要》和《中共广东省委广东省人民政府关于贯彻落实〈粤港澳大湾区发展规划纲要〉的实施意见》均指出，要打造粤港澳大湾区教育和人才高地。粤港澳大湾区已具备教育和人才集聚发展的硬件条件，但对标国内先发城市群和世界一流湾区，粤港澳大湾区要谋划打造全球教育和人才高地，建设宜居宜业宜游的优质生活圈，目前仍存在顶尖教育供给缺乏、原始创新能力薄弱、创新资源全球化配置不足等瓶颈，亟须凝聚共识，深化教育体制和人才培养机制改革，共同推动教育和人才培养事业高质量发展。

广东省教育厅关于印发《广东省“强师工程”实施方案（2017—2020年）》（粤教师〔2017〕8 号）提出“高水平教师队伍不断壮大。形成较为完善的中小学骨干教师培养体系，培养一批在国内外具有较大影响的基础教育名教师和名校长。健全鼓励创新的高校教师成长发展机制，实现高校高层次领军人才队伍、学术骨干队伍和青年后备人才队伍持续协调发展。到2018年，新增基础教育名校长、名教师培养对象300名左右，高等学校新增国家级领军人才（院士、973首席科学家、长江学者、千人计划、国家万人计划、国家教学名师和杰青等）、省级领军人才（珠江人才计划、广东特支计划、珠江学者、省杰青、教学名师、高职专业领军人才等）及高水平学科（专业）带头人分别达到300、400、500名左右。到2020年，新增基础教育名校长、名教师培养对象600名左右，新增高等学校国家级、省级领军人才及高水平学科（专业）带头人分别达到400、500和600人左右”。

广东省教育厅关于印发《广东省教师队伍建设“十三五”规划》（粤教师〔2017〕7号）的通知，提出加强高校人才引进工作。以国家“千人计划”和省“珠江人才计划”等引进拔尖创新性人才和创新团队工程为引领，推进高等学校加强人才引进工作，大力引进以海内外拔尖人才为主的学科领军人才、创新科研团队核心成员和教学名师等。创新引才引智机制，加强人才柔性引进工作。积极探索团队引进、核心人才带动引进等多种引进模式。健全完善人才引进政策措施，为高等学校引进人才营造良好的制度、政策环境。

总的看来，广东省正在大力实施“强师工程”，全面深化教师队伍建设改革，打造南方教师高地。落实教师教育振兴行动计划，加快推进广东“新师范”建设，加大教师培养力度，提升教师专业素质能力。粤港澳大湾区发展战略既对教师人才迁移提出新的要求，又为人才迁移模式改革带来机遇。要继续推动广东省域尤其是珠三角的教育事业发展就要特别关注外来教师，这是促进省域教育事业均衡、和谐发展战略之一。全面深化教师管理制度改革，建立“引师”“引才”的政策机制，通过深化改革，形成开放的、富有活力的教师队伍管理机制，确保教师队伍的生机活力。

二、研究的价值

（一）理论价值

（1）本书将人口迁移等多个理论引入一个较小的区域，研究珠三角这一特定区域中以教师为主体的知识型人口迁移与粤港澳大湾区建设的关系，在一定程度上丰富了教育学理论的研究范围，促进了教育学与人口学、人力资源管理等学科的交叉，加强了教育学理论的研究深度。

（2）提供了一种研究教师队伍建设与教师流动的人口学视角，拓展了粤港澳大湾区建设研究的内容。

（二）应用价值

（1）教师是教育发展的第一资源和核心要素。因此，把粤港澳大湾区打造成国际一流湾区要有一流的教育和一流的教师。研究教师迁移以及知识型人口迁移问题，有利于制定珠三角地区教育发展战略。

（2）《粤港澳大湾区发展规划纲要》指出，支持大湾区建设国际教育示范区。为此，改变珠三角地区教师缺乏的现状，聚集优质教师资源，从“教育人才洼地”走向“教育人才高地”，把珠三角地区打造为区域教师高地，推进粤港澳大湾区的建设和发展。

（3）在粤港澳大湾区建设背景下，研究区域人口资源问题，巩固区域人口红利，有利于走出区域“发展陷阱”。

（4）促进政府调整角色，加强教师迁移政策的顶层设计，“坚持教育优先发展，充分开发人力资源”以及“建立优先投资于人的全面发展的公共财政投入体制”。

三、研究的目标

在评述国内外已有研究成果和借鉴教育学理论、人口迁移理论、人力资本理论的基础上，运用文献分析和实证分析等研究方法，选取珠三角外来教师为小样本，从教师迁移的视角，以教师高地建设，打造教育和人才高地，论证“高端”人力资本的迁入与珠三角的政治、经济、文化、科技、教育的互动发展之间的关系，提出粤港澳大湾区建设的对策，为珠三角地区经济社会创新发展提供学理和实证支持。为此，本书围绕下列目标开展系统研究。

一是推动省域经济社会发展和教育创新，建立合理的迁移模式，促进省域以及珠三角地区教育事业发展和质量提升，提高省域教育竞争力。

二是追踪调查研究教师的聚集情况，说明珠三角地区的经济发达程度和教育吸引程度，分析省际教师迁移对省域和珠三角区域教育发展的溢出效应。

三是以迁移的教师为研究对象，研究外来教师地域、数量、质量等相关问题，探求教师队伍地缘结构的重构以及教师队伍建设的优化问题。

第二节 相关概念的界定

一、知识型人口与知识型员工

（一）知识型人口

对于知识型人口的界定，韦伯斯特认为，知识型人口是“具有高度才智，喜爱和善于学习和思考”的人，西方社会的这个定义比当代中国学术界有关知识型人口的概念要狭隘得多。我国学术界对知识型人口的界定是“受过高等教育的人”。

（二）知识型员工

美国管理学大师彼得·德鲁克（Peter F. Drucker）于1959年首次提出了“知识型员工”这一概念，他认为知识型员工是那些利用信息和知识工作，掌握和运用概念与符号的人。知识型员工具有创造性和开拓性，是企业竞争优势的重要战略资源，知识型员工与普通员工的生产率存在巨大差异，21世纪的管理者要做的是获取人才并保持他们高昂的士气。就知识型员工的具体范畴而言，其概念在实践中已经扩展到大多数的白领和职业工作者；知识型工作者与非知识型工作者在专业技术知识的要求、知识技能更新速度、创新要求、最低学历要求、工作质量要求等方面有显著差异；知识型员工既包括专业人士也包括中高级经理，通常从事研究开发、产品开发、工程设计、市场营销、广告、销售、资产管理、会计财务、法律事务和金融、管理咨询等。知识型人才是指具有一定创新精神和创新能力的知识型员工。也就是说，专业技术人才、高技能人才和创新型人才都是知识型人才的重要组成部分。一般地，专业技术人才是指具备某种专业技术能力并具有自主创新能力的技术人员；高技能人才是指在生产实践中不断地摸索和总结，改造现有技术、创造新产品、提出新工艺，推动技术创新和科技成果转化的专业技术人才；创新型人才是指具有创新能力、创新行为和创新成果的知识型员工。①

二、人口迁移和人口流动

《现代汉语词典》对“迁移”的解释有：①有变化；②更改，改变；③搬家，从一处搬到另一处；④流放边远地区；⑤升迁官职。与“迁移”意义相近的有“流动”“迁徙”等词。生物界普遍存在着迁移现象，但意义不同。如动物的迁移都是定期的、定向的，而且多是集成大群地进行的，是其生理本能的表现，而人类的迁移是受到意识支配的自觉行为。

人们往往用“安土重迁”来描述中华民族。确实，同欧洲民族相比，中华民族的迁移频率和迁移行为均不明显。“父母在，不远游”是许多国人的信条，所以被动迁移是中国历史上最主要的迁移特征。世界上最大的人口迁

① 陈初昇. 职涯资本、角色——身份重塑与知识型员工职业迁移双重效应[D]. 泉州：华侨大学，2018：13.

移流曾是墨西哥和美国之间的人口流动，而现在已经让位给发生在中国大地上的人口流动和迁移。

对于人口迁移概念的理解，联合国《多种语言人口学辞典》的解释是：人口在两个地区之间的地理流动或者空间流动，这种流动通常会涉及永久性居住地由迁出地到迁入地的变化，人口迁移的形式为移民。对于人口迁移的类型的研究，有多重划分：国际人口迁移和国内人口迁移，永久迁移和季节迁移，自发迁移和有组织迁移，个人迁移和集体迁移，自愿迁移和被迫迁移，智能型迁移、劳工型迁移和难民型迁移①。人口流动一般指离家外出工作、读书、旅游、探亲和从军一段时间，未改变定居地的人口移动。在我国，省内外人口向广东及珠三角地区聚集的方式既有流动也有迁移。

人口迁移和人口流动的区别主要表现在，人口迁移主要是指以改变居住地为目的，跨越一定地区（地界）的人口移动行为；而人口流动则是指不以改变常居住地为目的的跨越一定地区的人口移动行为。从人口学上讲，移动到某地后居住一年（或半年）以上的人口即为迁移人口，居住不到一年（或半年）的人口即为流动人口。而从人口管理的角度讲，移动在某地后获永久居留权的人口为迁移人口，否则为流动人口。这两种理解的口径相差较大，前一种理解便于统计上划分，但后一种理解更易于管理。

三、知识型移民、教师迁移与教师流动

（一）知识型移民

陈常花、朱力明确地从知识型人口迁移的角度对“知识型移民”进行了界定，他们认为，“知识型移民”是指受过高等教育、掌握相应知识技能，在不同地域之间进行流动，以在新的移入地为定居目标并定居一年以上的迁移人口。从移民个人的角度讲，“移民”的过程并不以其到达迁入地而宣告结束②。豆小红在此基础上提出了“知识新移民”一说，即“知识新移民”（或称“知识型准移民”）是指从农村、小城镇或其他城市来到求学的城市，毕业后留下来工作并定居下来的青年，成为了新市民。其操作化定义为：年龄在 20～35 岁，2001—2010 年毕业后留在城市的中专生（含职高生、技工、培训学校学生）、大学生和硕士生。他们在校时很多是贫困生，毕业后留在城市生活，多数人从事非正式工作、兼职工作，没有房产，收入待遇低。

---

① 韩更生，杨金星. 国际人口迁移概观[J]. 地理学与国土研究，1994(11)：30－34.

② 陈常花，朱力. 知识型移民的社会适应优势[J]. 南方人口，2008(4)：31－37.

“知识新移民”由于缺乏足够的社会资本和经济资本，很多人沦为城市的“新弱势群体”，且规模越来越大，他们也被称为“蚁族大学生”“漂族知识青年”“穷二代知识青年”“边缘族知识青年”[①]。

在国内，知识型迁移的人口分散在各个行业就职，主要包括教师、医务工作者、高级管理者、普通管理者、普通职员、高级技术工作者、普通技术工作者、政府公务员、私营企业员工、个体经营者、建筑业工作者、商业人员、服务业工作者、新闻从业人员等。[②]

（二）教师迁移

教师迁移一定程度上具有“学术移民”的性质，是知识型移民中的一种。本书的教师迁移是指省际教师迁移。省际教师迁移是指教师因工作调动居住位置发生了跨越省际界限的空间移动，主要指迁移的空间范围，即跨越省界。

德国学者鲁·施托伯格（L. Stollberg）把人力资源流动分为四类：一是不可避免的流动，包括死亡、残废、退休等自然减员；二是社会必要的流动，包括因服兵役、学习、执行突击任务、犯罪服刑等原因的流出；三是社会允许的流动，包括因建立家庭、职业进步、扩大知识与经验、更好地发挥自己的能力而做的变动；四是社会不希望的流动，包括因轻率的决定、微不足道的理由、可避免的冲突而引起的流动。[③] 本书的教师迁移属于教师“向上流动”类型。

（三）教师流动

教师流动是指教师资源在教育与其他行业之间，在教育系统内部不同学校、不同地域之间进行重新配置的过程。前者是指在职教师放弃教师职业，退出学校教育领域，可称之为“外部流动”；后者即在职教师由现在职学校转入另一所学校，或者由现所在地区转向另一个地区任教，我们称之为“内部流动”。教师流动按不同的标准还可以有其他的不同划分方法。例如，按流动的方向分类，可以分为单向流动、双向流动和多向流动；按流动的规模分类，可以分为个体流动和批量流动；按流动的主体分类，可分为高校教师、中小学教师和幼儿园教师的流动；按照教师流动的地域分类，包括国内省际

---

① 豆小红.“知识新移民”的非正规就业与影响因素研究——以中部四省会城市为例[J].中国青年研究,2012(4):91-96.

② 陈常花,朱力.知识型移民的社会适应优势[J].南方人口,2008(4):31-37.

③ 唐慧芳.我国教师流动问题研究[D].长沙:湖南大学公共管理学院,2009:5.

教师流动和国际教师流动。①

教师这个职业在发达国家并不起眼，却成为发展中国家移民的非常具有吸引力的职业。发展中国家教师本来就紧缺，发达国家相对优厚的待遇吸引着教师移民。正当发展中国家为实现联合国千年发展目标而挣扎时，大量教师的离开使本国的教育雪上加霜。放眼全球，教师流动在国际范围内大致出现过四种典型的流动模式，分别是定期流动模式、跨国流动模式、“支教”模式、市场主导模式。②

四、教师地缘结构

教师迁移往往会直接影响教师迁入地的教师结构。教师结构是指对教师群体构成情况的描述，包括政治面貌、性别结构、年龄结构、学历结构、职称结构、专业结构、能力结构和地缘结构等。通过对教师结构的描述，可以分析教师队伍的素质状况，对教师群体有一个整体的、全面的认识。教师结构存在合理与不合理之分。合理的教师结构可以保障学校的办学质量，满足学校教育事业发展的需要，满足学生成长的需要，满足个体教师及其“种群”发展的需要，③ 而不合理的教师结构会影响学校办学质量和教育质量。

在对教师结构的学术研究中，地缘结构是教师结构的一个切片，是一个比较新的话题，学界对其关注度相对较低，研究成果较少。与地缘结构关联的词很多，如地缘文化、地缘群体、地缘优势、地缘环境、地缘关系、地缘教育、地缘重心、地缘板块、地缘型人际关系等。国外关于教师地缘结构最早的研究借鉴了“地缘政治”一词的内涵。瑞典地理学家克节伦最早使用“地缘政治”这个词，最初的“地缘政治”理论的研究是以地理环境作为基础，但依据的侧重点有所不同。“地缘政治”的研究以地理因素为底，从关注历史、政治、军事的角度，到近年来引入经济、社会领域，彰显“地缘政治”研究的多元视域。赵勇等人在 2008 年出版的《美国中小学教师》一书中，提到美国教育部国家教育统计中心曾在 2003 就美国教师的地缘构成进行了统计分析，在美国公立学校教师中，均有不同有色人种的教师，这是最早对教师进行地缘结构研究的文献。

地缘是以共同或相近地理空间（环境）引发的空间关系，从行政管理学

① 李娜. 国际教师流动对中国的启示——以 UNESCO 成员国发展中国家教师向发达国家流动现状为例[J]. 中国现代教育装备,2018(9):63－66.

② 顾秀林. 国际视野下教师流动的四大模式、特点及启示[J]. 教育参考,2016(2):100－106.

③ 王安全. 一个西部县农村教师结构五十年的变迁[D]. 西安:陕西师范大学,2012. 2.

视角上看地缘结构又可称为户籍结构，是人口在行政地理位置或区域上的空间分布。教师地缘结构是指教师队伍中的成员户籍结构以及居住地的地理位置的变迁，主要核算在某区域或某地学校教师群体中，国家、省、市、县等区域以外教师的构成比例。① 从现实情况看，教师地缘结构若长时间无变化或单一化，本区域教师占绝对比例，表明该区域教育发展水平乃至经济发展水平不高，对外部教师缺乏吸引力，可能表现为教师性别结构、年龄结构、学历结构、职称结构、专业结构和能力结构等都不合理。缺什么、补什么，通过补充教师，不仅可以改变单一的教师地缘构成，重构区域教师的地缘结构，体现区域教师地缘结构的多元化，是不同区域教师力量的主动聚合，是聚集教育智慧的结果，而且可以有效提升区域教师性别结构、年龄结构、学历结构、职称结构、专业结构、能力结构的合理性，是建设高水平师资队伍的重要标志之一。②

第三节　相关理论基础

一、马斯洛需求层次理论

马斯洛需求层次理论由人本主义心理学家马斯洛（Abraham Maslow）提出。马斯洛将人类的需求从低到高按层次分为五个层次，分别是：生理需求（Physiological Needs）、安全需求（Safety Needs）、归属与爱的需求（Belongings and Love Needs）、尊重需求（Esteem Needs）和自我实现需求（Self－Actualization Needs）。

一般而言，人需求的满足是一种由低到高逐渐上升的过程，在满足高层次需求之前，必须先满足较低层次的需求。作为人的教师，遵循的也是马斯洛需求层次理论，在满足基础的、低层次的需求后，才有精力去追求认知需求、审美需求和自我实现需求，如学术发展上的提高。

以高校教师为例，高校教师的多样化需求影响教师迁移和流动。按照马斯洛的需求层次理论，高校教师也有不同层次的需求。物质需求是最基本的需求。人是社会的主体，一切社会活动都是人的活动，人的任何活动都离不开一定的物质基础，都在自觉或不自觉地满足某种需要，这种需要构成人的

① 王安全.海原县农村中小学教师地缘结构变迁研究[J].教育学报,2011(8):94－98.

② 杨小秋,曲中林.外来教师资源对广东省教师地缘结构的重构与教育贡献[J].教育导刊,2016(9):40－43.

内在动力。高校教师也需要一定的经济基础。调查发现，我国高校教师，尤其是中青年教师迁移和流动的主要原因之一就是工资待遇低，这种利益驱动还表现在生活福利、住房条件、家属安置、子女上学等多方面，科研经费投入也是其利益驱动的表现形式之一。

自我价值的实现是高校教师的较高需求。高校教师这一特殊知识群体，不仅有物质生活的追求，还有发挥自己的才能并得到社会的尊重，实现自我价值的需求。当物质需求得到一定程度的满足之后，自我价值实现的需求就显得尤为重要，对于一些有潜质的教师，其所在单位如果不能提供一定的职业、学术发展空间，他们可能会选择流动到适合自己发展的环境中去。一些地方高校，尤其是新建本科院校，大多是教学型院校，缺乏良好的科研氛围，科研投入严重不足，科研能力相对较强的教师不但不会被重视，还有可能被排挤，这使得他们的自我价值难以实现，唯有选择流动。

相对剥夺感影响高校教师的迁移和流动。当高校教师将自己的处境与某种标准或某种参照物相比较而发现自己处于劣势时，会产生一种受剥夺感。单从物质条件看，当他们拿自己的收入水平和其他高校教师或者其他行业的收入水平相比较，发现自己的收入水平远低于同行或其他行业的收入水平时，会感到自我价值与收入水平不对等，这种不对等更多地体现在精神层面，他们会认为所在单位对自己不够重视或自我价值没有得到完全展示。社会认同度相对其他高校较低也会使他们产生受剥夺感，例如，学校声望等因素影响教师的社会认同度，因此，他们会选择迁移或流动到学校声望相对较高的高校。

二、推拉理论

推拉理论起源于 19 世纪，学者们公认推拉理论的奠基人是英国学者雷文斯坦（E. Ravenstein）。根据推拉理论，促使劳动力迁移的因素包括劳动力来源地沉重的生活负担、恶劣的气候环境、失业等。吸引劳动力迁移的因素则包括迁移目的地的高收入水平、高医疗水平、低生活成本等。

为了简化推拉理论，学者们将有关劳动力来源地的驱动因素和劳动力移入地的吸引因素分别归为推力（Push）和拉力（Pull）。“推力”是指来源地的各种促使劳动力外迁的力，“拉力”是指移入地的各种吸引劳动力迁移的力。而推力因素（The Push Factors）是指那些让人们对流出地感到不满的、不利的生活环境因素，拉力因素（The Pull Factors）则是外地的那些让人们感到有吸引力的、有利于改善生活条件的因素。

推拉理论模型提出后，被应用到劳动力迁移、人口城镇化等研究中，都取得了一定的研究成果。教师迁移和流动也是一种特殊的劳动力迁移，是知识型人口的迁移，因此也可以借鉴推拉理论模型进行研究。

本书将使用学术界改进后的推拉理论作为理论基础。教师迁移和流动的目的是改善目前的学术环境、工作环境、生活条件等，如果教师自愿迁移和流入的新学校的自然环境、工作氛围、薪资待遇等比原学校好，那么在综合考虑诸多影响因素后，原学校教师有可能被新学校“拉”去（拉力为新学校更好的自然环境、更融洽的工作氛围、更高的薪资待遇等；推力为原学校较差的工作环境和氛围、较低的工资水平）。教师迁移流动就是由这前拉后推的力量所决定的。

三、E. S. Lee 迁移理论

美国人口学家 E. S. Lee 对推拉理论进行了扩展。他指出，人口的迁移流动除了同流入地、流出地的气候环境、就业机会状况、生活条件、文化娱乐设施等因素密切相关之外，还受到迁移者个人因素和来自外界介入因素的影响。其中，迁移者个人因素包括迁移者的人力资本特征和家庭特征等，介入因素指迁移过程中存在的困难和障碍，包括迁入地和迁出地之间的空间距离、移民法等。他还在其迁移理论中指出，区域间的人口迁移量同区域间的经济差异、克服介入因素的难易程度有着密切的关系，同时，一个区域的人口迁移规模和迁移率同其所处的发展阶段密切相关。

四、布迪厄场域理论

场域理论是由皮埃尔·布迪厄（Pierre Bourdieu）等人提出的关于人类行为的一种概念模式，是社会学的主要理论之一。查阅已有场域研究，概括而言，场域理论指人类的任何行为动作与习惯均受行动发生的场域影响，但场域并不只是物理环境，也包括他人的行为以及在这个环境中与此相连的许多因素，是由社会成员按照特定的逻辑要求共同建设的，是社会个体参与社会活动的主要场所。布迪厄（1989）曾这样说过：“我将一个场域定义为位置间客观关系的一个网络或一个形构，这些位置是经过客观限定的。”①

布迪厄的场域概念，不能理解为被一定边界物包围的领地，也不等同于一般的领域，而是在其中有内含力量的、有生气的、有潜力的存在。关于场

① Wacquant L D. Towards a reflexive sociology: a workshop with Pierre Bourdieu[J]. Sociological theory, 1989(7): 3.

域的界限，布迪厄是以个体间的互动来定义的，场域的界限是由场域自身决定的，没有先验的答案，“场域的界限在场域作用停止的地方”。[①] 场域有自主化特点，“自主化是指某个场域摆脱其他场域的限制和影响，在发展的过程中体现出自己固有的本质”[②]。皮埃尔·布迪厄场域理论中另一个重要概念就是“惯习（Habitus）”，布迪厄将惯习分为三个层面的理解：第一，惯习是一个持久的、可转移的禀性系统；第二，惯习在潜意识的层面上发挥作用；第三，惯习还包括了个人的知识和对世界的理解。[③]

因场域结构和场域环境的不同，人们的行为表现也有所不同。“在不同的场域中，场域环境和场域结构对行动主体的发展产生重要影响。以我国乡村教师的迁移流动为例，乡村教师作为我国教师队伍的主力军，其成长离不开乡村社会场域环境，其专业发展也离不开学校场域的‘主阵地’。”[④] 乡村迁移流动教师受原本乡村学校场域的影响，在迁移流动到新学校后，其对新知识和先进教学理念接受起来较慢，难以快速适应，但因场域有自主化和惯习特点，乡村迁移流动教师在一定程度上会受新场域影响，其惯习和思维等是可以改变的，并且帮助乡村迁移流动教师尽快适应新学校环境。

五、职业发展理论[⑤]

职业发展是自我认知、需求动机与组织环境、社会环境不断整合的结果，强调人—职匹配（Holland，1959）、人—组织匹配（Schneider，1987）、人—环境匹配（Elder，1995）。人—职匹配强调能力需求，使人们认识到职业选择与个人特性的联系；人—组织、人—环境匹配则考虑了环境对人的塑造和组织的作用，强调个性与工作环境、团队、社会的整合作用，这实际上是以动态视角看待职业发展。动态的职业发展理论在考虑到社会环境变迁的同时也注重了人与职业的匹配。个体为满足环境变化需求而改变行为、态度和想法的意愿和能力称为职业适应能力；职业适应能力也是个体在以自我认知为基础不断调整职业计划的过程中所表现出来的能力，是个体能否成功地应对

---

① Bourdieu P, Wacquant L D. An invitation to reflexive sociology[M]. Chicago:The University of Chicago Press,1992:98.

② 李全生. 布迪厄场域理论简析[J]. 烟台大学学报(哲学社会科学版),2002(2):146－150.

③ 李全生. 布迪厄场域理论简析[J]. 烟台大学学报(哲学社会科学版),2002(2):146－150.

④ 吴支奎,胡小雯. 场域视野下乡村教师生涯发展的困境与出路[J]. 中国教育学刊,2017(5):26－29.

⑤ 陈初昇. 职涯资本、角色——身份重塑与知识型员工职业迁移双重效应[D]. 泉州:华侨大学,2018:16－17.

职业转变的关键因素。

人的职业能力和对职业的认识是发展的、不断成长不断成熟的过程，“职业性”产生职业选择，导致职业成功。“自我概念”（“自我意识”）和职业行为之间有着密切联系，自我意识是对自己的身心活动的觉察，即自己对自己的认识，具体包括认识自己的生理状况、心理特征以及自己与他人的关系。职业性的发展，也就是人们“自我”概念或意识的建立和发展过程。职业性发展是一个“妥协过程”，自我与职业之间存在着相互作用的关系，美国著名生涯专家Super在职业发展生命空间理论（Life Space）研究中将年龄与特殊职业阶段相联系，关注每个阶段中职业适应性问题。职业生涯彩虹图模型说明个体在不同职业发展阶段的时间和空间维度如何进行迁移，反映工作经历和工作角色、生活经历和生活角色等内容。他认为，个体需要不断自我探索、自我接纳，才能扮演好每个阶段的角色。个体对自己的发展历程要有清楚的认识，否则容易成为“选择不确定的人”和“生涯成熟度不够的人”。每个人对自己的生命阶段及其角色、角色的重要性等要有清楚的认识，包括需求、价值观、特点等，在不同职业阶段特别是中年阶段容易出现职业危机，个体需要重新进行定位、发现自我、认识自我角色，形成新的自我概念，适应新的工作和生活环境。

职业发展理论认为，每个人均适合从事多种职业，在职业选择时具有一定的弹性。个人的职业兴趣、能力、自我概念与工作、生活环境都会随着时间与个人经验的改变而发生变化，所以职业选择与调适是一个连续过程。职业生涯发展过程是个人与社会环境之间、自我概念与现实之间的一种调和过程。个人的职业生涯发展模式受个人的心理能力、人格特质的影响极大，自我概念是核心力量。职业生涯发展过程，基本上是自我概念的发展和实践，是一种调和的过程。从自我效能的角度上看，职业生涯发展是一个了解我们自身并做出各种可能性选择的主动建构过程。Connelly 与 Wright（2003）提出职业生涯发展的再生阶段（Recycling），指个体在重新考虑职业选择并开始一个新的职业转换过程中出现的特征，可以理解为个体感知到的身份的转换阶段。无边界职业生涯强调个人对职业生涯负责任、跨越单个组织边界、个人胜任力的提高和可雇佣性的增强，是一种灵活的职业生涯发展管理模式。

无边界职业生涯超越单一雇主或工作，挑战金字塔组织中朝着一个个目标努力的垂直晋升方式的当代职业生涯模式，从兼职工作，组织内、外不同角色间的调动与晋升，到自由职业者等。无边界不是说职业没有边界，而是无论是物理的还是心理的边界都更易于渗透或跨越，他们可能在与某种形式的职业、工作角色相关的组织中迁移。无边界职业生涯是与传统组织生涯相对而言的，传统组织生涯强调个体在组织内部的职业经历和发展路径，偏重组织对员工职业生涯管理的责任。而无边界职业生涯以职业发展环境的变化与员工更频繁的流动以积极寻找职业发展机会为背景，打通组织间、职业间的发展通道，把职业生涯经历与发展的视角转向个体，强调个体如何在具有严格边界的组织间进行职业迁移，开展职业发展活动，强调自我职业管理。无边界职业生涯管理是与跨组织或职业边界的实际运动及更具体的职业角色、职业转换机会、障碍等相联系的。无边界职业生涯时代的职业生涯转换类型及影响可能有以下几个方面：①跨越组织边界的转换；②跨越职业边界的转换；③雇佣关系的变革；④职业生涯成功标准的改变；⑤职业生涯管理责任由组织向个体转换。

六、人力资本理论

人类通过两次工业革命进入大工业时代，生产力发生了根本性改变，主要表现在科学技术代替经验工艺套路，科技与生产互动作用日益加强，另一方面是专业性更强、效率更高的技术培训成为生产技术主要的传递方式，生产中人的知识、技术因素影响及作用越来越大。人力资本的研究始于 18 世纪在欧洲兴起的古典经济学，其研究生产过程中的不同劳动力发挥的不同作用，从而开始关注教育对促进生产发展、增加财富的意义。第二次世界大战后，一些资源并不丰富的国家和地区如丹麦、瑞士还有亚洲“四小龙”的崛起让经济学界开始思考人力资源的价值。1965 年，舒尔茨（Theodore W. Schults）在美国经济学年会上首次系统阐述了人力资本理论，他也因此被称为“人力资本之父”。

舒尔茨从五个方向对人力资本进行研究：一是用于维持自身健康的医疗和保健方面的支出；二是用于工作上的人员培训支出；三是个人所经历的各级教育支出，包括初、中、高等教育；四是工作时间以外个人所接受的成人教育支出；五是个人和家庭为转换工作岗位或适应变化而迁移所产生的费用。后来的学者受此理论影响，从健康、教育、培训、科研、迁移等五个方面对劳动力供给质量进行研究。舒尔茨注重从宏观上分析人力资本理论，贝克尔（Gary Stanley Becker）则从微观上系统分析了人力资本的形成和各种人力资本投资的支出与收入等问题，并肯定了教育与培训对人力资本形成的贡献和作用。

卢卡斯（Robert Lucas）在充分借鉴前人在微观领域的人力资本理论研究

基础上，分析了人力资本的形成过程，并把人力资本的形成结合到新经济增长模型之中。他在 C－D 函数基础上进行修改，用有效劳动代替同质性劳动投入的模型，公式为：

$$Y_t = A_t K_t^{\alpha} H_t^{\beta} \mu_t (\alpha + \beta) = 1 \tag{2.1}$$

卢卡斯模型通过结合人力资本理论，进一步肯定了提高劳动力质量对经济增长的作用，这后来也被学术界称为“新增长理论”。

七、人力资本归因理论[①]

关于移民融入的人力资本归因理论主要强调移民个体所具有的人力资本特征（如文化教育水平、劳动技能、语言技能、工作经验等人口学指标）对移民融入的重要影响。在这种理论取向下，移民融入程度低，特别是对于经济融入而言，主要原因是移民群体人力资本的缺乏，使得他们不具备适应新社会经济生产体、劳动力市场、职业流动的基本条件，因而也就缺乏基本的经济或结构性融入的条件。移民良好的社会融入的实现，就是新的人力资本或新的社会能力的获得过程。

西方国家劳动力市场、产业结构的变迁，提高了对劳动力的人力资本要求，相对而言，移民群体更缺乏与现代化劳动力市场匹配的素质和能力，因而被排斥在现代化的劳动力市场、产业体系之外。移民难以融入加拿大主要与市场全球化发展的过程中移民的人力资本有关。更高的教育水平使得移民个体能够在专业技术与管理职位、收入、文化认知以及子女教育等方面表现出更高的社会融入度。Pries 曾指出，从 20 世纪 80 年代以来的二十多年时间里，德国国内的劳动力移民与本地德国人之间在就业市场上呈现出一种极化的现象。移民工人只能从事一些传统的不受欢迎的工作。这些老式的工业产业雇用的移民工人一般是体力劳动者。由于移民工人缺乏教育与职业资格，其职业的向上流动与职业弹性受到了负面的影响。与人力资本相关的因素从根本上限制了移民群体的社会融入，呈现出被隔离、被排斥的状态。

人力资本理论的创始人之一贝克尔提出，如果移民进入的是一个公开竞争的市场，则他们在迁入国的经济成就将主要取决于其人力资本水平。美国的 Chiswick 和 Boja 将“人力资本”概念引入移民研究，移民的人力资本包括教育水平、工作经验和其他劳动技能。移民在新环境中面临的重要问题之一

---

① 陆淑珍. 城市外来人口社会融合研究——基于珠江三角洲地区的分析[D]. 广州：中山大学，2014：5.

是如何将在原住国获得的人力资本转化为移居国可用的人力资本，这实际上是一种重新学习和适应的过程。具有雄厚的人力资本的新移民，能够更好地融入美国主流社会。

第四节 研究文献综述

一、国内研究现状

（一）粤港澳大湾区的教育交流和合作研究述评

针对粤港澳的教育交流和合作的研究在改革开放初期就已经开始了，而粤港澳大湾区教育发展研究起步晚，与国家粤港澳大湾区发展战略是同步的。卢晓中在《推动粤港澳大湾区教育合作发展的思考》中指出，粤港澳大湾区建设是新时代国家重大战略，教育在其中具有十分重要而特殊的使命和作用。新时代粤港澳大湾区教育合作发展需要确立“湾区意识”，赋予时代新内涵：着眼于长远全局，彰显教育“百年大计”的本质和在湾区建设中的特殊功能；着眼于协同发展，实现优势互补；着眼于现代治理机制创建，建设活力湾区、法治湾区；着眼于融合性发展，构建发展共同体、命运共同体；着眼于包容性成长，形成和而不同的“马赛克”式的湾区教育新图景。① 焦磊在《粤港澳大湾区高校战略联盟构建策略研究》一文中提出，国际湾区的发展经验表明，高水平大学对湾区经济具有重要的支撑作用，粤港澳大湾区与“区域”高等教育联盟具有耦合关系。② 欧小军在《“一国两制”背景下粤港澳大湾区高水平大学集群发展研究》一文中认为，与世界一流湾区相比，粤港澳高水平大学集群发展的短板明显，因此为实现高水平大学集群发展带来的“抱团创新”，亟待从教育管理、体制机制、法律政策等多方面采取措施促进粤港澳大湾区高水平大学的集群发展。③

（二）省际人口迁移研究述评

目前省际人口迁移的已有研究主要集中于分省尺度，县市尺度层面研究相对较少，研究时点多是基于“五普”、2005 年全国 1% 人口抽样和“六普”，亟须补充 2015 年 1% 人口抽样数据来提高研究时效性，研究涵盖了省

① 卢晓中. 推动粤港澳大湾区教育合作发展的思考[J]. 中国高教研究,2019(5):5 - 57.

② 焦磊. 粤港澳大湾区高校战略联盟构建策略研究[J]. 高教探索,2018(8):20 - 24.

③ 欧小军. “一国两制”背景下粤港澳大湾区高水平大学集群发展研究[J]. 现代教育管理,2018(19):17 - 22.

际迁移演化和影响因素等领域。而对于跨省流入人口缩减现象关注不足。跨省流入人口缩减指流入目的地省际迁入人口规模的减少，是在流入“汇”（东部沿海）经济增速回落和流入“源”（中西部）经济崛起交互作用下形成的一种人口迁移新现象，意味着人口迁移或将进入由盛转衰的新阶段，因此，亟待密切关注省际流入缩减现象以便明晰人口迁移宏观走势。此外，跨省流入人口缩减与人口回流不能等而视之，人口回流规模测算必须在省际流入人口缩减规模的基础上剔除掉省际流入人口落户部分。省际迁移影响机理解释主要是基于重力模型、引力模型等对省际迁入流量和省际人口流入率等连续性因变量的回归分析，针对省际迁移地域类型演化等离散型因变量的解释较为薄弱。[①]

（三）教师队伍建设与省域教育发展关系研究述评

关于教师队伍建设与省域教育发展的关系研究，王善迈、袁连生等在《我国各省份教育发展水平比较分析》（2013 年）中提出，教育发展总体水平和教育机会水平较高的省份其经济发展水平也较高；而在教育投入水平方面东部经济发达省份较高，西部经济欠发达省份比中部经济较发达省份高；教育公平水平与经济发展水平没有密切关系。张秀萍的博士论文《中国省域高等教育竞争力研究》（2013 年）认为，有效提升省域高等教育竞争力，促进省域高等教育与区域经济社会协调发展，应统筹我国区域高等教育分布。岳金辉的博士论文《省域基础教育资源优化配置研究》（2011 年）提出，推动中小学教师资源均衡和优化是实现基础教育均衡发展、促进教育公平的政策建议和行动策略之一。

（四）广东省及珠三角地区省际人口迁移流动研究述评

改革开放后，作为中国经济增长排头兵的广东省（尤其是珠三角），是流动劳动力的强势吸引中心之一。李国平（2004）通过研究指出，流出地与深圳的距离以及流出地的人口数量是影响劳动力流入深圳的主要因素，其中距离与流入深圳的劳动力数量成反比，流出地人口量与流入深圳的劳动力数量是正比关系。宋健（2005）通过研究改革开放以来，劳动力流动对广东省经济增长（平均增长速度为 13.4%）的贡献，得出该贡献率达到了 20% 左右的结论。李若建（2006）研究广东省人口老龄化时，指出大量外来劳动力的集聚使得珠三角的人口年龄年轻化，大大降低了珠三角的人口老龄化程度。

---

① 齐宏纲，刘盛和，戚伟，刘振. 广东跨省流入人口缩减的演化格局及影响因素研究[J]. 地理研究，2019(7)：1764－1776.

徐学强等（2008）对广州市的流动人口特征及空间分布进行了研究，发现省际流动人口的来源地主要来自中西部的湖南、广西、河南、四川、江西、湖北这6个省（自治区）。贾晓梅（2010）首先对珠三角流动人口分布的空间格局做了研究，她借助2000—2008年的统计数据分析得出，广东省迁移人口主要集中在珠江三角洲地区，珠三角内圈层（包括广州、深圳、珠海、佛山、中山、东莞）净迁入人口占总净迁入人口的比例在96%以上。此外，就影响人口迁移的因素来说，经济发展水平、地区生活水平、城市建设水平是影响较大的三个因素。①

总的看来，广东省及珠三角地区省级人口迁移流动的研究成果较为丰富。陈布露在其硕士论文《广东劳动力供给对经济增长影响研究》中认为，广东省的省外流动人口规模多年来在全国居首位，且远比浙江、江苏、福建、上海、北京等流动人口规模全国排名靠前的地区要大。根据全国第五次人口普查数据，广东省外流动人口规模达1 506万，占全国省际流动人口的35.5%，是排第二位的浙江省的4倍；到了第六次人口普查，广东省外流动人口已达2 150万，但在全国省级流动人口比例下降到25%，已不到排名第二的浙江的2倍。② 齐宏纲、刘盛和、戚伟、刘振在《地理研究》撰文《广东跨省流入人口缩减的演化格局及影响因素研究》认为，广东是中国的经济和人口大省，也是全国人口流动的主要目的地之一，省外源源不断的劳动力补充形成了广东经济快速增长的人口红利。③

王桂新在《迁移与发展：长三角与珠三角地区的比较》一文中认为，长三角与珠三角两大城市群的区位不同，使其对省际迁入人口的主要吸引地区范围不同。两地区省际迁入人口的主要来源地都是其相邻或距离较近，又欠发达的中西部人口大省，这就决定了二者对省际迁入人口的主要吸引地区范围不同。④

李红锦、李胜会在《人口迁移承接与珠三角城市经济社会结构演变的耦合》一文中发现，长期以来珠三角都是我国承接迁移人口最多的区域，并且增长速度快，就业结构高级化，空间分布比较集中。通过Granger检验发现，外来迁移人口与经济发展水平和产业结构先进性之间存在单向的Granger因

---

① 张婷.劳动力流动对珠三角经济增长影响的研究[D].广州：暨南大学，2014：14.

② 陈布露.广东劳动力供给对经济增长影响研究[D].广州：广东省社会科学研究院，2017：33.

③ 齐宏纲，刘盛和，戚伟，等.广东跨省流入人口缩减的演化格局及影响因素研究[J].地理研究，2019(7)：1764－1776.

④ 王桂新.迁移与发展：长三角与珠三角地区的比较[J].学海，2015(2)：47－58.

果关系；通过耦合协调模型实证研究发现，外来迁移人口数量与珠三角多数城市经济结构之间存在很高的耦合协调关系，与少数城市城市化水平之间存在较高的耦合协调关系，与多数城市的社会结构之间耦合协调关系较弱。①

盛广耀在《中国省际人口流动网络的演化及其解释》一文中，利用1995—2015年各次人口普查和抽样调查数据分析，认为地区之间持续且逐步扩大的人口流动，是改革开放以来中国社会经济发展的显著特点之一。它不断改变着地区人口发展的空间与结构特征，影响着社会经济发展的方方面面。在未来一段时间内，省际人口流动网络的整体格局难以发生根本性改变，应制定适应流动性社会管理的各项制度，完善有利于相对均衡发展的区域政策。②

宾江在《珠江三角洲人口红利与经济增长实证研究》一文中提出，珠三角作为我国改革开放的前沿阵地，吸纳了成千上万的外来人员，是全国流动人口主要流入地之一。这些外来人员中，90%以上是劳动年龄人口。可见，珠三角大规模的劳动力资源，不仅来源于本省户籍人口的自然变动，还得益于外来劳动年龄人口的大量涌入。③

（五）国内知识型人口迁移研究述评④

中国正在成为世界上最大的移民输出国，目前约有4 500万华人散居世界各地，迁移的知识型精英数量居世界首位。如此高端的群体、如此庞大数量和趋势化发展构成了不容忽视和必须面对的问题；而国内知识型人口省际、省内迁移趋势渐成，影响区域人力资本积累以及地方的经济发展，对此，相关研究逐渐增多。

虽然知识型人口迁移是人口学研究中的小样本，也不是研究的主流，但近些年来相关研究逐渐趋热。从人口学视角对知识型人口迁移的研究可谓仁者见仁，智者见智。以“知识型人口迁移”及相近的“知识移民”为主题，以1980年至2012为区间段，在“中国期刊全文数据库”进行搜索，共搜到相关信息20条；在“中国优秀硕士学位论文全文数据库”进行搜索，有2条记录；在“中国博士学位论文全文数据库”进行搜索，没有记录。再进一步进行查阅，相关研究散落在各种网络资料、期刊论文、学位论文和各种专

① 李红锦，李胜会. 人口迁移承接与珠三角城市经济社会结构演变的耦合[J]. 经济地理，2013(8)：46－51.

② 盛广耀. 中国省际人口流动网络的演化及其解释[J]. 中国人口·资源与环境，2018(11)：1－9.

③ 宾江. 珠江三角洲人口红利与经济增长实证研究[D]. 广州：华南理工大学，2012：1.

④ 曲中林. 知识型人口迁移研究综述[J]. 肇庆学院学报，2013(7)：22－25.

业图书中。

国内人口迁移研究起步较晚，始于20世纪80年代，相关研究主要集中在迁移人口的统计属性和空间分布、人口迁移的影响因素、人口迁移与城市化的关系、人口迁移对区域经济发展的影响等领域。纵观中国历史上数千年的移民现象，大致上可以分为生存型迁移、强制性迁移、开放性移民、海外移民等。[①] 而今天中国的人口移动又增加一种新的类型：自主性的知识型人口迁移。作为我国知识型人口迁移研究的起点，借鉴与介绍国外人口迁移状况与理论仍是研究得以发展的一个动力所在。

关于知识型人口迁移与国家战略研究。随着西方国家人口老龄化、投资外移以及内需后续增长乏力，很多国家把移民政策作为刺激经济的重要手段。在这样的大背景下，中国也经历了从劳工移民、留学移民到如今以智富阶层为主力的技术移民、投资移民，中国已经经历了三次大规模的“海外移民潮”。中国社科院2007年发布的《全球政治与安全》报告显示，中国已成为世界上最大的移民输出国，中国知识精英的流失也成为全球之首。自1978年以来，中国有107万海外留学生，而只有27.5万人回国，有近3/4的人才流失海外。[②] 俄罗斯审计署署长斯杰帕申透露，在2008—2010三年间，已有125万俄罗斯公民移民海外，其中40%的移民受过高等教育。[③]

关于知识型人口迁移特点的研究。姚忆江在《中国准知识人口迁移的特点》中分别考察了大城市与农村的差异和独生子女的迁移热点问题以及准知识人口的迁移问题。在考察中发现，其中隐含着某种规律性，即一个地区的准知识人口的迁移，可以用该地区参与迁移的男性人口与女性人口的比值（性别比）来表现。换言之，一个地区参与迁移的男女比值可以作为该地区准知识人口迁移的特征量。[④] 在知识型人口迁移的去向上，根据第五次人口普查资料中抽样省际迁入在业人口的0.95%数据，知识型移民在我国的分布状况具有相对集中的趋势，而且主要集中在经济发达的省份城市，尤其是特大型城市和东部沿海地区。[⑤]

关于知识型人口迁移社会适应与融入问题的研究。知识型人口迁移社会

---

① 朱鸿召. 中国流动人口心态调查[M]. 济南：山东友谊出版社，2002：91.

② 张茉楠. 中国知识精英流失全球第一　“海外移民潮”背后的中美博弈[J]. 中国经济周刊，2011(44)：21.

③ 关健斌. 俄罗斯精英为何纷纷远走他乡[J]. 中国周刊，2011(9).

④ 姚忆江. 中国准知识人口迁移的特点[J]. 教育与经济，2000年专辑：91-93.

⑤ 陈常花，朱力. 知识型移民的社会适应优势[J]. 南方人口，2008(4)：31-37.

适应与融入问题是知识型人口迁移研究中探讨比较深入的问题。陈常花、朱力在《知识型移民的社会适应优势》一文中认为，知识型移民在迁入地的社会适应可从基本生活、发展满足和文化心理这三个阶段进行研究。由于移民的适应过程一般是连续的，各种适应内容之间相互交叉，很难用精确的方法将其概括和简化。该研究采用的阶段化方法虽不完美，但通过将繁杂的社会适应过程加以简化，有利于人们从总体把握知识型移民社会适应的过程，并明确各阶段社会适应的重点。在三个阶段中，“才识”对于这一群体的社会适应所产生的主导作用是显而易见的。① 徐晓红在《国内知识型移民社会融入问题探讨》一文中指出，知识型移民作为一种稀缺资源，具有高层次性、高创造性、高流动性等特征。我国国内知识型移民的主要动因表现为经济理性选择，移民者基本依赖才识实现社会融入，但我国在政策制度方面对知识型移民存在制约因素。我国应从创新移民政策、健全区域协作制度、优化移民生活环境、制定人才引进与培养规划和完善社会支持网络等方面促进知识型移民的社会融入。② 除此之外，《上海采风》编辑部在2007年第3期以《上海知识移民的文化休克》《上海知识移民的文化震荡》为主题，讨论了迁移到上海的知识型人口文化“碰撞”与适应问题。豆小红、黄飞飞在论文《从冲突到融合——“知识型准移民”的路径选择》中，通过对湖南多城市的探索性问卷调查，研究城市“知识型准移民”的社会融入问题。文章认为，“知识型准移民”群体规模日益庞大，其生存状况、心理诉求和发展特质，其社会冲突和城市融入程度，迫切需要我们进行实证性研究和探索性研究，如果社会继续忽略他们的现实存在和利益诉求，其潜在的道德风险和社会风险将越来越高。③

关于知识型人口迁移的教育效应研究。胡鞍钢、才利民在《从“六普”看中国人力资源变化：从人口红利到人力资源红利》一文中提出，人才聚集现象凸显推进世界级人才城市逐步形成。从“六普”数据可以看到，中国大学文化程度人口集聚趋势更加明显，北京、上海等地迅速成为世界级人才城市。中国各类人才资源迅速发展是教育最典型的外溢性，哪里高等教育发展越快，哪里各类人才资源就越多。北京、上海不仅是中国大学之都、人才之

---

① 陈常花，朱力．知识型移民的社会适应优势[J]．南方人口，2008(4)：31－37.

② 徐晓红．国内知识型移民社会融入问题探讨[J]．盐城师范学院学报(人文社会科学版)，2011(3)：20－23.

③ 豆小红，黄飞飞．从冲突到融合——“知识型准移民”的路径选择[J]．人口与发展，2011(4)：9－15.

都，而且也是世界大学之都、人才之都。从全国来看，大专以上人口居世界首位，中国人才总量已居世界首位；从长远来看，中国人才总量居世界首位，中国优秀人才也将居世界首位。① 此研究显示，知识型人口迁移在有力地促进生产力发展的同时，对教育也会形成一种明显的推动力量，人口迁移具有促进教育发展的效应。

关于知识型人口迁移的生活叙事研究。盖宇之在《几多风雨沥彩虹——新世纪知识移民的生活与追求》一文中，以第一人称“我”的视角，从“归心曾似箭，去意日渐浓”“不齐一家，何以平天下?”“价值观与性格挑战命运”“几多风雨入梦来”几方面，叙述了一个迁移到北京的知识分子的生活故事，从豪情万丈的莘莘学子到务实创新的知识分子，方知安身立命应有所求而有所不受。一个人的社会成熟表现为他/她对社会实际状况的理解程度，而社会成功则取决于其对社会关系的分析判断和把握利用能力。②

关于知识型人口流失及对迁出地经济发展影响的研究。张祺在博士论文《中国人口迁移与区域经济发展差异研究——区域、城市与都市圈视角》中提出，24 ~ 34 岁大学毕业生的净迁移率不仅大致与净迁移率同方向变动，而且明显比总净迁移率绝对值大，对总净迁移率具有“放大效应”。东部地区总体上是智力输入区，而中西部地区的智力流失状况是相当令人触目惊心的。该文通过对以 24 ~ 34 岁大学毕业生净迁移率代表的人力资本流失率对中西部地区经济发展影响的计量经济学分析，有以下发现：①24 ~ 34 岁大学毕业生净迁移率与 GDP 正相关，24 ~ 34 岁大学毕业生代表的人力资本净流入对当地经济发展有利，而净流出对迁出地的经济发展不利；②人力资本流失短期内对迁出地是不利的，但是从较长时期看，也许是供给刺激效应发挥作用，也许是回迁补充，提升了迁出地人力资本，人力资本迁出对迁出地也开始发挥促进作用。中部地区 2 年后基本就补偿了人力资本流出的副作用，但是西部地区 2 年后还是表现为以负面影响为主；③虽然难以判断何种原因发生作用，但是中西部地区与东部发达地区的经济差距明显在逐年缩小。③

（六）国内教师迁移流动研究述评

国内教师迁移流动的研究从 20 世纪 90 年代后期开始，其研究成果对教

---

① 胡鞍钢，才利民. 从“六普”看中国人力资源变化：从人口红利到人力资源红利[J]. 清华大学教育研究，2011(4)：1 - 8.

② 盖宇之. 几多风雨沥彩虹——新世纪知识移民的生活与追求[J]. 北京纪事，2005(4)：41 - 43.

③ 张祺. 中国人口迁移与区域经济发展差异研究——区域、城市与都市圈视角[D]. 复旦大学，2008：227.

师在我国特定制度环境下的流动不仅直接提供了理论、研究方法，而且也启发了教师的迁移流动研究必须结合我国制度环境的特殊性。相关研究成果包括：杨挺在《人民日报》（2010）撰文认为，教师流动可以归结为四种类型；马维娜的《教师的迁徙和流动是为迈向精英之路做可能铺垫》（2011）认为，教师的迁徙与流动成为教育改革中集体性生产的方式之一；张立新、魏青云的《职业迁移：教师职业状态的指示器》（2012）运用计量方法对高校教师职业迁移现象进行分析，解释了迁移现象背后的种种原因，并提出改善教师职业状态的建议；王安全在《海原县农村中小学教师地缘结构变迁研究》（2011）一文中分析了引起教师地缘结构变化的因素；范国锋、王浩文、蓝雷宇的《中小学教师流动意愿及其影响因素研究——基于湖北、江西、河南3省12县的调查》研究表明，当前我国中部地区教师流动意愿强烈，绝大多数教师希望向城镇地区流动。[①]

教师迁移流动的著作成果主要有以下几部。周险峰、谭长富的专著《教师流动问题研究》，是对改革开放后我国中小学教师流动问题的系统研究。研究内容涉及我国教师流动研究的历程、理论基础，教师流动的内涵、社会背景，以及不同教师群体流动的特点等。同时，针对不同教师群体的流动特点，提出了相应的引导教师合理流动的举措。[②]薛正斌的专著《教育社会学视野下的教师流动》，从教育学、社会学视角，以教育学、社会组织学和社会分层理论为依据，构建了教师流动原因的理论分析框架，从影响教师流动的社会因素、教育制度政策、价值观、学校组织文化和教师个人特征方面分析了教师流动的根源。并根据社会组织学、教育学和社会流动的合理性标准，建构了教师流动的合理性标准：从“量”的规定性来看，因教育具有长期性、连续性等特征，要求教师队伍一定要保持数量和结构的相对稳定。[③] 谢延龙的专著《教师流动论》，论述了教师流动的本体理论、教师流动的理论基础、国内外教师流动的状况、教师流动的制度、教师流动的机制、教师流动的伦理和教师流动的文化等内容。[④]

总的看来，专门研究教师迁移的文章不多，主要是本书作者的相关论文，包括：曲中林、杨小秋的论文《迁移的环境选择与教师专业发展》（2017）、

---

① 范国锋，王浩文，蓝雷宇. 中小学教师流动意愿及其影响因素研究——基于湖北、江西、河南3省12县的调查［J］. 教育与经济，2015(2)：62－66.

② 周险峰，谭长富. 教师流动问题研究［M］. 武汉：华中科技大学出版社，2013：1.

③ 薛正斌. 教育社会学视野下的教师流动［M］. 兰州：甘肃人民出版社，2012：1.

④ 谢延龙. 教师流动论［M］. 南京：南京师范大学出版社，2016. 1.

《外来教师资源对广东省教师地缘结构的重构与教育贡献》（2016），曲中林的论文《广东省“强师工程”与省际教师迁移》（《教育导刊》）、《知识型人口迁移研究综述》（2013），杨小秋、曲中林的论文《教师的迁徙：成因、效应与发展态势》（2013），曲中林的论文《高校教师跨国迁徙特征及其对我国的影响》《跨国教师迁徙：中国现象与对策》（2009）等。研究教师流动的期刊论文和学位论文成果比较丰富，主要包括袁建明的硕士论文《中小学教师结构问题研究》（2004），史亚娟的论文《中小学教师流动存在的问题及其改进对策——基于教师管理制度的视角》（2014），周钧的论文《农村学校教师流动及流失问题研究现状与发展趋势》（2015），王艳玲、李慧勤的论文《乡村教师流动及流失意愿的实证分析——基于云南省的调查》（2017），崔亚超的硕士论文《关于义务教育学校教师流动问题的研究——以北京市中小学教师流动政策为例》（2013），刘进、沈红的论文《大学教师流动与学术职业发展：基于对“二战”后的考察》（2014），叶菊艳的论文《教师流动与教育变革实现的源动力》（2014），石亚兵的论文《乡村教师流动的文化动力及其变迁——基于“集体意识”理论的社会学分析》（2017），刘金松的论文《高校教师流动的合理性冲突及限度建构》（2017）等。

（七）“双一流”建设背景下高校教师迁移流动述评

1978 年以来，我国有关高校教师流动的研究最早源于 1985 年，宋杰夫分析当时高校教师流动现状，提出通过改革人事管理制度来促进高校教师合理流动。[①] 随后学者们相继通过对不同阶段高校教师流动现状的反思，提出相应的政策建议。[②] 也有学者从历史的角度开展高校教师流动相关政策分析，如刘波等将 30 年以来我国科技人才政策划分为初步恢复、体系确立与完善发展三个主要阶段，并回顾了各阶段政策出台的背景、内容和作用等。[③] 郑代良等则将人才流动政策作为高层次人才政策的一个部分，分析了改革开放以来我国高层次人才政策的发展历程，并将其划分为 4 个阶段，分别为拨乱反正和摸索期、体系初建和发展期、战略转型和完善期以及自主创新和成熟期。[④] 李丽莉通过对改革开放以来我国科技人才政策的演进研究，总结出我

① 宋杰夫. 高校教师合理流动初探[J]. 科学学与科学技术管理,1985(5):36-38.

② 杨礼宾. 试论高校教师流动难的原因及其对策[J]. 江苏高教,1992(6):53-55.

③ 刘波,李萌,李晓轩. 30 年来我国科技人才政策回顾[J]. 中国科技论坛,2008(11):3-7.

④ 郑代良,钟书华. 高层次人才政策的演进历程及其中国特色[J]. 科技进步与对策,2012(13):134-139.

国科技人才流动政策经历了由限制流动向鼓励流动最后变为自主流动的特点。[①]

回首国内，随着国际地位的提升，我国关于高等教育国际化的研究成果逐渐增多。但大部分研究是从高校国际化和学生国际化的视角出发进行分析，针对教师国际化以及教师国际流动的成果十分匮乏。[②] 潘奇在《知识世界的漫游者：西方大学教师国际流动的历史》著作中及其相关研究成果中，比较细致地分析了1100—1970年间西方大学教师国际流动的历史。[③] 王迪钊则采用生态位理论视角，为我国高校教师流动提出建议。[④] 吴娴使用2011—2012年的亚洲学术职业调查的中日两国数据对大学教师的国际流动性做了相关分析，并得出拥有国际流动经历不一定能提升学术产出等结论。[⑤]

"双一流"战略作为国家顶层设计战略，对我国高等教育建设提出了新要求和新方向，在此背景下广东省的教育投入多，争夺教师资源，不断吸引国内外优质师资迁移广东省高校工作，学术界关注相关研究。党彦虹在《"双一流"建设背景下高校教师流动现状、问题与对策》一文中指出，"双一流"建设的提出，既为我国高校的发展带来新的活力，也为高校指明发展方向，确定实现路径。师资是一所高校实现人才培养、科学研究、社会服务、文化传承创新等基本大学职能的支撑资源，是一所高校保持持久竞争力、强大发展优势和突出发展特色的命脉所在。在"双一流"建设背景下，抢人、挖人成为当下高等教育的热词，高校教师流动也就成为常态。高校教师流动出现失序、失衡，甚至是失控局面，大大加剧了高校间的发展差距，严重影响了学术共同体的学术产出，最终不利于国家"双一流"建设发展大局。高校教师合理有序可控的流动是建设"双一流"的基础，而多主体参与则是实现合理有序可控目标的根本，综合发挥流动主体、行政主体、学术共同体的作用，建立高校教师流动的良好秩序、平衡状态和可控局面，以一流师资助

---

① 李丽莉.改革开放以来我国科技人才政策演进研究[D].长春:东北师范大学,2014:102.

② 李阳琇,邓伟琦."双一流"战略背景下高校教师国际流动合理化体系构建路径[J].深圳社会科学,2019(3):114-122.

③ 潘奇.知识世界的漫游者:西方大学教师国际流动的历史[M].北京:高等教育出版社,2016:221.

④ 王迪钊."双一流"建设背景下高校教师合理流动问题及对策研究——基于生态位的视角[J].教育发展研究,2017(21):52-57.

⑤ 吴娴.中日大学教师国际流动性的比较研究——基于亚洲学术职业调查的分析[J].苏州大学学报,2017(3):120-128.

力“双一流”建设。[①] 苟斐斐、朱平在《“双一流”建设下的高校人才流动分析》中认为，在我国建设“世界一流大学和一流学科”的背景下，高校的人才流动呈现出越来越频繁的社会态势，因此更要从不同的视角揭示“双一流”建设对高校人才流动的影响，分析高校人才流动的成因，从而在此基础上对高校人才有序的流动提出几点合理的建议。其中，政府层面的原因主要有政策导向性，不合理的学科评估，经济发展的地区不平衡性；高校层面的成因有僵化的人才制度，既定的角色定位，院校平台不足，人才的可替换性低；教师个人方面的成因包括社会资本、个人原因，等等。对高校人才流动的成因运用理论进行分析，有助于我国高等学校建立长久的、规范有序的人才管理体系，也能够推动高校人才潜能的发挥以及社会的健康发展。[②] 李阳琇、邓伟琦在《“双一流”战略背景下高校教师国际流动合理化体系构建路径》中认为，世界一流大学的建设离不开国际化的师资队伍。合理的国际流动是国际化师资队伍建设的前提。具有战略性、均衡性、激励性和常态性的高校教师国际流动合理化体系对世界、国家、高校、教师、学生的发展具有重要意义。它由规范系统、运行系统和评估系统组成。在此基础上本文提出，高校教师国际流动合理化体系构建的五大路径是定方向、建制度、造环境、抓重点、促融合，并对其分别进行了分析与论述。[③] 刘金松在《高校教师流动的合理性冲突及限度建构》中提到，高校教师流动的过度寻利性导致了工具合理性对价值合理性和交往合理性的僭越。高校在教师流动中的过度短视行为对高校长远发展的制约超过了短期效益溢出，高校教师流动的理性失范加剧了学术劳动力市场的分割。因此，高校教师流动度需要以学术共同体繁荣、学术劳动力市场生态化、高校师资队伍建设多元化与教师个体发展相协调作为其流动合理性的限度，并强化高校教师的学术责任承担以降低教师流动行为的高寻利性；以高校教师人才头衔动态评价机制促进高校教师流动的理性化；以高校教师流动的协商、补偿等机制强化教师流动的契约管理；以师资队伍建设的评价机制改革促进高校教师引入的理性化。[④]

（八）广东省及珠三角地区知识型人口及教师迁移流动研究述评

针对广东省及珠三角地区知识型人口及教师的迁移主题研究成果往往点

---

① 党彦虹.“双一流”建设背景下高校教师流动现状、问题与对策[J].黑龙江高教研究,2018(9):1-4.

② 苟斐斐,朱平.“双一流”建设下的高校人才流动分析[J].教育现代化,2018(8):23-26.

③ 李阳琇,邓伟琦.“双一流”战略背景下高校教师国际流动合理化体系构建路径[J].深圳社会科学,2019(3):114-122.

④ 刘金松.高校教师流动的合理性冲突及限度建构[J].教师教育研究,2017(6):53-58.

到为止，显然是分散而不系统的。

张利萍的博士论文《教育与劳动力流动研究》认为，大量知识型流动人口使广东在过去20年中享受了巨大的“人口红利”；李路在《广东省流动人口迁移原因分析》中认为，珠江三角洲地区出现的“用工荒”问题，是相对的劳动力结构性短缺，包括知识型的劳动力；李玲在《珠江三角洲人口迁移与劳动市场》中提出广东省人力资源开发对策，认为应该逐渐放宽对外来人口“智力移民”的准入限制，保持人口高度流动性，等等。但上述这些研究成果往往点到为止，是不系统的。陆淑珍在博士论文《城市外来人口社会融合研究——基于珠江三角洲地区的分析》中提出，珠江三角洲地区聚集了全国超过20%的外出务工者。针对该区域外来人口社会融合的研究无疑是解决我国城市化问题的有益探索。本研究立足人口学学科基础，定位于探索性研究，对珠江三角洲地区城市外来人口的社会融合进行实证分析和理论探讨，旨在进行社会融合的本土化研究。①

具体到全国教师迁入最大省份之一的广东省教师迁移问题，在制度设计上，实施了包括“强师工程”在内的一系列教师队伍建设“大举措”，引起了社会的高度关注，相关主题研究逐渐多了起来，主要包括：广东省要“形成尊重教师、尊重人才的良好社会氛围，发展以培养为主、引进为辅的人才战略”（钟院生，2010）；外来教师已经成为推动广东教育事业发展的一股特殊力量，他们对于提高地区的教育质量起着关键性的作用，因此，要继续推动广东的教育事业发展就要特别关注外来教师（方遒，2008,）；李敏在《中小学教师“孔雀东南飞”的原因分析——基于“推拉理论”的视角》一文中，以流入深圳中小学的专任教师为调研对象，通过实证研究和规范研究相结合、定性研究与定量研究相结合的方法，分析从内地流入教师的特点，即女教师居多，年轻教师占多数，本科以上教师和骨干教师多，已婚的占大多数，城市公办教师是主力军。②

二、国外研究现状

国外对人口迁移的研究开展较早。雷文斯坦（E. G. Ravenstein）在1885—1889年间完成的《移民规律》一书，被认为是现代移民研究的奠基之

① 陆淑珍. 城市外来人口社会融合研究——基于珠江三角洲地区的分析[D]. 广州：中山大学，2014:5.

② 李敏. 中小学教师“孔雀东南飞”的原因分析——基于“推拉理论”的视角[D]. 武汉：华中师范大学,2015:1.

作。此后的推拉理论高度概括了人口迁移流动的内在机理，该理论认为，人口迁移是一系列“推力”和“拉力”共同作用的结果，是人们应对区域差异所做出的理性选择。刘易斯的二元经济结构理论和托达罗模型从经济学的角度细致地刻画了人口流出（入）地的主要推（拉）因素及其对人口流动的作用机制，进而指出区域间、部门间的收益差别导致了人口的迁移流动。

国外关于知识型人口的界定。韦伯斯特认为，知识型人口是“具有高度才智，喜爱和善于学习和思考”的人。国际知识型移民相关研究领域，除了国际知识型移民的政策制度外，国际知识型移民对移入国人力资本的影响以及对社会的贡献最为集中。

在国外，学者们依据人口迁移理论、劳动力市场供求理论、人力资本理论、人才流动理论、动态比较优势理论等研究知识型人口迁移问题。关于知识型移民问题研究更多的是与人力资本积累相关联，除了国际知识型移民的政策制度（如美国罗斯福时代的美国欧洲犹太知识移民政策等）外，国际知识型移民对移入国人力资本的影响以及对社会的贡献最为集中。[①] 马尔萨斯从人口的角度，对人力资本问题进行了探讨分析。但马尔萨斯的朴素人口观没有把人口与人力资本区别开来，低估了人力资本、知识和技术进步对生产力发展的作用。而现代经济发展的实践充分表明人力资本积累、知识和技术进步对经济发展有着巨大推进作用。卢卡斯（1988）分析了整个经济中人力资本的形成、积累对产出的贡献，提出了著名的人力资本积累模型，认为具有“专业化的人力资本”是经济增长的原始动力。卢卡斯认为，人力资本的获得有两种途径：学校教育与“干中学”，并强调人力资本的外部效益具有递增效益。人力资本理论的创始人西奥多·W. 舒尔茨在《论人力资本投资》（1990）中提出，对于个人来说，迁移被视为一种在个人人力资本上的投资，这种个人投资可以增强自身的经济效益，从而提高自身的整体生活水平。实证分析方面，曼昆等（Mankiw et al., 1992）通过引入人力资本积累过程，将人力资本纳入索洛新古典增长模型，发现储蓄率、教育和人口增长能解释绝大部分（80%）收入的变化，但该结论引起了诸多争议。

关于知识型人口迁移影响因素研究。德国学者李（Lee）用“人口迁移中间障碍模型”分析人类资本的区域流动，指出影响迁移的因素包括四种，即迁出地因素、迁入地因素、中间阻碍因素和个人因素。四种因素之间关系

---

① 徐晓红. 国内知识型移民社会融入问题探讨[J]. 盐城师范学院学报(人文社会科学版),2011(3):20-23.

的分析框架称为人口迁移的中间障碍模型。该模型可用于资本区域流动的分析：社会经济事物的空间运动过程（如投资行为）也存在迁出地因素（挽留或排斥）、迁入地因素（引力或潜入门槛阻力）、中间障碍因素（迁入地与迁出地之间的距离、信息、制度与政策性摩擦等）、个人因素（投资决策者的个人影响或迁入地与迁出地的地方领导管理风格）。[①]

而具体到教师迁移的关联研究文献比较少见。国内学者对国外教师的研究文献可见几部。赵勇等人在《美国中小学教师》（2008）一书中，提到美国教育部国家教育统计中心曾在 2003 就美国教师的地缘构成进行了统计分析，在美国公立学校教师中，均有不同有色人种的教师。李玲、韩玉梅在《西方国家中小学教师流动的经验与启示》（2011）一文中，全面梳理了西方国家中小学教师流动的理论与实践，认为西方教师的流动往往建立在人力市场供求关系、内部人力市场和人力资本等理论基础上；各国政府实施了相应的政策法规和激励举措以项目的形式来推动教师流动。

对于高校教师国际迁移和流动领域，国外研究起步较早，成果也较为充分。Bunt – Kokhuis 等在其著作及后续研究中分析了诸如全球化等大背景及个人背景如性别等影响因素对教师国际流动的影响。[②] Appleton 等则通过对几所大学的数据进行分析，总结了高校教师国际流动对财政以及教育系统等方面所带来的影响。[③] Larsen 对大量文献进行梳理，探讨了教师国际流动的概念、人才外流、回流、环流、不流动等主题。[④]

三、已有研究存在的问题及未来研究走向

（一）关于粤港澳的教育交流和合作的研究在改革开放初期就已经开始了，成果颇丰，而针对以教师迁移视角支持珠三角教育发展，进而推动粤港澳大湾区教育发展的研究还是空白，研究空间巨大。

（二）关于知识型人口迁移、教师迁移小样本研究文献虽然有限，但呈现趋热的研究态势，关注度越来越高；同时，相关主题研究触角还不够深远、广泛，存在诸多尚待探讨的问题。

---

① 袁政. 简论人口迁移理论的跨学科应用[N]. 光明日报,2009 – 11 – 3.

② Bunt – Kokhuis V D, Sylvia G M. Going places: social and legal aspects of international faculty mobility [J]. Higher education in Europe ,2000(1).

③ Appleton S M, Morgan W J, Sives A. Should teachers stay at home? The impact of international teacher mobility[J]. Journal of international development ,2006(6).

④ Larsen, M. A. Transnational academics: mobilities, immobilities, and place[J]. Internationalization of higher education ,US: Palgrave Macmillan,2016.

（三）应关注知识型人口迁移研究的价值观与方法论。任何一个社会的学者都会自觉或者不自觉地用已经接受了的价值来看待另外一个社会。韦伯曾经非常强调在认识社会和分析社会时做到“价值中立”，但这仅仅是个理想。应该认识到，“高端”的知识型人口迁移是社会的正常流动，不论研究国际流动还是国内流动，都应坚持正确的价值导向；人口迁移研究还面临一些研究技术问题。知识型人口迁移侧重于微观层面，是小样本研究，从微观层面入手更有可能有新的发现。但不要犯“只见树木、不见森林”的错误，要不断走向中观层面和宏观层面，这样的研究才更科学。

（四）在研究的目的上由关注对包括教师在内的知识型人口的适应性以及对区域经济发展影响研究转向关注对社会全面影响的研究。

（五）知识型人口迁移问题研究的复杂性决定了对其研究必须借鉴多个学科的相关理论和方法，涉及教育学、人口学、社会学、管理学等多学科领域，跨学科交叉特征显著。

（六）多年来关于知识型人口迁移的研究成果，从国外理论的借鉴到国内理论的建构，再到其对现实的描述，为具体解决中国当下问题提供了可靠的理论依据。但与国外人口迁移研究相比，国内人口迁移研究大多停留在国外理论框架之中，所以在重视国外相关研究的基础上，体现中国国情的和广东省、珠三角区域状况的本土化研究应加强。

（七）由于以教师为主体的迁移的知识型人口是小样本，就职区域非常分散，公开的统计数据非常有限，相关研究使用的数据包就成了研究的难点之一。因此，扩大研究范围和数据的完整与统一是后续研究的方向。

第二章　教师迁移影响因素

迁移权是公民的基本权利，我国的人口迁移是市场经济发展的必然产物，其影响的因素是多方面的。虽然国家近年来出台了缩小区域差距和城乡差距的政策，如西部大开发战略、中部崛起战略、乡村振兴战略等，但是到目前为止，我国的区域和城乡发展差距仍然十分明显，这为我国的人口迁移提供了根本动力。而作为知识型人口的教师迁移能力更强，这就意味着我国在未来很长时间之内，人口迁移之势不会改变。

第一节　影响教师迁移因素的简要分析

我国中小学教师迁移流动总体上呈单向、非规范性的流动。教育中的“马太效应”在教师迁移流动过程中表现得十分明显，师资的日渐薄弱使得迁移流出学校的教师结构不合理，教育差距日益扩大，因此很有必要对教师迁移流动的原因进行分析，系统、全面地探析教师迁移流动的各个环节要素，能够更好地把握和理解教师的迁移和流动。

教师省级迁移影响因素很多，而不仅只是局限于某一种力量，外部因素包括政策与体制、经济发展水平、教育发展水平、自然生态、文化环境、人口结构等，也有教师队伍建设过程中的教育内部矛盾问题。第一，政策与体制因素通过行政命令等强制性手段，促进区域教育均衡发展，引导教师的迁移与流动，是引起教师迁移的外在力量，是教师迁移流动的合法性因素。第二，区域社会经济发展水平通过利益驱动方式，促使教师为了获得更高的收入、更好的生活和医疗条件，为了给孩子更好的受教育机会，进行迁移或流动，这是区域教师迁移的内在动力。第三，区域文化环境与自然生态源于追求高品质的精神生活，甚至不惜以降低工资待遇为代价，正如推拉理论指出的，人口流动是“推力”和“拉力”共同作用的结果，在迁入地环境的“拉力”与迁出地环境的“推力”的作用下，教师从此地迁移到彼地。第四，区域或学校教师数量、质量构成及其比例关系不能满足办学的需要，是导致教师迁移流动的本体原因。这是教师队伍建设过程中的教育内部矛盾问题。

第二节　影响教师迁移的社会因素

从宏观层面来看，社会因素是影响教师迁移流动的主要因素。教师首先存在于社会之中，社会为教师提供教育教学生活的外在客观环境，教师不可避免地会受到社会各方面因素的影响，其思想和行为会随着社会发展而发生相应的改变。对于教师流动而言，社会中的诸多因素，如社会经济发展状况、社会文化观念、社会市场需求、社会产业结构、社会职业认同、社会关系、社会制度、政策，都会对教师的迁移流动意愿产生影响，从宏观物质、精神环境层面决定着教师的迁移流动状况。

一、政策因素对教师迁移的影响

权力是以符号、物质刺激、行政管理结构和强制能力为基础的对社会成员和组织单位进行控制和操纵的能力。当权力被巩固后，群体行动者就能使用符号，建立一套严密的行政管理结构，或获得控制资源以便操纵物质刺激，适当采取强制手段。从政策导向来看，政府“以城市为中心”的政策导向，导致校际、城乡、区域之间教育差距拉大，导致农村教师向城市学校聚集，向优质学校流动。教师定期流动政策在某种程度上规范了教师的流动行为，保障了流动中教师的基本权益，但这些政策不是法律，并不具有法律的强制性，而且在已有的实践中效果不理想。由于政府在某些历史阶段的发展战略，重视城市公办学校、重点学校，加大对它们的财政投入力度，这些学校办学条件优越、师资优良、生源充足、教师工资水平高，使得校际之间、城乡之间教育差别大，更进一步加剧了教师的迁移流动。①

十一届三中全会之前，知识分子在我国并没有受到足够的重视，反而被视为“异己力量”，“知识越多越反动”“臭老九”这些观点反映了当时人们对教师的态度。20 世纪 80 年代前，教师的迁移具有计划迁移、调动迁移、安置迁移的特点，这种对教师资源的迁移的确有利于教育均衡，但这种均衡必然以教育整体质量的滑坡为代价。

1978 年 3 月和 4 月，中共中央和国务院先后召开了全国科学大会和全国教育工作会议。邓小平在大会上强调：在我国为社会主义服务的知识分子，

① 李敏. 中小学教师“孔雀东南飞”的原因分析——基于“推拉理论”的视角[D]. 武汉：华中师范大学，2015：7－8.

“绝大多数已经是工人阶级和劳动人民自己的知识分子，因此也可以说，已经是工人阶级自己的一部分”。从“政治立场这个基本方面来看，绝大多数科学技术人员应该说是站在工人阶级立场上的。这样的革命知识分子，是我们党的一支依靠的力量”。同年11月，中组部发出《关于落实党的知识分子政策的意见》（下文简称《意见》），明确指出中华人民共和国成立初期提出的对知识分子的“团结、教育、改造”的方针已经不适用了，对知识分子要充分信任，放手使用，使他们有职、有权、有责。在政治上要关心知识分子，更好地发挥知识分子的作用。《意见》下达后，全国一些地区或部门开始逐步落实知识分子政策的工作，一些教师从农村、边疆回迁到原来的城市工作，形成了一次教师的向上流动、迁移。

改革开放后，市场开始逐步在人才配置和流动中发挥作用，随着“包分配”就业制度的解体，时至今日，在绝大多数行业，初次就业已经实现市场化配置，但人才市场化流动的行业差距还比较大。教育行业就是典型的“市场初次配置+政策性迁移流动”，即教师的初次就业主要由市场决定，但教师迁移流动一定程度上受政策的影响。①

近些年，在构建和谐社会、倡导教育公平的政策推动下，支援西部教育，发展农村教育成为教师迁移的新走向。高师毕业生纷纷走向西部地区，为老少边穷地区的教育发展放弃了城市的优越生活条件和待遇。在城市教师饱和甚至多编的情况下，城市的教师、师范院校的毕业生下到农村，政府出台强力支持政策，如广东实行在欠发达乡镇以下地区任教“上岗退费”的举措；河北省建立中小学校长教师交流制度，石家庄市2007年有2 000多名教师到异校工作，河北省逐步完善城镇学校与农村学校对口支援制度，建立省级骨干教师对口支援制度、特级教师巡回讲学制度、城镇中小学教师对农村支教制度等，实现教师合理流动，促进义务教育均衡发展。由于近年来事业单位人事制度改革启动，《中华人民共和国民办教育促进法》出台，教师资格制度正式实施，越来越多的城市学校开始实行教师招聘，教师迁移作为社会流动的一种现象，已经成为司空见惯的事，政策迁移呈现开放、和谐的特点。②

近年来，我国相继颁布的一系列政策法规，都为教师自主选择学校提供了法律依据，明确了促进教师良性流动，优化教师资源配置的方向。例如，《中华人民共和国劳动法》第三条规定：劳动者享有平等就业和选择职业的

① 苟强.中小学教师流动研究的回顾与反思[J].当代教育理论与实践,2019(1):25-29.

② 杨小秋,曲中林.教师的迁徙:成因、效应与发展态势[J].教育理论与实践,2013(10):32-36.

权利、取得劳动报酬的权利、休息休假的权利。《中华人民共和国教师法》第十七条规定：学校和其他教育机构应当逐步施行教师聘任制。教师的聘任应当遵循双方地位平等的原则，由教师和学校签订聘任合同，明确规定双方的权利、义务和责任。《中小学教师队伍建设“十五规划”》中指出：建立教师转任交流制度，鼓励和组织城镇教师到农村学校或薄弱学校任教。有条件的地区，先通过试点，逐步实现教师交流定期化、制度化。城镇中小学教师原则上要有一年以上在农村学校或薄弱学校任教的经历，方可聘任高级教师职务。《中华人民共和国民办教育促进法实施条例》第四十三条规定：教育行政部门应当会同有关行政部门建立、完善有关制度，保证教师在公办学校和民办学校之间的合理流动。《关于大力推进城镇教师支援农村教育工作的意见》中指出：各地依据意见的规定，结合本地的教育实际情况，积极实施支教制度。积极做好组织大中城市学院教师到农村支教，组织县域内城镇教师定期到农村任教，实施教师特岗计划，鼓励高校毕业生支援农村教育工作，组织师范生实习支教，利用多种智力支教活动，确保城镇教师支援农村教育工作取得实为可见的效果。我国很重视从政策和法律层面引导和提倡教师进行适度流动，教师流动的速度和频率也随之提高。从2009年始，教育部规定全国中小学新任教师，全部由省级教育行政部门统一组织公开招聘考试，按照成绩择优录取，不再采取其他方式和途径来自行招聘教师，教师招聘制度得到进一步规范化发展，为教师的职业流动提供了更大的可能性与公平性。教师聘任制的实行，为学校和教师双方提供了更大的选择空间，学校择优录取，教师择良木而栖，结束了传统人事管理对教师的禁锢。①

二、经济因素对教师迁移的影响

（一）经济的快速发展，会使教师产生较高的迁移流动率

社会经济状况主要是指国家或地区的经济发展状况，它与社会迁移流动有着密切的关系。有学者指出，国家或地区的经济发展状况，是影响人口迁移流动的重要外部因素，主要包括经济发展速度与经济发展效益两方面。国家的经济发展速度越快，对人才的要求越高，人才迁移流动的可能性越大。教师职业迁移流动同样受到国家和地区的经济发展速度与发展效益的影响。国家经济高速发展，要求人才具有更高层次的知识、技能，具有更为良好的素质，能够更加适应时代变化，一些教师由于不能适应时代要求而被淘汰。

① 谢延龙. 教师流动论[M]. 南京:南京师范大学出版社,2016:81.

同时，对人才的高要求推动了教育事业进一步发展，教师队伍优化配置程度提高，这些必然会加速教师迁移流动。因此，经济的高速发展，会使教师产生较高的企业流动率。[①] 以高校教师迁移流动为例，经济发展对高校人才迁移流动的影响还是较为显著的。目前我国较为发达的省市如北京、上海、广东等地的高校吸引了不少人才，而相对落后的地区如宁夏、广西等却面临着不同程度的人才外流情况。这种人才集中迁移流动的现象也是我国高校人才迁移流动的主要表现形式之一。

（二）教师迁移流动具有趋利迁移属性

马克思说，一切人口现象都由经济发展决定，教师的迁移同样也是由经济发展所决定。教师迁移为追求某些“不可见的”，却能使自己满意或满足的东西。获得更好的经济收益是人口迁移流动的一般规律。地区之间收入水平、就业机会，以及与此相关的经济发展水平、产业结构、对外开放程度等方面的差异，是地区之间产生人口迁移流的主要推动因素，因此包括教师在内的人口迁移具有一定程度的趋利迁移属性。

人口的流动、迁移遵循着梯度流动原理，即从获利机会少的地区向获利机会多的地区流动。在梯度流动过程中，既存在从不发达地区向发达地区流动，也存在从发达地区向不发达地区的流动。梯度流动本身就是一种级差流动，它有助于均衡各地区各行业的级差利润，实现区域经济和产业经济的平衡发展。教师的价值观发生了很多变化，一方面受市场经济与外来文化的冲击，不断从重“理想”向重“现实”方向发展，从重“义务”向重“利益”方向转化，从重“集体”向重“个体”演化。教师不停地寻找属于自己的“奶酪”，所以教师工作的根本动力不仅仅是争取自我保全、获得他人和社会承认的资格和身份，也是建立在“自利”的动机上的，是为了过上舒适、富足、便利的生活。教育领域一直有着“穷人要生存，富人要发展”的不同取向。“穷人”要变成“富人”，就不可避免地出现教师从“穷地”向“富地”、从“穷校”向“富校”的迁移走向。美国2000至2001学年度的教师流动原因的调查中，40%的流动教师表示是为了获取更好的教学岗位，38%的流动教师对教育行政人员提供的教学支持感到不满，还有22%的流动教师表示对工作环境不满。而在1980年以后的中国，教师迁移呈现相对开放的态势。教师的迁移体现了国家从计划体制向市场体制转变的过渡性，迁移的规模在增加，且受到行政体制和市场规律双重影响。以发展型为主的迁移、地

---

① 谢延龙. 教师流动论[M]. 南京:南京师范大学出版社,2016:76－77.

区间经济发展水平和收入水平的差异成为诱发教师迁移的主因，出现了教师从农村向城市、从西部向东部和南部、从中国向外国迁移及相关的迁移圈，出现孔雀“纷纷”东南飞、一江春水“滚滚”向外流的景象。在我国古代历史上，几次大的民族大迁移无一不是由战乱导致的，为了逃避战乱的侵扰，为了安定的生活，人们不辞劳远，背井离乡去到一个陌生的地方重新创业，而且每一次迁移的方向都是由北向南。而今天，高考改革也如同古代的战乱一样，将众多教师推向了“大搬迁”的境地中。去南方淘金，去南方创业，去南方发展，已经成为我国很多教师的一个新想法。“人往高处走，水往低处流”是一个自然法则和社会规律。①

教师虽然属于特殊的社会群体，承担着重大的社会责任和道德义务，然而教师首先是社会中的个体，他们具有“经济人”的全部特征，也就是说，他们与其他群体中的个体一样，具有追求自身利益最大化的强烈愿望和动机。根据迁移的成本和收益理论的观点，迁移是有成本的，包括货币成本和非货币成本。前者包括交通、住宅等方面增加的支出，后者包括因迁移减少的收入及心理成本等。迁移预期收益是指迁移者因迁移能够预期得到的更多的收入，当迁移的预期收益大于迁移成本时人们就倾向于迁移。按照这一理论，年轻的教师和高素质的教师迁移的成本较低，预期收益较高。近些年参加广东省内高校教师学术会议，发现广东省各高校的会议代表有很多是来自东北地区、现在在广东省工作的老师。据估算，改革开放以来迁移到广东省的东北地区的高校教师，可以组建一个较大规模的大学。另外，迁移的推拉理论认为，人口迁移有两种动因，一是居住地存在着推动人口迁移的力量，二是迁入地存在吸引人口迁移的力量。就高校教师的收入来说，南方要比北方高，东部要比西部高。据笔者统计，很多东北高校教授应聘到南方高校，其年薪从原来的不到6万元提高到20万元~30万元不等。② 可见，越来越多的教师为了摆脱贫困和落后，为了追求理想、激情和幸福生活，为了寻求利益的最大化，像候鸟一样四处迁移。

三、地区差异对教师迁移的影响

宏观迁移理论对于人口迁移行为的基本判断都是建立在地区之间存在差异的基础上的。唐纳德·博格（D. J. Bogue）等③学者提出的推拉理论认为，

① 杨小秋、曲中林. 教师的迁徙：成因、效应与发展态势[J]. 教育理论与实践，2013(10)：32－36.

② 钟玉明. 城市知识分子：满意中的分化[J]. 瞭望新闻周刊，2006(8)：8－10.

③ 李竞能. 现代西方人口理论[M]. 上海：复旦大学出版社，2004：137－138.

迁入地与迁出地之间在自然环境和经济社会发展水平等方面的差异，是引发人口迁移最基本的动力机制。李（E. S. Lee）① 的人口迁移规律理论则进一步提出，人口迁移的规模与地区之间的差异大小相联系，迁移量因差异程度的不同而不同。

以深圳为例，内地教师迁移流动是流出地的“推力”和深圳作为流入地的“拉力”共同造成的。流出地的推力主要表现为：工资待遇差，学校管理水平低，教学环境和生活环境差，工作量大。深圳对教师迁移流动的拉力主要表现为：较高收入的吸引，教师劳动力市场需求量大，中小学教学条件优越，管理体制健全，环境优美、气候宜人。为了提升个人发展空间，以及为子女营造良好的成长环境，内地一些优秀教师纷纷南下，形成“孔雀东南飞”的态势，不断地改变着教师的地缘结构，提升教师队伍质量。②

与生活质量相关的公共服务因素对教师迁移流动产生重要影响。各类人口在地区之间的迁移流动，从根本上来说，是为了更好的生活。那么，在教师迁移者已经具备了一定的经济能力，或者在可选择的迁入地与迁出地之间经济因素差异较小的背景下，教育、医疗、社会保障等公共服务水平将会成为影响迁移流动教师对迁入地选择的重要因素。按照查尔斯·蒂布特（Charles Tiebout）③ 建立的地方公共产品供给模型，如果居民在地区之间能够充分流动，人口将流向那些能够最好满足其公共产品偏好的地区。

各省域经济发展相差大，造成地域间经济发展不均衡，影响教师的迁移流动。我国城乡二元化结构，使东部经济发达地区与西部贫困落后地区、城市地区与农村地区之间，在经济方面存在巨大差异，影响和制约了落后地区教育发展的规模与速度。据 2005 年统计结果显示，我国东、西部人均基础教育经费差异已经近 10 倍，小学生人均经费从 300 元到 3 000 元，初中生人均经费从 500 元到 4 100 元。而且从实际情况来看，许多农村学校的生均经费还要远远低于统计上的数据。④ 此外，地区经济发展不均衡，还导致地区之间、城乡之间教师工资和待遇有十分明显的差别。东部经济发达地区教师的工资水平、福利待遇普遍较高，中西部地区教师的工资待遇较低，一些农村

---

① 李竞能. 现代西方人口理论[M]. 上海：复旦大学出版社，2004：137 – 138.

② 李敏. 中小学教师“孔雀东南飞”的原因分析——基于“推拉理论”的视角[D]. 武汉：华中师范大学，2015：1.

③ 张岚东. 地方公共产品供给研究综述：蒂布特模型及其他[J]. 广西财经学院学报，2010（1）：45 – 49.

④ 曾业辉. 教育公平：离我们有多远？[N]. 中国经济时报，2005 – 3 – 15.

学校教师的工资待遇更低，所谓的津贴、福利也是名存实亡。北京师范大学《2003 年中国中小学教师教育现状调研报告》对北京和宁夏两地教师的月收入情况的调查结果显示，北京地区小学专任教师月收入均值为 2 085 元，宁夏地区仅为 999 元；北京地区初中专任教师月收入均值为 2 077 元，宁夏地区仅为 1 231 元。两地区教师工资收入差异相当大。根据社会学的相关理论，教师作为社会中的个体，具有“经济人”的全部特征，具有追求自身利益最大化的强烈愿望和动机。而地区、城乡的经济差异，必然会促使教师从欠发达地区流向发达地区，从乡镇流往县城。①

四、社会关系网对教师迁移的影响

道格拉斯·梅西（Douglas S. Massey）等②提出的移民网络理论认为，人口迁移流一旦产生，会形成迁移者社会网络，它是一系列人际关系的组合，其纽带可以是地缘、血缘、亲缘、乡缘、学缘及同事关系等。这一网络可以为后来者传播信息、提供帮助，降低其迁移的成本和风险，从而影响其迁移行为的决策，推动原先的迁移过程持续发展下去。这使得人口迁移网络具有积累性效应，即每次迁移都会成为后来者的资源，而新的迁移又导致了网络的扩大和进一步发展。在广东省珠三角地区，从地缘网络看，从湖南、东北地区、西部地区迁移而来的教师非常多；从学缘网络看，以同学关系介绍而来的教师也占一定比例；从同事关系网络看，也有一些靠同事介绍而来的教师。

社会网络理论认为，迁移网络能够为潜在的迁移者提供具体的就业信息和机会，并在住所、情感等方面给予支持，从而帮助迁移者有效降低迁移流动的成本与风险，进而提高迁移流动的预期净收益，因此，迁移网络会对迁移者的迁移行为和迁移目的地选择产生重要影响。国内学者从社会网络理论出发，探讨了迁移流动人口的社会关系网络对其目的地空间选择的影响。研究表明，现阶段，我国人口流动的主要方式为依靠血缘、人缘、地缘向外流动的链式迁移，社会关系网络在流动人口的流入地空间选择中发挥着重要作用。研究发现，流入广州的流动人口之所以选择广州为流入地，主要原因之一就是这里有他们的亲戚朋友。李玲还指出，社会关系网络是影响省际迁移人口目的地选择的主要因素，而经济因素则仅仅是前提条件。刘家强的研究

---

① 谢延龙. 教师流动论[M]. 南京：南京师范大学出版社，2016：76－77.

② 姚华松，许学强. 西方人口迁移研究进展[J]. 世界地理研究，2008(1)：154－166.

还表明，依靠社会网络进行流动就业的农民工更倾向于到省外就业，这表明，借助迁移网络的帮助，流动人口更有可能克服空间距离的制约而迁移到更远的地方。①

五、文化因素对教师迁移的影响

教师对迁入地文化的融合度与适应性也是影响教师迁移的重要因素。相关理论研究主要可以分为“同化论”和“多元文化论”两类派别。

“同化论”最早由美国社会学家罗伯特·帕克提出。19 世纪 20 年代，芝加哥学派着手对美国的欧洲移民者进行研究，研究他们怎样进入和适应新环境。“同化论”认为，外来移民者认同接受国当地的文化是非常关键的。一般来说，移民者在迁入地往往要经历三个阶段，即定居、适应以及同化。移民者必须摒弃固有的传统思维和文化习惯，而要主动学习，积极适应并且接受当地社会的主流文化、价值观念和生活方式，从而实现同化和融合。随着居住时间的增加，移民者通过适应、整合、认同当地的语言、经济和文化，最终都将与接受国当地的文化相融合。“熔炉论”正是“同化论”模式的表述，法国裔美国学者埃克托·圣约翰·克雷夫科尔于 1782 年形象地提出了“熔炉论”，“熔炉”是对美国文化及其美利坚民族的形象比喻，是以美国为实证基础的。这一理论认为：美国——这个“上帝的伟大的熔炉”必将把来自不同国家、不同民族的外来移民者化成一个新的人种——“美国人”。

“熔炉论”和同化模式遭到了不少学者的质疑。持怀疑态度的学者认为，从美国的现实社会来看，该观点强调来自世界各地不分种族的移民者必将会融入美国社会，这与事实并不相符；而且融入当地的文化生活的过程是由多重因素共同作用的，并不是一个单一的线性轨迹。与“同化论”突出一致性、统一性相反的是，“多元文化论”则强调美利坚民族和文化的多元性和多样性。犹太裔美国学者霍勒斯·卡伦发表一系列的文章抨击“熔炉论”。卡伦认为，个人和族群的关系是由家族、祖先和血缘决定的，不能改变，不能分割。在行政和地理上，美国是一个联邦，在文化上，美国也应该是各民族的联邦，美国的个人民主同时也应该是各民族的民主。1924 年，卡伦在《美国文化和民主》中首次使用了“文化多元论”的概念，进一步指出在民主社会的框架之内保持各族群的文化，将让美国文化更加丰富多彩。“多元

① 田盼盼. 省际与省内流动人口空间分布及其影响因素的差异[D]. 福州：福建师范大学，2014：9－10.

文化论”强调，外来移民者将自身不同的社会经历、不同的文化背景以及价值观念对其生活的地点进行全新的塑造，有利于多元化社会和经济秩序的建构。实施多元文化政策，不仅能够包容和理解外来非主流文化，呈现丰富多彩的民族文化活动，而且能够使各民族相互尊重，和睦相处，并且有助于缓和各种错综复杂的宗教矛盾。①

社会习俗观念文化作为一种社会文化的重要表现形式，与教师迁移流动关系密切。社会习俗观念是一种得到社会认可的行为规范和内心行为准则，它能深刻影响人们的心理、思维方式、价值取向和行为，它传递着代表生活中某一特别意义的信息。对于教师来说，社会习俗文化观念中，“中心城市”和“城市中心”观念对教师迁移流动产生的影响最大。从“中心城市”方面看，广东省珠三角的九个中心城市，省外迁移而来的教师远远要比粤东、粤西、粤北多。从“城市中心”方面看，城市中心观念是基于我国长期处于城乡二元化结构的社会背景下产生的。在二元化社会结构下，城市地区与农村地区，无论是在政治、经济，还是文化方面，都表现出巨大的差异。城市的经济发展速度、教育的发展规模高于农村地区，城市的工作岗位与就业机会多于农村地区，城市居民的生活水平与质量、所享有的社会资源及国家赋予他们的权利优于农村居民。这会在无形中使人们产生“城市优于农村”的观念，在这种观念的引导下，个体流动呈现出“单向性”特征。对教师来说，同样会把“城市”作为流动的首要选择，从物质层面来看，城市学校的经济待遇、教学设备、社会保障要优于农村地区；从精神和文化层面来看，城市学校的文化氛围、学术气氛，更有利于教师的专业发展；从身份认同和心理感受层面来看，作为“城市人”往往会给人带来一定程度的满足感。这种城市中心观念文化是促进教师不断流向城市学校的重要原因。②

第三节　影响教师迁移的学校因素

学校作为教师职业生活的主要场所，属于一个特殊的社会组织，具有高度的自治性与组织性，内部人员活动频繁，是一个小型的“社会”。学校内部各方面因素对教师思想与行为产生的影响，更为直接和有力。学校的工作环境、管理机制、文化氛围、工资待遇等，都会从根本上影响教师工作的满

① 梁昌秀. 社会流动与“知识型”劳动力的城市社会适应[D]. 桂林：广西师范大学，2014：4－5.

② 谢延龙. 教师流动论[M]. 南京：南京师范大学出版社，2016：78－80.

足度，决定教师的专业发展能力，关系到教师自我价值的实现，通过影响教师内在需求的满足程度，进一步影响着教师的迁移流动。[①] 以高校教师为例，大学在“管理机制”“组织文化”“高校类型”“高校区位”“学术发展”“院校声望”“经济因素”上存在显著性差异。学者由由通过研究认为，在高校对教师产生“吸引”的因素中，有些是与高校教师工作过程相关的，比如工作任务、工作压力、角色冲突等，另一些则是有关高校工作环境的，包括学术氛围、领导管理等软环境以及互联网、学术发展支持等硬件条件。[②]

一、学校的基础条件对教师迁移的影响

学校的基础条件既包括学校外部的环境条件，也包括学校内部的工作条件。学校基础条件的优劣对教师迁移流动意愿有直接关系。从“经济人”理论角度上看，人才流动是市场经济中价值规律在人力资源配置领域的反映，人才总是流向那些提供优厚待遇、良好工作条件和创业环境的组织和地区。教师亦是如此，出于自身发展的考虑，教师往往选择迁移流动到环境、工作条件更好的学校。从已有的研究结果来看，学校的地理位置、社会影响力、经济条件、发展能力以及教师的工作环境权保护等，是影响教师迁移流动意愿的重要因素。

（一）学校地理位置对教师迁移的影响[③]

教师所在学校的地理位置与教师生活、工作有直接的联系，不仅关系教师日常所接触的群体、所接受的思想观点、所获得的信息程度，还牵涉教师的经济收入。同时，学校所处的地理位置在一定层面上，决定了学校的整体教学能力、师资水平、生源基础、教育经费以及学校的发展空间。不同的地理位置为教师提供了不同的工作、生活环境，对教师产生的影响也各不相同。根据推拉理论，优越的地理位置往往形成一种“拉力”，吸引劳动者流入；而恶劣的地理环境则是劳动力进行流动的一个“推力”，推动劳动力流动到其他地区。学校地理位置与教师职业流动意愿有着较强的联系，一般来说，处在经济发达地区的学校，其基础设施、教学水平、工资待遇、学术交流水平都相对较高，能够满足教师生活需要和自我实现需要，教师对职位的满足程度高，流动的可能性小。相反，处在不发达地区或农村地区的学校，由于教育经费投入有限，办公住房环境较差、信息交流水平较低、交通不方便等

① 谢延龙.教师流动论[M].南京:南京师范大学出版社,2016:75.

② 由由.什么在影响高校教师的去留[N].光明日报,2016-08-02(13).

③ 谢延龙.教师流动论[M].南京:南京师范大学出版社,2016:85-86.

原因，部分教师不能安心工作和充分调动自身工作的积极性，结果有大批教师选择离职，流向城市学校或发达地区的一些生活、工作条件相对较好的学校。这一点在我国农村中小学学校中，表现尤为明显，农村教师比其他地区教师的流动愿望更强。可见，学校地理位置对教师迁移流动行为确实具有一定影响作用。

（二）学校办学规模和发展能力对教师迁移的影响[①]

学校的办学规模在一定程度上影响着教师的迁移流动，一般情况下，规模较小的学校教师迁移流动的可能性要比中等或者大规模学校的教师迁移流动的可能性大。办学规模较小的学校，往往管理模式单一，学校基础设施相对落后，教师团队不够壮大，学生生源难以保障。教师在这样的学校中，往往有一种没有“人尽其才，物尽其用”之感。学校没有能力为教师职业发展提供足够的物质基础和环境支持，教师发展空间受到极大限制，职位成就感偏低，难以实现教师的自我价值追求。小庙留不住大和尚，对于那些具有较高职业预期和抱负的教师来说，进行迁移流动是最好的选择。中等或者规模大的学校，对教师有一种无形的吸引力。进入了规模较大的学校，就意味着有更好的经济收入、发展空间和职业前景。并且，这些学校确实能够为教师职业发展提供较大的平台和更多的机会，为教师自我价值追求提供更为有利的外在条件。

学校发展能力与教师职业迁移流动之间有着密切的联系，二者相互依存，相互影响。一方面学校的发展能力越强，对教师的吸引力就越大，教师职位满足程度就越高，教师迁移流动的可能性就越小，学校通过自身的选拔机制，对现有教师进行筛选，精益求精，师资力量更加强大。另一方面，学校优秀教师资源的增加，也强化了学校发展能力，使学校发展形成良性循环。相反，学校发展能力较低，基础设施落后，不能为教师职业发展提供环境和资金支持，教师发展能力受到限制，教师流出的可能性也随之增加。教师在进行职业迁移流动选择时，往往把学校发展能力与自身发展空间联系在一起。学校基础设施能够为教师专业发展提供物质支持，学校整体教育教学水平能够带动教师工作的积极性，增强其竞争意识。学校教育经费更是为教师的专业发展提供了必不可少的经济支持。在发展能力较强的学校工作，教师更容易实现自我发展的职业目标。

---

① 谢延龙. 教师流动论[M]. 南京:南京师范大学出版社,2016:86 - 87.

二、教师工作环境权的学校保护对教师迁移的影响

劳动者工作环境的安全保障，不仅是对工作物理环境、硬件设备的保护，而且应该扩及劳动者心理层面的保护，如性骚扰预防、人格尊严的尊重等，不仅如此，工作环境还应当扩及社会环境，包含就业公平、待遇公正以及社会保障等。工作环境权的实践应当以劳动者参与和社会对话为核心，使劳动者的权利从政府主导转变为劳动者权利本位。劳动者权利本位的重要意义在于唤醒劳动者权利主体意识，政府倾向保护固然重要，但毕竟是外部力量，劳动者不能在权利受到侵害时等靠外部援助，通过自己积极行使权利，才是实现自身利益保障的根本途径。

教师选择工作的场所，就是选择工作环境权。教师工作环境包括办公的地方如办公室、教室，还有所在的学校的人文环境、物质环境，也包括在校外的环境，如学生家庭、社区环境、社会环境、国家法律环境等。教师在上述工作环境中的劳动境遇，直接关系其体面劳动的实现，影响教师的职业迁移流动。教师不只求“活着”，还希望“活得好”，能“诗意栖居”。要想让学校成为教师的学校，实现对教师民主权利的尊重，就必须让教师的工作环境权实至名归。有资深管理者说过“要让员工干起来，先让员工乐起来”。

教师希望“以师为本”的人性化管理。教师工作的现实环境是教师成长的“主”场所，教师的各种能力只有在教育实践中才会逐渐形成与获得，教师的专业发展需要在实践中拥有自主的空间、宽松的氛围与和谐的工作环境。教师工作环境权是教师的个人权利，它能保障每个教师全面地、协调地、体面地劳动，因此，它又是一种现实性权利。教师工作环境权作为个人权利，基于学校的、物质的、人文的、制度化的环境现状，既立足于教师职业生存的需要，又立足于教师专业发展的需要，是生存权与发展权的有机统一。工作环境权的拥有意味着教师从环境的禁锢中解放出来，自我效能感得到提升，获得了谋划自己职业的自主性，即个人的独立、自由和权利。工作环境对身在教育场域中的教师的影响是不可低估的，对学校的办学质量以及教育事业的发展具有重要意义。①

克莱门特·斯通说：“你是你所处环境的产品。所以，请选择最有利于你朝着自己目标发展的环境。”“从环境的角度审视你的生活。你周围的事物

---

① 杨小秋，胡海建，曲中林. 教师工作环境权的研究[M]. 武汉：武汉大学出版社，2019：9－10.

是否有助于你获得成功？还是会阻碍你的发展？”[①]

孟德斯鸠说：“一切有权力的人都容易滥用权力，这是万古不易的一条经验。”[②] 产生于19世纪的管理型政府，对公共事务采取的是以集权控制的方式进行专制管理，其作用的范围过宽、作用的半径过长，这在公共教育领域也不例外。政府专制地控制着公共教育的现实，致使公共教育提供机构即公立学校带有典型的官僚科层制烙印。20世纪50年代以来，世界范围内的科技革命突飞猛进，全球范围内的经济竞争加剧，市场日益分化，这使得高度集权、自上而下的管理型政府在变革和创新方面显得无能为力。与此相对应的公共教育领域的官僚科层制体制在社会变迁过程中也暴露出诸多的弊端。例如，国家行政学院首次对122位来自全国各地县教育局长（正职）的职前身份进行问卷调查，结果显示，作为推动社会发展最基本动力的区域教育发展第一责任人，有六成来自教育系统以外。调查显示，中国基层教育六成是“外行领导内行”,[③] 因此，教师劳动的主体性往往得不到体现，更谈不上教师的专业发展。教师智则学生智，教师强则学生强，教师变了，学生的状态才会变；教师变了，教育的生态才会变；教师变了，发展的境界才会变。教师追求劳动的主体性，为获得更多的工作环境权，往往进行工作迁移。

三、学校的管理水平对教师迁移的影响

对于学校组织而言，良好的管理有助于学校工作的有效进行，有助于提高学校成员的凝聚力，有助于更好地吸引优秀教师加盟。相反，管理不善则会引起学校各方面矛盾的激化，导致学校教学工作陷入无序的困境。同时，学校管理机制与教师迁移流动也有着密切的关系，一个好的管理制度能够形成学校蓬勃的精神气，形成教师之间的良好人际关系，“以感情引人”“以事业引人”。可见，学校的管理机制不仅决定了学校的发展状况，还会影响到学校教师队伍的稳定性，是教师迁移流动的主要诱导因素。

（一）学校管理理念对教师迁移的影响

“思变才会寻求突破，求变才会放下身段，应变才能掌握主动，善变才能取得成效。”社会不断变化发展，管理理念是动态和不断完善的。学校管理理念的陈旧与不合理，往往会对教师专业发展造成阻碍，影响到教师工作的积极性。如在一些学校，受传统管理观念影响，教师往往被视为取得教学

① 科里·帕特森，等.影响力2[M].彭静，译.北京：中国人民大学出版社，2009：173.

② 〔法〕孟德斯鸠.论法的精神（上册）[M].张雁深，译.北京：商务印书馆，1982：154.

③ 邓兴军.调查显示中国基层教育六成是“外行领导内行”[N].北京青年报，2008－3－18.

成绩的“砝码”与“工具”，教师渴望被尊重、被理解的心情被学校忽视。在一些学校中，教师往往是被动的被管理者，工作环境压抑，职业发展需要得不到满足，教师更加倾向于进行迁移流动。而在倡导“以人为本”管理理念的学校中，主张“人既是发展的第一目标，又是发展的终极目标”，以教师为本，把教师发展放在首要位置，把满足教师职业发展需要、提升教师主体地位和尊重教师的个性化教学，作为学校管理理念的核心，这样的学校对优秀教师的吸引力强，吸引优秀教师流入。①

（二）学校管理模式和管理制度对教师迁移的影响

学校管理模式与教师职业迁移流动之间也存在着联系。死板陈旧的管理模式、过度强调自上而下的命令式管理模式都会加速教师职业迁移流动。正如普莱斯的研究所指出的，企业的集权化程度越高，雇员的流动水平也就越高。教师属于中高级人才，民主意识更加强烈，对学校的民主程度要求也相应更高，希望自己能够更多参与到学校管理中。如果这点无法得到满足，就会导致教师不满，迁移流动就会频繁发生。当教师参与学校决策的意识很强烈，但机会较少、受重视的程度不够时，教师的归属感薄弱，迁移流动的可能性也就相对较大。②

学校管理制度涉及多个方面，特别是与教师切身利益相关的管理制度最能引起教师关注，主要包括涉及职务晋升、福利待遇、考核奖励、进修机会等方面的制度。学校的这些管理制度在执行过程中，最容易引起冲突，其原因就在于制度建设的不健全与乏力，从而引发教师“公平感”缺失，这同样也是造成教师流动的主要原因。在学校组织中，倘若教师的利益分配不是掌握在自己手中，而是由学校的管理者全部决定，虽然管理者会通过制定相关制度，以求达到最大的公平公正，但在具体实施和操作过程中，难以做到一视同仁，极易导致分配不均。一些学校缺少对管理者的有效监督，校长往往根据个人喜好，任人唯亲，剥夺了许多青年教师锻炼的机会，挤压了他们发展的空间，使教师产生强烈的抵触情绪，因而“被流出”，优秀教师难免会另攀“高枝”。

第四节　影响教师迁移的个人因素

针对管理中人性问题的复杂性，美国行为科学家埃德加·沙因提出了

① 谢延龙.教师流动论[M].南京:南京师范大学出版社,2016:88.

② 谢延龙.教师流动论[M].南京:南京师范大学出版社,2016:89.

“复杂人”假设。他认为，人类的需求是多种多样的，并随着人的年龄、发展阶段、角色、处境的变化而变化。人的需求根据对每一个人变化不定的重要程度形成一定等级层系，这种层系也会因人、情景、时间的变化而变化。① 教师的需求也是多样性的，他们不仅对物质生活条件有一定要求，对自我价值与社会价值的实现也都有一定要求。随着教师个体的发展和所处境地的变化，他们的需求也会有所变化，这些变化与每个教师的具体特征紧密相连，这就决定了教师迁移流动原因的复杂性。② 从教师个体特征来看，年龄、教龄、性别、个性等都会对教师流动产生影响。迁移教师中高学历者、青年教师、骨干教师、男教师居多。还有研究表明，教师为了自身职业发展或实现个人价值选择流动，因为农村学校在晋升、评优评先和职称等方面机会相对较少，外出培训进修机会少，专业发展困难重重。家庭因素也是影响教师流动的一个方面，主要是随配偶工作调动而附属迁移或是为给子女创造良好的教育环境而迁移流动。

一、价值观念对教师迁移的影响

教师的价值观，影响着教师的迁移流动。不同年代、不同地区的教师，由于受制于社会生产力等诸多因素，对事物持有的价值观不同，导致了其迁移流动观出现了巨大差异。如在传统农业社会，“父母在，不远游”是许多国人的信条，加之人们倾向于墨守成规，即使再贫困，也能知足常乐而不思迁移。到了现代社会，人们的价值观表现为不满现状，开拓进取，接受挑战。近年来教师迁移流动潮的出现，就是教师价值观转变的一种表现。

（一）职业观念对教师迁移的影响③

教师职业观是教师对职业的认识和态度，是教师价值观在职业上的具体展现，教师职业观对其流动起着重要的影响。改革开放前，受国家计划经济与人事制度影响，教师的选拔、录用都受国家统一调控，教师职业具有稳定性，从事教师职业就意味着端上了令人羡慕的“铁饭碗”。大部分教师把教师职业作为自己为之奋斗的终生事业，充满了对工作的责任感。社会上尊师重教风气浓厚，教师被誉为“人类灵魂的工程师”。因此，选择迁移流动的

---

① 〔美〕埃德加·沙因. 沙因组织心理学[M]. 马红宇，王斌，译. 北京：中国人民大学出版社，2009：96.

② 戴建波. 人性假设理论视阈下地方高校教师流动的影响因素及管理对策[J]. 大学教育科学，2016(5)：58－63.

③ 谢延龙. 教师流动论[M]. 南京：南京师范大学出版社，2016：99－102.

教师只占很少一部分。

随着改革开放的推进和市场经济的发展，人们对事业的追求逐渐变为对职业的追求，对成功有所作为的理解更接近于职业的理想化与实现自身价值。一些教师的职业观发生了改变，教师职业更多地被视为一种谋生的工具。在市场经济影响下，一些经济收入不佳的教师不再安贫乐道，他们愿意通过各种途径来实现自身的价值，只要能够获得更好的待遇和发展，他们愿意流动到经济发达、环境好的地方。此外，部分教师把自己的劳动视为商品，根据获得报酬的多少而选择付出劳动的多少。一些教师已不再那么热爱自己的职业，仅仅认为这是一种生存方式，学校也仅仅是一个让自己生存的地方。因而当教师对工作感到乏味倦怠，对学校的环境和待遇感到不满失望时就会轻易地选择离开。

（二）利益观念对教师迁移的影响

现代教师已由“单位人”转变为“社会人”，人们在进入和流出教师职业时往往受如亚当·斯密（Adam Smith）提出的“看不见的手”的引导。处在市场经济条件下，教师的劳动在很大程度上是个人谋生的手段，是一种经济活动，带有一定的商品性，受价值规律的制约。市场会以它内在的机制维持教师队伍的生存和发展，其中主要依据的是市场经济活动中的经济人理性原则，以及由经济人理性原则支配下的理性选择。社会学家卡斯特认为，“我们的社会是环绕着流动而建构起来的……流动不仅是社会组织里的一个要素而已，流动是支配了我们的经济、政治与象征生活之过程的表现。果真如此，那么，我们社会里的支配性过程的物质支持应该是支撑这种流动，并且使这些流动在同时性的时间中接合，在物质上成为可能的各种要素的整体。流动空间乃是通过流动而运作的共享时间之社会实践的物质组织”。[①]

教师的利益观在根本上决定着教师的思想与行为，对教师迁移流动有着重要影响。利益对人们的行为有着最为直接的驱动力，正所谓“天下熙熙，皆为利来；天下攘攘，皆为利往”。但由于受社会因素的制约，不同时期人们的利益观表现不同，对人们行为产生的影响也不同。改革开放之前，教师任用受国家统一调控，教师职业具有稳定性与终身性，经济收入较之其他行业具有一定优势与保障；同时，受平均分配原则的影响，教师间的工作收入、福利、待遇相对均衡，学校间未表现出巨大的差异。此外，受集体观念影响，教师往往把集体利益放在个人利益之前，把集体利益作为首要考虑因素。因

① 成伯清.走出现代性[M].北京：社会科学文献出版社，2006：117.

而，教师更倾向于留在教师队伍里，留在现有的学校中，很少进行职业迁移流动。改革开放后，随着市场经济体制的推行，分配制度也随之改变，“按劳分配”原则使教师收入拉开了差距，教师更加注重的是自身利益。不同区域学校间为了吸引、争抢优秀师资，往往在竞争过程中附加优厚的经济利益，教师为了追求劳动价值的最大利益化，而选择进行迁移流动，于是就有了“孔雀东南飞”现象的发生。

二、个人特征对教师迁移的影响[①]

教师迁移流动行为，往往与教师的年龄、教龄、个性特点、学科专业、教师职称因素有关，这些因素综合起来，对教师的行为习惯养成和改变产生了影响，对教师的迁移流动行为起着推动或抑制作用。

（一）年龄对教师迁移的影响

美国学者汉姆利·格里夫斯（Hanand Griffeth）在研究影响员工流动的因素时指出，劳动者的年龄是与流动率密切相关的因素；肯尼迪和富尔福德（David Kennedy and Mark D. Fulford）在随后的研究中指出，影响员工流动的因素有明显因素和不明显因素之分，年龄属于影响流动的明显因素。我国学者同样认为，员工流动受年龄因素的影响较大，不同年龄阶段的员工流动原因存在差异，如处于20到30岁的员工更多重视工作兴趣、工作的新颖性及工作经验的积累，30到45岁的员工流动的原因多半是待遇和事业发展的进取性，至于45到55岁的员工流动的原因，多为开拓第二事业的博弈性。

对于教师而言，年龄因素与其迁移流动行为之间存在着密切关系。格林斯玛和科比（Grissmer and Kirby）的研究发现，教师年龄影响教师流动，且二者之间呈现负相关关系，即年轻、经验少的教师流动率比较高，年龄大、资历老的教师流动率比较低，教师到了退休年龄，流动率再次增加。总体上看，教师的流动率随教师的年龄增长而呈现出“U”形变化趋势，如图2-1所示。在后来有关美国特殊教育教师流动的研究中，也证明了年龄与教师流动倾向之间确实存在着“U”形变化关系。

对于年轻教师而言，他们刚刚参加工作，精力充沛，工作热情高，对工作抱有极高的期望，对自我价值的追求欲望强烈，没有家庭负担，不用考虑子女问题，迁移流动的成本相对较低。因此，年轻教师的迁移流动性较强，迁移流动的概率也比较大。对于老教师而言，他们工作时间较长，早已习惯

---

① 谢延龙. 教师流动论[M]. 南京：南京师范大学出版社，2016：92-99.

了现有的工作环境，对工作的投入也比较多，获得了一定的职业地位和工作业绩，家庭和子女因素制约较大，迁移流动的可能性也随之大大降低。随着教师年龄的继续增加，到法定的退休年龄，教师就必然会离开自己的工作岗位，导致教师迁移流动率再次增加。

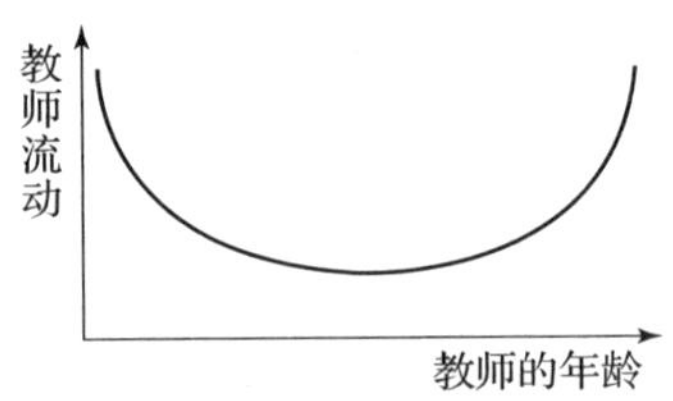

图 2－1　教师年龄与流动关系示意图

（二）教龄对教师迁移的影响

教龄是指教师参加教学工作连续累计的时间，它与教师流动有直接关系。一般情况下，教师教龄长短与教师流动概率呈现负相关关系，即教师的教龄越短，迁移流动可能性就越大，教师教龄越长，迁移流动的可能性就越小。

比较而言，教龄长的教师在已有教师岗位上，度过了自己职业生涯的很长一段时间，在这段时间里，他对于自己的职业岗位倾注了极大心血，付出了诸多努力，进行了很大的感情投入与资本投入，有的已经获得了一定的职业地位和工作成绩回报。并且，经过长期工作，教师熟悉了他长期服务的职位，习惯了工作的环境，并在工作圈子中与他人建立了友谊，形成了良好的人际关系网。这些对于教师的吸引力极大，是教师难舍的，因而教龄长的教师选择迁移流动到其他工作岗位的概率很小，但在教育系统内部流动的机会很大。对于教龄短的教师，他们在从事教师职业的早期阶段，往往会对未来工作产生较高的期望、工作热情高涨，期待有所作为。在工作了一段时间后，实际工作情况往往和预期存在着较大落差，教师对现有的岗位表示不满，并希望通过自身的努力来获取机会，从而选择迁移流动。教师的教龄长短不同，教师的流动概率就不同。根据教师的教龄，教师流动会出现三个高峰期。一是刚刚工作一到两年的教师，流动的可能性较大。教师在刚参加工作时，由于对工作不适应，对环境感到陌生，对其他教师不熟悉，工作效率表现低下，往往会选择迁移流动。二是工作六七年的教师，迁移流动的可能性也较大。以卡兹的组织寿命理论分析可知，工作超过 5 年，教师在学校的信息交流水平就会降低，需要通过教师迁移流动来对学校进行改组。库克曲线理论也可以得出相同的结论，教师在工作 4 年后，其创造力就会进入稳定的衰退期，要再次激发教师的创造力，迁移流动是教师可以选择的重要路径。三是工作十一二年的教师，迁移流动的可能性较大。教师此时已经积累了相当丰富的教学知识与经验，属于骨干教师，一旦工作进入“瓶颈”阶段，为了寻求事业上的突破，使自我价值得到进一步实现，就需要通过迁移流动来寻求改变。

（三）个性特点对教师迁移的影响

对教师来说，其行为的产生也受到自身个性特点不同程度的影响和制约。具有不同个性的教师，其迁移流动意向表现出很大的差异。属于外向主导型个性的教师，更趋于流动；而内向温和型教师，则更期望安定。外向主导型个性教师往往有较强的自尊心，较强的行为自主性，较强的能力和自信心，他们希望独当一面进行工作，希望得到社会认可，希望得到学校领导尊重，希望有较强的成就感，他们竭力追求学术上的成就，不断探索学术上的未知领域，并且具有较强的求知欲，希望不断学习、充实和更新已有的专业知识结构，因而，外向主导型个性教师迁移流动的可能性就比较大。而内向温和型个性教师往往对环境、人事的依赖性很强，对工作岗位具有极大的感情，和同事、领导之间拥有良好的人际关系，思想比较保守，不求有大作为，只求工作的安定与保障，对于新鲜事物和环境具有一定心理压力，逃避承担不可知的风险，满足于现状，因而，内向温和型个性教师更趋于稳定，迁移流动的可能性很小。

（四）学科、专业对教师迁移的影响

从现实情况看，不同学科、专业的教师的迁移流动概率不同。从基础教育层面看，和升学考试直接相关的“主科”的教师，迁移流动的可能性较大。学校中“主科”教师流动的概率，大大高于“副科”教师。受现行考试制度的影响，学校、家长和学生一般将课程中不参加毕业考试、升学考试，或极小部分参加这类考试的科目定义为“副科”，副科一般指的是音乐、美术、体育、历史、地理和生物这些科目，而“主科”则是指语文、数学、英语、物理、化学这些重要的科目。由于学校、家长和学生往往重视“主科”内容，忽视“副科”教学，“主科”教师的个人价值更容易得到充分体现与重视，教师具有更高的职业期待，渴望更高的职业成就，因此“主科”教师迁移流动的可能性比较大。而对于“副科”教师来说，被引入、招聘的机会相对较低，因而其迁移流动的可能性较小。

从高等教育层面看，热门专业、市场需求量大的教师迁移流动的可能性也较大。这些专业教师的迁移流动，是由教育人才市场的供求关系所决定的。随着近几年“双一流”建设的推进，一些大学对高水平、热门专业和学科教师的需求量也随之急速增长，出现供不应求的局面。各高校之间为了争抢师资，不断提高教师工资待遇，造成该类教师的迁移流动。而相对于这些学科而言，其他一些供求相对平稳的学科专业，其教师迁移流动的可能性就相对较小。

（五）学历与文化程度对教师迁移的影响

教师的学历与文化程度与其流动行为有着密切联系，二者之间呈现正相关关系，即学历与文化程度越高的教师，迁移流动的可能性越大；反之，学历与文化程度越低的教师，迁移流动的可能就越小。在当今的就业市场中，学历是选拔人才的一个重要标准。一般而言，学历高的教师具有较高的文化水平和素质，是各学校争抢的主要目标。高学历教师拥有较高的迁移流动资本，有更多的迁移流动机会和选择空间，获得职位的可能性较大，迁移流动后的职业收入更高，因而更容易产生迁移流动行为。相较之下，学历低的教师往往担心“找不到更好的工作”或“因为迁移流动而失去原有工作”等，更加倾向于不进行迁移流动，或对迁移流动抱着“无所谓”的态度。有学者对河南农村中小学教师流动进行了调查，结果显示，流动的教师中拥有本科学历的占54%，专科学历的占43%，而中专学历的仅占3%。又一项对民办教师流动的调查结果显示，流动教师中有4.2%的人具有硕士学位，87.5%的人具有本科学位，仅有8.3%的教师持有大专文凭。这些数据证明了高学历教师的高迁移流动率。而且，学历与文化程度高的教师，往往还具有较高的能力和自我实现的愿望，期待自身得到更好的发展，对教育事业有更高层次的追求，渴望寻找到适合自己的环境，迁移流动到能够满足自身发展需要的学校中去。

（六）职称对教师迁移的影响

从教师的职称结构来看，高职称的教师更容易迁移流动，低职称或无职称的教师，迁移流动的可能性较小。首先，高职称教师往往具有较为丰富的教学经验，不需要经过培训就可以马上投入教学工作中，为学校节省了大量时间和培训经费。高职称教师往往知识精深广博，业务熟练精通，教学经验丰富，管理能力强，是学校教书育人工作所依靠的中坚力量，容易被其他更好的学校看中，这些学校通过高工资、好待遇等物质条件，吸引教师迁移流动。一份来自甘肃、宁夏、贵州三省（自治区）的调查报告结果显示，优秀教师迁移流动现象严重，调查中有43.9%的教师有意到别的学校工作。

其次，随着社会对人才需求层次的提高，各学校都在努力吸引高层次人才。高职称教师具有较高的声望与威信，能够增强学校的整体教学影响力，增强学校的竞争力，吸引到更多优秀生源从而提高学校整体教学水平。高职称教师的迁移流动在不发达地区和农村地区表现尤为明显，来自江西经济欠发达县区的教师迁移流动调研结果显示，迁移流动教师中具有中、高职称的占到了70%以上。

三、工作压力对教师迁移的影响①

“理想很丰满，现实很骨感”。一些教师感叹自己是“奔走着的奴隶”，每天高密度备课，高强度上课，高精度坐班签到，以及高效率挤时间休息。一线教师已经成为了高“危”人群：一是身体问题，颈椎疼痛、腰椎疼痛、高血压、胃溃疡已经成为教师的惯性病；二是畸形的体制下诞生的极端管制，使很多教师武断加蛮干，“出工不出力”。北京教育科学研究院通过调查认为，有93.1%的教师感到“当教师越来越不容易，压力很大”。教师工作压力的来源主要包括：①考试成绩压力；②教育改革压力；③工作负担压力；④角色职责压力；⑤工作聘任压力；⑥学历职称压力；⑦检查评比压力。②据《扬子晚报》报道，2008年4月24日英国中小学教师举行大罢工，抗议薪酬支付协议，抗议名义工资涨幅跟不上物价涨幅造成实际收入下降。据统计，罢工当天英格兰和威尔士约8 000所中小学校完全停课或部分停课，受影响学生可能接近百万。同时，10万多名公务员和3万名大学讲师对此予以积极响应，也加入了罢工行列。③

有人描述教师劳动的“异化”表现，影响工作环境权的落地。第一，一些教师的工作满意度低。他们感到在学校中缺乏支持，不被认可，日常的管理性事务缠身，特别是当面对有行为问题的学生时，他们的职业满意度明显更低。④ 第二，大多数教师身心疲惫。有调研数据表明，为提高成绩与排名，教师个人自由时间越来越少，多数教师每周用于工作的时间在50小时以上，实际工作时间是法定工作时间的1.25倍。教师不仅教学工作内容繁多，而且非教学的“琐碎”工作耗费了大量的时间和精力，实际用于课堂教学工作的时间不足总工作时间的25%。⑤ 第三，教师职业病频发。表现最为突出的是咽喉性疾病，如《新闻晨报》上海2012年的调查显示，近半的中小学老师表示说话费力，71.2%的老师患有慢性咽炎，超过54.93%的老师嗓音听起

---

① 谢延龙. 教师流动论[M]. 南京：南京师范大学出版社，2016：102－104.

② 郭继东. 工作生活质量的改善：教师管理的新视角[J]. 南京社会科学，2009(12)：110－115.

③ 杨小秋. 教师怠工的分析与应对[J]. 中国教师，2014(9)：77－80.

④ 唐科莉. 经合组织调查：教师热爱工作，但感觉不被重视[N]. 中国教育报，2014－09－17(09).

⑤ 李新翠. 教师真的需要这样工作吗？[N]. 中国教育报，2014－9－16(06).

来嘶哑。此外，有 23.23% 的老师因声音问题接受过治疗，其中 94.93% 的老师使用药物，5.07% 的老师通过手术来恢复发声。[①] 第四，教权侵害事件不断增加。在国内，2017 年 12 月 14 日上午，辽宁省盘锦市盘山县胡家镇中学八年级 3 班班主任朱丽霞老师被学生捅死。[②] 在国外，美国公立学校中，教师被攻击的比率相当高，形成所谓的“受虐教师症候群”，这是一种压力反映的综合症状，包括焦虑、忧郁、睡眠问题、头痛、高血压、饮食异常等疾病。英国教师与讲师协会曾发布的一份调查报告称：英国近一半的教师因学生行为恶化而出现心理健康问题，大约 3/4 的教师因学生言行变得越来越粗暴而考虑过辞职，1/7 的教师反映他们被学生攻击过。[③]

对教师来讲，如果教师工作压力在其承受范围之内，则教师工作压力表现出积极的影响。教师工作压力与其迁移流动意愿之间呈现负相关的关系，即教师的工作压力越大，教师迁移流动的可能性越小。但是当教师工作压力超过了其承受的范围，就更多地表现出消极影响，此时教师的工作压力与其迁移流动意愿之间呈现正相关的关系，即教师的工作压力越大，教师迁移流动的可能性也随之增大。这种变化关系的原因在于，当教师的工作压力在其承受范围之内，教师的工作压力越大就意味着教师工作的挑战性越大，需要教师在工作中投入更多的时间、精力和感情，教师个人价值实现的程度就越高，教师迁移流动的可能性就越小。而当教师的工作压力超过一定限度，工作压力会给教师的心理和生理同时带来不良影响，阻碍教学工作的顺利进行，因而教师迁移流动的可能性就增大。[④]

① 董川峰.上师大开设发声课教正确发音[N].新闻晨报,2012-11-12(A17).

② 辽宁盘锦一女教师课堂被学生捅死,行凶者跳楼自杀无生命危险[DB/OL].中国青年网,2017-12-28.

③ 解立军.不要把教师当“靶子”[J].福建教育,2005(07A):18-19.

④ 谢延龙.教师流动论[M].南京:南京师范大学出版社,2016:102.

第三章　教师迁移的现状、特征与趋势

知识经济时代的中国已成为世界上最大的移民输出国，在2011年，中国知识精英的流失居全球之冠。国内各省域都在不断改善政策环境，放开知识型人口迁移条件，加大引智引才引师力度，防止人力资本流失，推动本省域人力资本的积累。以教师高地建设推动粤港澳大湾区建设，打造南方教育高地，珠三角必将成为智力输入区、优质师资的聚集地。

第一节　教师迁移的现状

目前，在世界范围内教师资源都非常紧缺，据估计，如果在2020年之前要普及小学教育，那么将需要1800万名教师，对于有些国家来说，这意味着师资队伍要增加280%，要是想普及初中、高中、职业高中或者一些非正式的教育的话，教师的需求量将更大。如果要求所有的教师都能符合所教学科的高质量教学标准，那么这些数字将非常惊人。①

一、国外教师迁移流动的现状②

（一）日本实施“定期流动”模式

第二次世界大战后，日本亟须通过教育改革振兴国家，有效地利用少数的教师资源成为重要的改革方向。为均衡教育资源，日本开始探索教师的定期流动，到20世纪60年代，日本的“定期流动”模式基本形成，日后逐渐成熟。1949年确立了日本教师的公务员身份。相关法律规定，教师必须根据工作的需要变换工作岗位，并开展交流活动，这也标志着日本的义务教育教师流动被纳入法律轨道。50年代后期，《关于地方教育行政组织及运营的法律》规定，教师的人事由县一级管理部门管理。定期流动制主要是在公立的基础教育学校内实行，教师可以在县域范围也可以跨县进行流动，但校长、

① 李娜. 国际教师流动对中国的启示——以UNESCO成员国发展中国家教师向发达国家流动现状为例[J]. 中国现代教育装备,2018(9):63－66.

② 李琮. 义务教育均衡发展的教师流动机制研究[D]. 上海:华东政法大学,2017:2－4.

教导主任和新教师要到地点偏远或条件较差的学校工作。东京对教师流动对象的年限做了规定：新教师在同一所学校要连续任教6年，一般老师要连续任教10年以上，必须参加流动；一些任教不满3年的、57岁以上未满60岁的、妊娠或产休假期间的教师、长期缺勤的教师可以不用参加流动。

（二）韩国实施“互换交流”制度

20世纪60年代，韩国中小学师资水平也不均衡，特别是一些比较偏僻的农村地区教师的水平更差，教师流失严重，教育质量下降。由此，1967年韩国颁布了《岛屿、偏僻地区教育振兴法》，由地方自治团体支付学习经费给农村以及偏僻地区的老师学习进修的优先机会，并对农村及偏僻地区的教师给予津贴，开始了教师“互换交流”制度的实施。韩国政府还对教师流动的年限进行了规定，教师在一所学校最多工作5年必须进行流动（特殊情况最多不超过8年），由市教育厅统一分配；校长每2年、教师每4年必须定期流动一次。另外，韩国将教师确定为公务员身份，并具有义务性。同时，将教师流动作为义务教育学校标准化建设的重要内容，对教师的工资福利待遇进行了调整，消除了区域之间的福利差异，只给予偏远地区的教师每月10万韩元的住宅补贴，这奠定了教师合理流动的基础。

（三）芬兰实施“科类教师流动”制度

在20世纪70年代，随着国家经济的迅猛增长以及国民对高质量的教育的需求，芬兰将八年义务教育和文法学校进行了合并，转变为九年一贯制综合学校，这也加大了对教师的需求量。21世纪初，教师流失报告显示教师流失率在5%～16%之间，这个数据表明了教师的流失量是大的。2004年教师协会的数据报告也显示出了更高的教师流失率。[①] 因此，芬兰政府出台了“科类教师流动”政策，制定了一些激励性措施，这在一定程度上促进了教师流动，减少了教师的流失率。芬兰政府也把教师定位于公务员，教师流动由政府管理。教师流动的频率是根据师范教师种类（学科教师和全科老师）划分的，总的来说，学科教师流动性比班级教师流动性大。

（四）英国实施“教育优先区”政策

20世纪以来，英国的教师流动率也是比较高的，有的教师是弃教改行，有的是转校任教，且薄弱学校的教师流动量高于优质学校的流动量。这种教师流动造成了教育资源的损耗，降低了师资水平，也加剧了中小学教师短缺危机。由此，英国政府采取了均衡优质教师、留住合格教师两类策略。“均

① 李琼. 义务教育均衡发展的教师流动机制研究[D]. 上海：华东政法大学，2017.

衡优质教师”策略主要有制定“教育优先区”和“教育行动区”两类政策，“留住合格教师”策略主要有提高福利待遇、减轻工作压力等策略。“教育优先区”政策主要是指为一些薄弱地区（地理位置不好、社会环境不利的地区）提供更多更好的资源，促进优质教师资源流入薄弱地区的学校，提高师资队伍水平，改善它们的教育现状。“教育优先区”范围由英国政府对建设项目的学校进行全面的考察评估后确定。“教育行动区”计划就是对一些教学质量不佳的区域的薄弱学校采取优惠政策，鼓励优质教师流向薄弱学校。“教育行动区”一般包括中学、小学和特殊学校，由 15 ~ 25 所学校组成，主要设在办学水平比较低的地区。

（五）美国的项目推动

在美国教师急剧短缺的危机下，美国实行了多项措施。20 世纪 90 年代初，美国政府推行了“教师留住危机”项目，主要因为当时流失教师较多，所以需要培养更多的老师填补空缺。2002 年，《不让一个孩子掉队法案》的教育法案中规定：由全国教师流动委员会对各州教师流动做定期调查与研究，制定相关政策并评估政策的有效性与可行性，创设优秀教师发展的条件和空间，鼓励优秀教师向经济贫困以及一些师资短缺的区域流动，以提高全国教育办学水平。同时，美国的一些社会性组织也发起一些项目，如 1989 年，德维特·华莱士读者文摘基金发起了“通向教师职业生涯之路”项目，提供经费给师资短缺的贫困地区，以培养并留住在那些地区从教的优秀教师；1990 年，Wendy Kopp 组织了“为美国而教”的机构，主要通过短期集训和网络培训的方式培养了一批比较紧缺的教师，以满足偏远地区或者师资紧缺地区的需求。

二、广东省人口迁移流动现状分析①

广东作为一个劳动大省，从 2013 年起每年在广东就业的人口超过 6 000 万。巨大的人口迁移流动是广东人口的一个重要特征。根据第六次全国人口普查的数据显示，户口登记地在其他县（市、区）且离开户口登记地半年以上的人口占常住人口的 30%，其中省外迁移流动人口占总流动人口的 68.7%，广东省的省外迁移流动人口规模多年来在全国居首位，且远比浙江、江苏、福建、上海、北京等迁移流动人口规模全国排名靠前的地区要大。广东经济社会发展与庞大的流动劳动力的相互影响在全国范围内具有代表性，

① 王婕. 广东省经济发展与省际人口迁入的实证分析[D]. 广州：广东省社会科学院，2019：1 - 4.

一方面由于经济发展迅速，广东成为吸引省外劳动力的主要地区；另一方面，广东存在明显的城乡二元结构，农业生产效率的提升和城市工业部门的大量工作机会造成省内大量的农业剩余劳动力转移。①

根据广东省第六次人口普查数据，在广东省暂住半年以上、户口登记地在省外的人口达2 150万人，2015年1%人口普查中这一数值上升到3 674万人（按照广东省1.55%的抽样比推算）。21世纪以来，省际人口流入规模扩张速度较快，究其动因，务工经商所占比重最大，2005年后均占80%以上，省际人口流入的原因基本为就业。广东省“十三五”规划提出到2020年，要实现不少于600万本省和700万外省农业转移人口及其他常住人口落户城镇，一般迁移人口中适龄劳动人口占绝大多数，那么至少在“十三五”期间外省人口净迁入不仅可以弥补流动人口流入下降的缺口，还能在很大程度上缓和因老龄化带来的劳动年龄人口规模下降的冲击。此外，广东省流动人口自2015年起出现数量下降，这是由于吸纳流动人口入广东省户籍引起的人口变动，人口增长进入双驱动模式——一是出生人口增加带来的自然增长，二是放宽户籍吸纳流动人口入户的机械增长——所导致。广东省户口登记地在省外的人口的流入原因如表3－1所示。

表3－1　广东省户口登记地在省外的人口的流入原因

2000年		2005年		2010年		2015年	
务工经商	67.92%	务工经商	87.80%	务工经商	85.77%	工作就业	84.66%
工作调动	2.48%	工作调动	0.60%	随迁家属	6.50%	学习培训	2.25%
分配录用	1.19%	分配录用	0.10%	投靠亲友	2.12%	随同迁移	8.35
学习培训	3.65%	学习培训	0.49%	逝迁搬家	0.31%	房屋拆迁	0.02%
拆迁搬家	6.54%	拆迁搬家	0.17%	工作调动	1.88%	改善住房	0.30%
婚姻迁入	3.81%	婚姻嫁娶	0.98%	学习培训	1.07%	寄挂户口	0.02%
随迁家属	8.31%	随迁家属	4.10%	寄挂户口	0.04%	婚姻嫁娶	0.69%
投靠亲友	2.86%	投亲靠友	4.33%	婚姻嫁娶	0.74%	为子女就学	0.15%

① 陈布露. 广东劳动力供给对经济增长影响研究[D]. 广州：广东省社会科学研究院，2017：3.

续表

2000 年		2005 年		2010 年		2015 年	
其他	3.23%	寄挂户口	0.09%	其他	1.57%	其他	3.56%
		出差	0.38%				
		其他	0.95%				

注：数据来源于广东省 2000 年人口普查资料、广东省全国 1% 人口抽样调查资料（2005 年）、广东省 2010 年人口普查资料（中国统计出版社）；2015 年广东省 1% 人口抽样调查数据（http://pan.xiaze.org/nj/2015qgrkcydczl/indexch.htm）。

2015 年广东省推进户籍制度改革，明确提出到 2020 年解决 1300 万农业转移和其他常住人口入户城镇的目标。入户目标的提出依据全省调研测算，同时也是广东省新型城镇化建设 2014—2020 的目标之一。具体来讲，1300 万除 600 万省内流动人口，有 700 万是省外人口，这些省际流入人口的入户问题将在 2014 年至 2020 年内依次解决，计划以一年 100 万的速度解决入户。根据每年流入人口规模上升的趋势，每年吸纳 100 万外来人口落户广东省，占广东省来自省外的流入人口总数的 2% 以上。加上入户标准逐渐放宽，省际迁入人口的规模应该是持续上升的。

为进一步说明劳动力投入与经济发展间的关系，采用雇佣弹性分析来比较广东省和其他省市的差距。雇佣弹性是就业人员增长率和经济增长率（GDP 增长率）之比，用来解释经济增长的劳动需求诱发效果。如果雇佣弹性系数为正，说明经济增长与劳动力投入存在正相关关系；如果雇佣弹性系数为负，说明两者为负相关。可采用常住就业人员年末人数和各省市 GDP 增长率进行计算。按照 2018 年 GDP 总量的全国排名，前四位依次是广东省、江苏省、山东省、浙江省。四省 2003—2017 年间的雇佣弹性系数如表 3-2 所示。

表 3-2　四省 2003—2017 年间的雇佣弹性系数

年份	广东省	江苏省	山东省	浙江省
2003	0.365	0.035	0.097	0.099
2004	0.341	0.038	0.076	0.125
2005	0.372	0.038	0.088	0.239
2006	0.171	0.064	0.106	0.135
2007	0.162	0.054	0.115	0.380

续表

年份	广东省	江苏省	山东省	浙江省
2008	0. 154	0. 026	0. 087	0. 166
2009	0. 529	0. 048	0. 179	0. 423
2010	0. 193	0. 029	0. 109	0. 059
2011	0. 097	0. 004	0. 082	0. 063
2012	0. 012	0. 003	0. 102	0. 064
2013	0. 271	0. 001	0. 038	0. 055
2014	0. 125	0. 002	0. 052	0. 023
2015	0. 079	-0. 006	0. 064	0. 078
2016	0. 105	-0. 006	0. 041	0. 069
2017	0. 088	0. 003	-0. 193	0. 100

注：数据分别来源于广东统计信息网，广东统计年鉴 2018（http://www. gdstats. gov. cn/tjsj/gdtjnj/）；江苏省统计局，江苏统计年鉴 2018（http://tj. jiangsu. gov. cn/2018/nj02. htm）；山东省统计局，山东统计年鉴 2018（http://www. stats - sd. gov. cn/tjnj/nj2018/indexch. htm）；浙江统计信息网，2018 年浙江统计年鉴（http://zjjcmspublic. oss - cn - hangzhou. aliyuncs. com/jcms_files/jcmsl/web3077/site/flash/tjj/reportsl/2018 统计年鉴光盘 20190612/indexch. htm）。

通过对四个 GDP 强省的雇佣弹性系数的比较，可以发现广东省 GDP 增长对劳动力投入的依赖程度虽然有所下降，但相对于其他的 GDP 强省，其依赖程度仍然是相对显著的。因此，扩大劳动力规模对经济发展仍有显著性作用，而省际迁入人口在一定程度上补充了迁入地的劳动力，在理论上对经济发展有一定的拉动作用。

省际迁入人口主要集中在珠江三角洲地区，且 2003 年占全省省际迁入人口的 74. 11%，2017 年占比达 87. 91%。其次是山区，东翼地区和西翼地区占比类似且总体较少。在珠江三角洲九个城市中，2005 年深圳占珠江三角洲迁入人口的 33. 61%，首次超过广州（24. 17%），并在此后占比一直高于广州。各地迁入的省际迁入人口数量相差较大，例如，迁入人口最多的是深圳，其 2017 年的迁入人口数量为 235 515 人。

三、珠三角地区的人口迁移变动

（一）改革开放前 30 年的珠三角地区的人口迁移变动[①]

1978 年，改革开放的实行，为珠三角乃至广东的经济发展带来了前所未

① 宾江. 珠江三角洲人口红利与经济增长实证研究[D]. 广州：华南理工大学，2012：22.

有的契机。1980 年，国务院批准设立深圳、珠海和汕头为经济特区，1984 年，广州和湛江成为沿海开放城市，珠三角地区成为一块充满生机和商机的热土，吸引了大量来自全国各地的务工人员和创业者。根据历年统计年鉴的常住人口和户籍人口数据，取两者之差可得净流入人口数。2000 年以来，每年都有成千上万的外来人口涌入珠江三角洲地区，净流入人口总量持续上升，年均增长率为 4. 15%，如图 3 –1 所示，为珠三角经济发展提供了强大的劳动力支持。

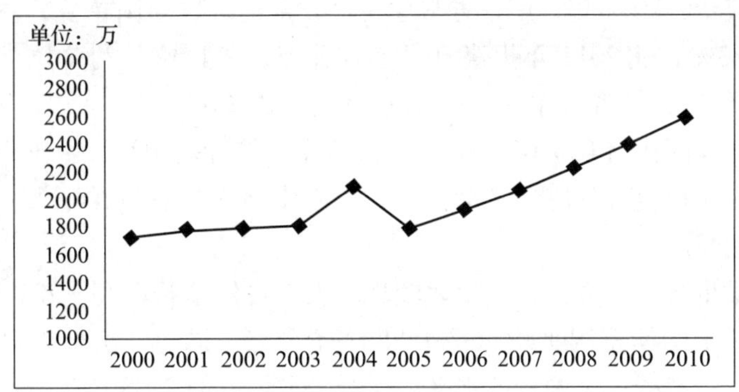

图 3 –1 珠三角 2000—2010 年净流入人口趋势

通过观测 2000 年、2005 年和 2010 年普查和抽查年份的外来人口年龄结构，外来人口大部分是户口登记地在外地市、在本地市居住半年以上的人口。三次普查和抽查中，16 岁至 60 岁的外来人口占比在 90% 以上，说明流入人口中绝大部分是劳动适龄人口，这将提高珠三角常住人口的整体劳动年龄比重，为珠三角提供了丰富的劳动力资源。按照第五次全国人口普查公布的数字来看，深圳作为一个移民城市，2000 年深圳的外来人口有 577 万人，占总人口的比例为 82. 1%，加上居深境外人士，外来人口为 700 万 ~800 万人，到 2005 年，深圳共有暂住人口 1 032 万，户籍人口 171 万人。①

2001—2012 年间，流动劳动力对经济增长数量的贡献率平均达到了 13. 95%。珠三角经济增长数量扩张的主要贡献要素为资本的投入，其贡献率平均为 56. 09%，劳动力要素的贡献率则为 27. 43%。与 2001—2008 年这一阶段相比，2009—2012 年期间技术要素的贡献率增加了 24. 04 个百分点，创新驱动力增强。这说明随着 2008 年广东省双转移战略的实施及后续积极推进，珠三角在产业转型升级和经济增长方式转变上已取得了初步成效。此外，

① 郑成功，黄黎若莲. 中国农民工问题理论判断与政策思路[J]. 中国人民大学学报，2006(6)：

有效劳动的贡献率增加幅度较小，可能的原因是目前劳动力（尤其是迁移流动劳动力）的人力资本水平还不能够满足珠三角产业转型升级的需求。①

（二）2010 年以后的珠三角地区的人口迁移变动②

广东省统计局发布的《2018 年广东人口发展状况分析》指出，2010 年以来广东人口流动保持活跃态势，以青壮年为主的规模庞大的跨省流动人口改变了户籍人口年龄结构，珠三角地区城市群的人口集聚度继续加大。

1. 珠三角地区未来人口将保持增长势头

数据显示，2018 年，广东省常住人口数量继续居全国首位，占全国人口总量的 8.13%，比 2017 年提高 0.1 个百分点，人口密度为全国的 4.35 倍。截至 2018 年底，全省常住人口 11 346 万人，比 2017 年增加 177 万人，增长 1.58%，增幅同比略升 0.03 个百分点。广东省统计局预计，由于户籍人口基数大且拥有规模庞大的跨省流动人口，广东常住人口总量在未来一段时间内还将保持增长趋势。

人口增量大，一方面是出生率较高，人口自然增长率高。2018 年广东人口出生率高于同期全国平均水平 1.85 个千分点。同时，由于人口结构较年轻，人口死亡率处于全国较低水平，比全国平均值低 2.58 个千分点。因此自然增长人口多达 92.76 万人，自然增长率达 8.24‰。自然增长之外，2017 年广东人口机械增长即外省流入的人口增量达到了 84.24 万人。

华南城市研究会会长、暨南大学教授胡刚对第一财经分析，广东气候温和，空气环境好，自然条件宜居。如今要集聚人才，就要有比较宜居的居住条件。粤港澳大湾区宜居度高，能吸引很多人才。

2. 珠三角地区人口红利仍明显

由于大量的外省流动人口进入，广东总体的人口红利仍较为明显。广东省统计局分析，因为人口出生率和人口迁移，特别是跨省流动人口规模大，所以广东省人口老年化进程比其他省份有所减缓。数据显示，2018 年末，广东全省常住人口主要年龄段人数分别为：0～14 周岁 1 949.24 万人，15～64 周岁 8 418.73 万人，65 周岁及以上 978.03 万人，分别占常住人口总量的 17.18%、74.20% 和 8.62%。人口年龄结构继续呈现出“两头低、中间高”的特征，“人口红利”尚存。

广东省统计局分析，随着经济发展进入新常态，人口素质在经济发展中

---

① 张婷.劳动力流动对珠三角经济增长影响的研究[D].广州：暨南大学，2014：40.

② 2018 年广东人口发展状况分析出炉，珠三角吸引大量就业人口[EB/OL].http://www.chinairn.com/news/20190404/092910979.shtml.

所起到的作用必将更加突出。加速“人口红利”向“人才红利”转变，使经济发展从依靠要素推动，转向人力资本质量和科技创新驱动。而作为劳动密集型产业最为集中的地区，广东的劳动力质量整体不高，高等教育的发展相对滞后。教育专家、中山大学教育现代化研究中心主任冯增俊此前对第一财经分析，广东原有的高教基础就比较薄弱。另一方面，改革开放广东经济崛起之后，并没有利用雄厚的经济实力发展好高校和学科，原有的学校没有做强，新的学校也没有建设发展起来。

根据2015年全国1%人口抽样调查有关数据，尽管广东就业人口平均受教育年限优于全国平均水平，但受大专及以上教育程度就业人口占比却低于全国平均水平0.27个百分点，分别比江苏、浙江两省低3.53个和1.82个百分点。广东高学历从业人员占比低与就业人口中“专业技术人员”的比例较低有很大关系。“十二五”时期，广东省就业人口中“专业技术人员”的比例为7.67%，比全国平均水平（8.47%）低0.80个百分点，比山东（7.82%）、江苏（9.58%）、浙江（9.08%）三省分别低0.15个、1.91个和1.41个百分点。广东省社科院社会学与人口学研究所研究员周仲高撰文分析，相对于人口规模，广东人口质量竞争力明显不足。以高等教育人口比重（受过大专及以上教育人口占六成及以上人口比重）为观察指标，2015年广东高等教育人口比重为11.99%，低于全国平均水平1.34个百分点，在全国排在第19位。

3. 作为广东经济社会发展的主要核心区的珠三角，城镇化率首超70%，人口向珠三角集聚

在城镇化方面，2017年广东常住人口城镇化率达到了70.70%，同比提高0.85个百分点。2018年，广东常住人口城镇化率比全国平均水平（59.58%）高11.12个百分点，是全国除上海、北京、天津三个直辖市外人口城镇化率最高的省份，也是直辖市以外首个城镇化率突破70%的省份。

分区域来看，珠三角核心区、沿海经济带（东西两翼）及北部生态发展区人口城镇化率分别为85.91%、52.70%和49.73%，珠三角核心区已经媲美成熟的发达国家水平，而东西两翼和北部生态发展区仍明显低于全国平均水平，区域差距相当明显。与此同时，在人口的区域分布方面，人口向珠三角集聚的态势仍十分明显。数据显示，2018年珠三角核心区人口为6 300.99万人，沿海经济带（东西两翼）人口为3 357.89万人，北部生态发展区人口为1 687.12万人；分别占全省人口总量的55.53%、29.60%和14.87%。与2017年比较，三大功能区域人口均呈上升趋势，其中珠三角核心区、沿海经

济带（东西两翼）及北部生态发展区的人口数量分别增长2.45%、0.61%、0.36%。

珠三角九市既是广东经济社会发展的主要核心区域，也是常住人口数量增幅最大、增长速度最快的区域，2018年珠三角核心区人口数量比2017年增加150.45万人。其中，广州、深圳两个超级大城市的人口分别比2017年净增40.60万人和49.83万人，两市常住人口增幅占同期全省以及珠三角核心区常住人口增量的51.09%和60.11%。数据显示，2018年，珠三角九市常住人口占粤港澳大湾区人口总量的88.55%，也就是说，目前大湾区总人口已经达到了7 115万人。

四、高校教师迁移流动的现状

教育部部长陈宝生在2017年2月底召开的中西部高等教育振兴计划工作推进会上及2017年两会期间都曾表态，希望“东部高校手下留情”。这一方面凸显了高校之间引进人才引起的恶性竞争问题，另一方面显示了高校教师的流动现象。据《兰州大学校史》记载，1984—1985年间，兰州大学老师减少了255人，教师数量跌入谷底，这主要是由人才向沿海、东部高校及其他单位流失引起的。20世纪90年代初，学校很多教师再度成批流向东部地区，教师数量从1991年的1321人降至1994年的1102人。一些原本在国内有明显优势的学科，由于学术带头人流失，后继乏人，到了难以为继的地步。2000年后，由于兰州大学骨干教师已出走殆尽，人才流失由“塌方式”变成细水长流。据媒体报道，从2000年到2004年，该校共流失副高职称以上人员近40名，其中有相当一部分是学科带头人。2006年，一位刚接手物理学院的院长，看到整个物理学院都空了，连给学生上课都成问题，剩下的几名老师排满了课程，连轴转才勉强能完成教学任务。[①] 诸如兰州大学、南京大学、中国科学技术大学等被公认为是高层次人才流失严重的高校。一项对中国研究型大学教师流动的调查显示，三至四成研究型大学教师有过流动经历。2018年留学人员回国服务工作部联席会议公开的数据显示，2017年，我国留学回国人数达到48.09万人。然而，2017年“中国海归就业与创业报告”显示，仅有32.7%的“海归”能较快融入社会，54.4%是渐渐地融入，还有12.9%则一直很难融入。[②]

---

① 钱炜. 兰州大学：名校的焦虑[J]. 中国新闻周刊，2017(5)：806.

② 2017中国海归就业创业调查报告[EB/OL]. 详见“CCG全球化智库”网站. http://www.ccg.org.cn/Event/View.aspx? Id=7243. 2018年8月.

（一）高校人才“孔雀东南飞”的现象描述①

我国进入高等教育大众化以来，出现过两次较大规模的学术人才迁移流动。一次是大众化初期，高等教育迅速扩张导致教师需求增大，教师的迁移流动以规模与数量为主，并在2002年前后达到顶峰；另一次是大众化中后期，高等教育竞争日趋激烈，高校对优质师资的竞争成为关键目标，教师迁移流动以质量与声望为主，并一直持续至今。北京大学教育学院研究员由由2014年开展的高校教师流动意向研究结果显示，中西部高校教师比东部高校教师的流动意向高8～9个百分点。

在2005年的全国两会期间，时任西北师范大学校长的人大代表王利民就表示，“在过去10年，兰州大学流失的高水平人才，完全可以再办一所同样水平的大学”。西北农林大学2000至2003年间共调出125人，连当时仅有的1名“长江学者”也离开了；新疆医科大学2004至2014年10年间共流失197人；截至2017年的5年里，华中师范大学已被挖走各层次人才40余人，包括“杰青”等高层次人才。

凭借中西部、东北地区高校难以比拟的区位优势，再加上优越的科研平台、学术氛围、薪酬待遇、自然环境和生活保障，东部一些高校得以频频将一些学术尖子、教学骨干挖走，形成了高校人才“孔雀东南飞”的现象。与此同时，高层次人才短缺也是中西部地区长期存在的突出问题。据湖南工业大学副教授刘方成统计，截至2016年2月，西部各省份拥有中国工程院院士共60人，仅占全国总数507人的11.8%，差距非常明显。这也就意味着，我国中西部、东北地区高校同时面临着高端人才匮乏和流失的双重窘境。

（二）“头衔”是引进重点，高端人才迁移呈常态

有记者梳理各高校的人才引进办法后也发现，各类“人才计划”的入选者是高校竞相引进的重点人选，包括：以中国科学院、中国工程院院士为主的杰出科学家；“海外高层次人才引进计划”（简称“千人计划”）、“高层次人才特殊支持计划”（简称“特支计划”）、“长江学者”特聘教授等高层次领军人才；“青年千人计划”、“特支计划”青年拔尖人才、“杰出青年基金”、青年“长江学者”等青年杰出人才；地方性人才振兴计划入选者，如山东“泰山学者”、上海市“高峰高原”计划、湖北“楚天学者”、陕西“三秦学者”、广东“珠江学者”、深圳“孔雀计划”，等等。

---

① 柴如瑾，晋浩天.“挖”人才创一流，高校人才“孔雀东南飞”现象透视［N］. 光明日报，2017－03－20.

高校之所以热衷于按“头衔”引进人才，缘于各类“人才计划”的入选人数已成衡量大学、学科实力的重要指标，并在高校排名、学科评估、项目申报、经费划拨等方面发挥着重要作用。与此相应，高校会依据人才层级的不同，在科研经费、住房补贴、平台搭建、团队组建、薪酬待遇等方面提供不菲的引进条件。尤其是北京、上海、广东、浙江等高房价地区，动辄几百万的安家费或百余平的住房，以及解决子女教育、配偶工作等问题，几乎成人才引进的“标配”。

重金引才的背后，是各地对“双一流”建设的“大手笔”投资支持。据《中国青年报》统计，在已出台建设方案的23个省市中，经费保障粗略计算在400亿元左右。其中，北京预计投入100亿元，推进高校高精尖创新中心建设；广东三年计划投入超百亿，支持大学建设，另外，进入高水平大学建设的高校每年将获得生均12 000元的拨款；河南出台《优势特色学科建设工程实施方案》，砸31亿元打造“一流学科”；山东在“十三五”期间筹集50亿元支持“双一流”建设；上海市“高峰高原”计划在未来3年投入36亿元建设高水平大学和优势学科。

五、珠三角教师迁移现状

教师的迁移尽管不如1960年全国各地几万名石油工人与科技人员汇聚大庆油田、数以万计怀抱改变自身命运的梦想的人涌入全国最纯粹的移民城市——深圳、为修建三峡水利工程的100万农民离开故土、20年来亿万农民进城务工等集中、壮观，但教师的“迁移潮”也构成了中国发展的一道风景线。中国教师资源分布呈现出不均衡的态势：东部多，中西部和少数民族地区少；城市多，农村少；大城市和省会城市多，中小城市少。尤其是具有高学历、高素质的教师聚集在经济发达地区，而经济落后的农村等地区，尽管高职称教师不明显偏少，但教师学历普遍偏低，甚至存在一定数量的代课教师。如广东省由于多年计划生育政策宽松，人口稠密，适龄入学儿童多，师资严重短缺。而北方多年计划生育政策已见成效，入学儿童逐渐减少，师资相对充足。作为一种动态调节，教师南迁实属必然，特别是深圳，外来教师已经成为教师队伍的主体。据2004年中国教育发展报告统计，2003年我国中小学教师流动人数占教师总数的2.6%，其中骨干教师占流动教师的比例高达87.3%。①

① 杨小秋，曲中林. 教师的迁移：成因、效应与发展态势[J]. 教育理论与实践，2013(10)：32－36.

(一) 广东省引师、强师的现状①

党的十八大以来，广东省将加强教师队伍建设作为教育发展的最重要工作来抓，大力实施“强师工程”，深入推进教师专业发展，不断引进高素质的省外教师，全面深化教师管理制度改革，全省教师队伍规模、结构、素质不断协调发展。

1. 教师数量：5 年增加 22.2 万

据广东省教育厅官网统计，通过招聘和多渠道的教师引进，2017 年底全省各级各类学校（不含技工学校）专任教师 137.7 万人，比 2012 年底增加 22.2 万人，增长 19.2%。各学段生师比明显下降，幼儿园从 19.6∶1 降至 15.7∶1，小学从 18.7∶1 降至 18.6∶1，初中从 16.18∶1 降至 12.7∶1，高中从 15.9∶1 降至 12.5∶1，中职从 30.2∶1 降至 21.99∶1。

同时，教师队伍结构逐步优化。农村中小学合格教师得到有效补充，体育、艺术等学科教师紧缺状况有所改善，近 5 年通过“上岗退费”政策为粤东西北地区农村中小学补充合格教师 2 万余人，其中 20% 以上是紧缺学科教师。农村中小学教师学历、职称等指标明显提升，农村小学教师具有专科学历的比例，从 78.08% 提高至 95.55%。中职学校专业课、实习指导课“双师型”教师占比从 49.8% 提高到 61.7%。

2. 教师学历：近六成小学老师为本科以上学历

教师队伍素质明显提升。专任教师学历层次显著提高，2017 年底与 2012 年底相比，幼儿园教师具有大专学历的比例从 54.3% 提高到 76.0%，小学、初中教师具有本科学历的比例分别从 29.7%、67.3% 提高到 59.5%、87.0%。

公办本科高校具有博士学位的教师比例从 32.97% 提升至 46.5%，公办高职院校具有硕士学位的教师比例从 47.96% 提升至 57%。高水平大学建设高校三年新增国家级人才 685 人，较建设初期增长 103%。

同时，2013 年以来，高校培养和引进了一大批高层次人才；获得国家杰出青年科学基金资助项目新增 33 人，获得国家优秀青年科学基金资助项目新增 101 人；中小学新增特级教师 746 名，新增“百千万人才培养工程”名教师、名校长、教育家培养对象 506 名，新增名教师、名校长、名班主任工作室主持人 500 多名。

3. 教师待遇：粤东西北公办学校教师月平均工资比 5 年前增长 80%

据广东省教育厅介绍，教师待遇明显提升。全面落实中小学教师工资福

---

① 贺蓓 . 5 年增加 22.2 万，广东各级各类学校专任教师达 137.7 万[N]. 南方都市报，2018 - 11 - 21.

利待遇“两相当”。据统计，2017 年底，粤东西北地区公办学校教师月平均工资水平较 2012 年增长近 80%。2013 年以来，实施山区和农村边远地区学校教师生活补助政策，省财政累计投入 117 亿元。2017 年全省有 33 万名乡村教师获得月均 912 元的生活补助，最高的达到每月 1 750 元。2018 年补助标准进一步提高到人均每月不低于 1 000 元。同时，实施了中小学教师“县管校聘”、高等学校教师评价制度、中小学和高校教师职称制度等重点改革。

（二）珠三角引师的现状

调查显示，在教师迁出地，有离校意愿的教师群体中，希望“去发达地区学校”的教师比例最高，达到 41.7%①。而作为经济发达地区的珠三角自然就成为很多教师的迁移向往之地，成为教师的热门“迁入地”。

1. 珠三角多地高薪引进名校长名教师，出现引进名校长名教师“潮”现象②

2017 年 8 月 28 日，广州市教育局公布《广州市基础教育高层次人才引进办法（试行）》，给出最高 150 万元安家费的待遇，面向全国公开招聘名校长、名老师。广州还提出了人才柔性引进的思路，“如果引进的人才不符合广州市人口准入条件，或者人才本人选择不入编，可以柔性引进，人事关系不转入用人单位。柔性引进的人才的年龄一般不超过 70 岁”。广州区级层面包括天河、增城、花都等区，也相继出台了引进基础教育高层次人才办法。2017 年 5 月，增城区也向全国发出基础教育人才集结令，引进百名名校长、名教师和青年骨干教师，最高给出税后 200 万元的安家补贴；7 月，天河区发布消息面向全国公招中小学副校长及教师，一经录用最高可享受近 100 万元的住房补贴；2017 年 8 月 25 日，花都区发布“英雄帖”，以 200 万元的安家费向全国招募高层次教育人才。

出现引进名校长名教师“潮”现象，并非广州一地独有，2017 年 4 月，总部位于佛山的博实乐教育集团（原碧桂园教育集团）向社会发出邀请，以 100 万元到 200 万元不等的年薪待遇公开招聘国际学校和双语学校校长。2017 年 7 月，深圳坪山区坪山高级中学向全国公开选拔校长，可以采取协议年薪制，年薪标准为税后 100 万元，并将享受税后 100 万元的安居经济补贴。在此之前，深圳市福田区早在 2012 年就开先河以百万年薪引进了 5 位中小学名校长，此后深圳多个区又陆续以百万薪酬待遇从全国各地引进了多名高层

---

① 范国锋，王浩文，蓝雷宇. 中小学教师流动意愿及其影响因素研究——基于湖北、江西、河南 3 省 12 县的调查［J］. 教育与经济，2015(2)：62－66.

② http://cache.baiducontent.com/c? m=9d78d513d9d437ab4f9a9f690c66.

次中小学校长，还陆续以高薪待遇、“绿色通道”等政策引进了大批骨干教师。

一直以来，高薪人才引进主要集中在科技、IT、金融等技术性行业领域，重金纳贤现象开始出现在基础教育人才中。暨南大学教授胡刚认为，对中小学名校长、名老师“求贤若渴”，折射出社会对优质教育需求越来越强烈，也显示出政府的发展理念之变。基础教育水平已成为继社会环境、商业信息、政府服务等之后的又一重要区域竞争力要素。发达的基础教育，既是促进第三产业发展的有力引擎，也是引进各类高端人才、推动区域经济发展的重要作用力。

对广东基础教育有着30多年观察和研究的资深基础教育专家、广州中学首任校长吴颖民教授介绍，珠三角地区从20世纪末21世纪初已开始陆续引进外地名校长、名教师，但之前引进的力度没有这么大，主要以“编制”和“教师待遇较高”的要素来吸引外地名校长和老师，2015年以来珠三角多地密集推出高薪纳贤引进名校长名师的做法，是近十年来珠三角地区基础教育人才引进较为突出的现象。

2. 佛山投入亿元启动“强师工程”，引进国家级教育杰出人才

2018年1月25日，佛山市教育局召开新闻发布会，解读《佛山市基础教育“强师工程”行动计划（2017—2020年）》。该计划以2018—2020年三年为一个周期，佛山市财政三年将投入资金约1亿元用于佛山基础教育高层次人才引进和现有人才培养培训。该计划涵盖了佛山全市所有公办幼儿园、义务教育学校、普通高中（含普通完全中学）、中等职业教育学校、特殊教育学校和教育部门下属教研、科研、信息中心、电教等机构。

该计划提出了全面建成“十百千万”高层次人才强师队伍、不断提升教师整体水平、优质师资布局优化均衡的三方面目标。明确提出要新增10名国家级基础教育杰出人才、100名省级基础教育领军人才、1 000名市区两级“三名”人才（其中，市级300名），培养10 000名校级以上骨干人才。

该计划着重加强高层次人才的引进、培养，为此佛山市出台配套政策《佛山市基础教育高层次人才引进、认定评定及管理办法》，并给予政策待遇。依据计划，全职引进国家级杰出人才给予200万元安家补贴，省级领军人才给予100万元安家补贴，地市级“三名”人才给予20万元安家补贴。引进人才和现有存量人才一样都纳入国家级基础教育杰出人才、省级基础教育领军人才和地市级“三名”人才认定评定序列，其中，认定或评定为国家级基础教育杰出人才，每年给予10万元科研经费和每月3 000元杰出人才津

贴；省级基础教育领军人才，每年给予3万元科研经费和每月2 000元领军人才津贴；地市级“三名”人才的，每年给予1万元科研经费和每月1 000元名师津贴。

3. 顺德出台高层次教育人才标准，引进教师不受地域户籍和身份限制①

2017年3月，《顺德区高层次教育人才确认办法》将教育人才分为六大类别，符合确认条件的人才其评定和认定不受地域、户籍和身份限制，认定结果将成为人才享受待遇的依据。

高层次教育人才分为六大类别，既有以取得的荣誉、奖项、职务作为依据，也包括职称、学历等确认标准。其中，符合国家最高科学技术奖获奖者、中科院院士等条件之一的属于“一类人才”；符合享受国务院特殊津贴人员、国家“千人计划”入选者等条件之一的属于“二类人才”；符合教育部“新世纪优秀人才支持计划”入选者、全国优秀教师等条件之一的属于“三类人才”；符合省名教师、名班主任、名校长工作室主持人等条件之一的属于“四类人才”。“五类人才”和“六类人才”的标准相对放宽，“五类人才”要求申请者符合取得全日制博士研究生学历且具有三年以上工作经验等条件之一，而具有全日制硕士研究生学历并取得硕士学位的人员即可认定“六类人才”。

该办法规定，当前顺德已出台了人才入户、子女入学、人才安居、薪酬补贴等系列政策，该局采用“统一入口、对号入座”的方式推进政策的落实，即以人才确认为入口、对符合条件的人才经确认后才能享受相应的政策待遇，同时为高层次人才发放德才卡，享受专属的金融服务和公共服务。

4. 四千湖北教师相继南下深圳，多数成为当地金字招牌②

湖北籍的优秀教师，迁移到深圳、散落在深圳市各个中小学里。据深圳市教育局有关人士透露，2013年，该市各级各类学校专职教师有8万余人（包括2万民办教师），湖北籍教师占总人数的20%以上，人数仅次于广东籍和湖南籍教师，而在深圳市“单干”的家庭教师，则远远不止这个数。在深圳的中小学里，湖北教师是关注的焦点，优秀教育工作者中少不了他们，在家长和学生的眼中，他们是教育的金字招牌。

2009年，得知福田区有“绿色通道”招教师，朱达坤便从湖北省武昌实验中学迁移到特区，一年后，他有了深圳公办教师的身份，成为深圳市市民。

① 蒋晓敏. 顺德高层次教育人才确认标准出炉，不受地域户籍和身份限制[EB/OL]. 南方网，2017-05-03.

② 赵莉. 四千湖北教师相继南下深圳 多数成为当地金字招牌[N]. 楚天金报，2013-11-19.

调到深圳前，朱达坤是武汉市百佳人才，奥数金牌教练。2003 年，他所带的高考班有 6 名学生考入北大清华，之后无人超越。朱达坤到深圳后，接手第一个高考班便带出一名北大学子，让人见识了湖北教师的“厉害”。在深圳，他连续三年带高考班，他的感觉是：有了湖北教师这碗酒垫底，到哪带高考班都会轻松些。

据了解，湖北教师“东南飞”的高峰期是 1995—2005 年，此时全国高中的规模普遍扩大。在这段时间里，包括湖北在内的中部地区，普遍出现教师由欠发达地区向发达地区流动的现象。华中师范大学博士生导师范先佐教授的教育部课题“我国义务教育均衡发展改革研究”的研究结论提出，从 20 世纪 90 年代初至今，从湖北流向我国东南沿海经济发达地区的教师上万人，其中不下四千人流动到深圳，流动的教师中不乏优秀公办教师，甚至骨干、特级教师。

六、教师国际迁移与流动的现状

作为一种现象，教育跨国交流的历史可以追溯到古代中国、古希腊和古埃及的“游学”与“游教”之风，但当时规模小、没有制度化，根本谈不上什么教育国际化。中国对外汉语教学肇始于汉代，大兴于唐代，这是中国教师迁移的开始。公元 7 世纪到 9 世纪前后，日本派出了大量的遣隋使、遣唐僧、遣唐使到中国学习隋唐王朝的先进文化。明代意大利人利玛窦最初在广东，后来去北京学汉语。英国人威妥玛从 1842 年开始在中国生活长达 43 年之久，从事对华外交、中文教学等工作。20 世纪初期，由教会和外国侨民开办了上海几所最早的大学，其中有美国人林乐知在 1901 年将上海的中西书院和苏州的博习书院合并，创办的东吴大学；1907 年，德国侨民里希·宝隆创立的同济大学；其他教会开办的著名大学还有圣约翰大学（1887 年）、震旦大学（1903 年）、沪江大学（1907 年）、东吴大学法学院（1915 年）。[①] 清华大学在建校之初，清政府外务部就由美国青年会（YMCA）推荐聘请教师来清华任教。1911 年 2 月，共有 17 名美籍教师（男 8 人、女 9 人）到校执教，也是清华第一批外籍教师。1911 年 10 月辛亥革命爆发，多数学生因害怕战乱而四散回家，这些美国教师也纷纷避居日、韩，直到 1912 年初才返校复课。[②]

---

① 朱国栋，刘红，陈志强. 上海移民[M]上海：上海财经大学出版社，2008. 84 – 88.

② 史轩. 清华第一批外籍教师[N]. 新清华，2005 – 1 – 4(4).

柏林墙的倒塌开辟了一个新的移民迁移的空间。随着冷战的结束，以往的政治性迁移发生了质变。以美国为例，可以毫不夸张地说，没有移民，就没有美国的产生和发展。根据美国移民署（US－CIS）统计，2002年财政年度到美国的高层次人才110万，主要来源是加拿大、墨西哥、日本、中国、澳大利亚、英国、印度、德国、法国、巴西等，其中很大一部分是从事科学研究的学术人员和科研人员。1985—1999年美国诺贝尔奖获得者中32%的获奖者是出生于国外的科学家，且多数服务于美国的高校、研究机构。在美国，2002年领取H－1B签证从事教育职业的移民有20 613人，平均年龄34岁，平均收入3.6万美元，75%以上的人具有硕士及以上学位，其中来自中国的最多，占17%。[①] 欧盟共同体于1987年发起了《欧共体大学生流动行动计划》（1995年并入欧洲联盟的“苏格拉底计划”），计划在1987—1995年间，使近40万名大学生有机会在欧共体其他成员国学校里完成被承认的学习阶段，5万名教师有机会到其他成员国的大学里授课，有1 800余所大学参加了欧盟合作活动。在亚洲的韩国，2006年在首尔大学1 773名教职员中，外国学者占0.4%，而来自中国清华大学的外国学者占12.8%，来自日本东京大学的外国学者占5%。[②]

据估算，改革开放以来至2007年底，中国各类高校和科研机构已经聘请外籍教师和学者十几万人。根据中国教育统计网的统计，2002年至2006年中国普通高校聘请的外籍教师，[③] 表现出人数急剧上升、高学历者越来越多的趋势[④]，如表3－3所示。

表3－3　2002—2006年外籍教师人数和学历变化

年份	总数	博士	硕士	本科	专科及以下
2006年	8 951人	1 653人	2 616人	4 620人	62人
2005年	5 985人	1 026人	1 714人	3 162人	83人
2004年	5 777人	1 031人	1 642人	3 036人	44人
2003年	4 576人	726人	1 365人	2 443人	42人
2002年	3 495人	493人	942人	2 014人	46人

从大学层面看，20世纪90年代以来，全球范围的大学教师迁移流动开

① US－CIS. 2002 Yearbook of Immigration Statistics.

② 韩国启动“世界一流大学项目”[N]. 参考消息,2008.18－168.

③ 中国教育统计网[EB/OL]. http://www.stats.edu.cn/sjcx.aspx#.

④ 王贵林,曲中林. 高校教师跨国迁移特征及其对我国的影响[J]. 江苏高教,2010(2):80－82.

始蔓延，学术职业成为一种“国际化职业”。美国学术劳动力市场受益于外国学术劳动力的永久性流入，73%的外国博士生在毕业1年后留在美国，60%的博士生在毕业10年后仍在美国。据统计，美国国内高校教师在同一所高校平均任职时间大约为12年[①]；其他一些研究关注学术劳动力市场的短期或临时性流动，50%的学者或研究者留在德国的时间为3个月左右，55%的博士后研究人员留在德国的时间为1年左右，德国研究者也开始频繁地国际化流动，但他们很少会选择永久性留在国外；在澳大利亚、加拿大、美国，一些终身教授利用休假进行临时性的流动，“跨国学者”行走于学术劳动力市场独特的分场之间，他们在不同区域的研究机构、面向全球的大学担任高级学术职务，承担国际研究项目。[②]

从我国整体情况看，随着中国国际地位的提升，我国对外籍教师的吸引力越来越大，海归人才也逐渐回流。《2017中国海归就业创业报告》显示，截至2016年年底，中国留学回国人员总数达到265.11万人，仅2016年就有43.25万名留学人员回国，较2012年增长15.96万人，增幅达58.48%。世界一流大学都秉承聚天下英才而用之的原则。如香港大学的1 000多名教授中，约40%来自香港，20%来自中国内地，40%来自世界各地[③]。2015年，美国学者Dongbin等人的研究也表明，比起美国本土教员，国际教员工作效率更高[④]。

从发展中国家教师向发达国家迁移流动的现状看，[⑤] 根据UNESCO（联合国教科文组织）和国际劳工组织2002年的一项重要研究，一些发展中国家，其师资队伍本来就在变小，而其中一部分还要迁移流动到其他国家去。而在发达国家，因为具有经济政治文化等方面的优势，就会吸引其他国家许多优秀的师资。据统计，20世纪90年代适龄儿童的增长率远远超越了教师的增长速度，在一些发展中国家，生师比甚至达到了100∶1。如果在2015年之前不能培养出足够的高质量教师，那么，这种恶性循环将一直持续且UNESCO所制定的“全民教育”和在全球普及基础教育的目标将无法实现。

---

① 唐慧芳.我国高校教师流动问题研究[D].长沙:湖南大学,2009:20.

② 戴建波.地方高校教师流动的价值取向研究[D].武汉:华中科技大学,2017:1.

③ 香港大学2018年官方网站数据[EB/OL].https://www.hku.hk/research/our-researchers.html.

④ Dongbin Kim, Susan Twombly, Lisa Wolf-Wendel. International faculty in American universities: experiences of academic life, productivity, and career mobility[J]. New directions for institutional research, 2012(155).

⑤ 李娜.国际教师流动对中国的启示——以UNESCO成员国发展中国家教师向发达国家流动现状为例[J].中国现代教育装备,2018(9):63-66.

教师流失对所有发达国家和发展中国家都会造成影响，这种教师迁移流动的恶性现象仍然在加剧。

第一，发展中国家教师迁移流动到发达国家数量庞大。

保守估计，伦敦的教师缺口为2 500 人，英国全国的教师缺口高达40 000人。英国将缺少一大批具有经验的教师，因为目前60%的教师年龄在40岁以上，每年退休和离休人数为6 100 人，预计5年内将高达14 000人。据统计，2005年，英国大约聘用了4.3万名外国教师，分别来自澳大利亚、新西兰、南非、牙买加、美国、加拿大、津巴布韦、印度、加纳和尼日利亚等国。据美国全国教师联合会估计，全美每年要聘用20万名新教师，每个州都存在教师短缺的问题。2005年，马里兰州巴尔的摩市公立学校从菲律宾聘用了108位教师解决教师短缺问题。4年后，在巴尔的摩市工作的菲律宾教师已超过600人，约占该市公立学校教师总数的10%。受巴尔的摩市的影响，马里兰州的其他县区也采取同样办法。2009年，已有1 200名菲律宾教师在马里兰州工作。加勒比海地区是美国招聘国际教师的另一热点地区。2001—2005年，纽约州从牙买加聘用了2 600多名教师。澳大利亚报告，在一些地区学校和某些科目缺乏教师，如科学技术研究方面。澳大利亚的教学专业人员很缺乏，整个澳大利亚的教师缺口越来越大，越来越多的学校将会缺少教师，因此也在不断地从发展中国家引入大量教师。

第二，在国际教师迁移流动中，发展中国家处于不利地位。

对教师个人来讲，到发达国家教书意味着得到比国内高得多的收入。例如，菲律宾教师在国内每学年的收入约3 500美元，而在美国巴尔的摩市每学年可以得到45 000美元，其吸引力不言而喻。但是从国家的角度来看，许多发展中国家本身也是非常缺乏教师的，如巴巴多斯岛是加勒比海岸最东边的岛群，只有26.7万人口，2002年当地教师有2 871人，许多科目缺少教师，如商业、英语、通识课、历史、现代美术和外语等，尽管如此，许多教师还是流向了纽约州和英国，尤其是某些科目的教师流失，如科学教师的流失，对人才的培养造成的负面影响是很大的。

正当发展中国家为实现联合国千年发展目标而挣扎时，大量教师的离开使本国的教育雪上加霜。菲律宾作为护士和教师“出口”大国，全国教师短缺1.6万人，1∶45的师生比几乎是亚洲最高，学校班额为70～80人，一些学校每天分二部制甚至三部制上课，最早一节课可能在早晨6点开始。菲律宾海外劳工局发布的一份教师流动报告指出：“菲律宾教育人才流失明显，受影响最大的是特殊教育以及中小学的科学和数学学科。出国教书的教师通常是最优秀的，找到替代他们的人很不容易。”南非、牙买加等国的基础教育也承受着与菲律宾几乎一样的冲击。

第三，发展中国家教育资源外流，教师外迁现象普遍。

发展中国家为了提升本国教育质量，专门开设一些项目，派教师出国学习，然而，对个人应聘到国外教书的教师，特别是到发达国家教书的发展中国家教师来说，答案就复杂得多。有些教师在发达国家学习以后，更多的是考虑如何留下来。如牙买加的教师被美国和英国聘用，聘用机构的目标在于挖掘最具潜力和经验的教师，这导致牙买加教师“损耗殆尽”。根据一项由政府发起的统计和研究数据，在被聘用的教师中，337 名被聘用者中有 40% 具有 5～10 年的教学经验，30% 具有 10～20 年的工作经历；在 116 名小学教师中，57% 的有 10 年以上工作经历。发达国家成为发展中国家教育投资的最终受益者。

第四，迁移流动的发展中国家教师在发达国家待遇低。

据美国全国教师联合会的报告，巴尔的摩市的菲律宾教师每人需付给招聘公司 5 000～8 000 美元的安置费，这样一来，聘用他们的美国学校就不用再为招聘教师额外付钱。相反，招聘公司还可以为美国学校的招聘人员付费去菲律宾面试这些教师。一个总部设在纽约州的教师招聘公司从 1999 年开始招聘印度教师到美国教书，每位印度教师要向该公司一次性交纳 5 000 美元，以后还要将工资中的一部分交给该公司。合同规定，如果这些教师未能履行 3 年的合同而提前回国，还要支付近万美元的赔偿金。2008 年，16 名来自印度的数学和科学教师应聘到美国，由于他们没有在美国从教的资格，只能以“实习生”的身份工作，学校付给他们远低于美国教师的工资，一学年才 1.8 万美元。经过招聘公司的克扣，真正发到教师手里的只有 5 000 美元。这样的待遇，对于发展中国家教师来说，比在本国要好得多，但是发达国家却只支付了比聘用国内教师少得多的费用。另外，发展中国家的教师在发达国家也经常受到一些文化歧视和冲击。如在美国，外来的教师往往被分配到美国人不愿意去的“危险学校”。

第五，在迁移流入上发展中国家比发达国家付出的代价高。

教师流动不仅从发展中国家流入发达国家，也有在发达国家之间以及发展中国家之间流动的。发展中国家为了提升本国大学的国际形象和教学质量，吸引外国学生，就聘用国外的教授。发展中国家为了引进发达国家的教授，提供的待遇是远远高于国内教授的，同时为了提高知名度，也提供许多吸引国外留学生的优厚条件。在国际教师流动的过程中，发展中国家是处于非常不利的地位的，形成这种不平等的流动现象，是有着深刻的原因的。

第二节　教师迁移的特征

一、高校教师迁移流动特征①

（一）从“政府主导”到“市场引导”，教师迁移流动机制更灵活

我国高校教师流动的形成过程中，政府通过自上而下地推行带有强制性的相关政策、法规，推动了我国早期的高校教师流动。如1978年陆续出台的留学政策，掀起了较大规模的出国留学热潮。再如为了缓解国家重点发展行业和重大建设项目科技人才不足的问题，国务院于1983年7月颁布的《关于科技人员合理流动的若干规定的通知》，促进了科技人才在不同地区、不同部门之间的流动。

随着改革开放的不断推进，尤其是在经济体制改革的推动下，市场力量开始在我国高校教师流动中发挥越来越重要的作用。中组部、人事部在1994年8月联合下发的《加快培育和发展我国人才市场的意见》中，明确指出“在国家宏观调控下，使市场在人才资源配置方面起基础性作用”②。充分发挥市场在资源配置中的基础性、决定性作用，必然促进学术劳动力市场的发展。如当高等教育市场需求发生变化时，会导致学术职位的数量和类型、聘任标准以及入职要求和收入的变化。与此同时，市场竞争促使高校建立起能者上、庸者下的用人机制，高校教师流动也必将走向以竞争为核心的市场化，以往政府主导的高校教师流动理念逐渐向市场主导转变。

（二）从“计划调配”到“双向选择”，教师迁移流动环境更加宽松

在政府主导的高校教师流动政策下，我国高校主要通过计划录用、行政命令和调配的形式任命和管理教师。如教育部于1956年6月4日颁布的专门针对高校教师调动的政策《关于高等学校教师调动的暂行规定》，要求高校教师根据国家的需要，服从国家的调动③。这一原则一直延续到改革开放初期。直到1983年《关于科技人员合理流动的若干规定的通知》颁布，开始提出除了计划调配外，还可以通过招聘方式促进合理流动，并试行聘任制。

① 江俐，李志峰. 高校教师流动政策：历史演变与当代转型[J]. 重庆高教研究，2016（5）：59－67.

② 中共中央组织部、人事部关于印发《加快培育和发展我国人才市场的意见》的通知[J]. 中国人事，1994（10）：27－28.

③ 何东昌. 中华人民共和国重要教育文献（1949—1975）[G]. 海口：海南出版社，1998：634.

随后，1988 年《关于深化科技体制改革若干问题的决定》进一步提出了各地区可以因地制宜地制定政策，促进人才合理流动，还提出了逐步实行用人单位与科技人员之间的“双向选择用人就业制度”①。与此同时，伴随高校人事制度、高校毕业生就业制度的改革，高校人事自主权逐渐扩大，可以在政府授权下对教师岗位的设置和聘任进行必要的自主安排，拥有了较为充分的用人自主权，而解除了职务终身制和人才单位所有制束缚的高校教师也拥有了自主择业的权利。高校与高校教师之间逐渐形成一种平等基础上的双向选择关系，我国高校教师流动机制也由“计划调配”过渡到“双向选择”。

（三）从“被流动”到“要流动”，教师迁移流动主观性增强

改革开放以前，我国高校教师被冠以“国家干部”的身份，实行由国家统分统配的终身任用制度，高校教师的流动意愿不强，甚至出现了不愿流动的情况。科教兴国战略的提出和实施，高校人事制度改革不断深化，一系列与教师相关的法律如《中华人民共和国高等教育法》《中华人民共和国教育法》《中华人民共和国教师法》的颁行，打破了计划经济体制下行政主导的教师职务任命制，在一定程度上清除了人才流动障碍。此后，国家开始重视高层次人才的培养，启动了一系列人才建设工程，出台了一系列人才建设政策。这一系列政策的施行，打破了原有常规，为高校人才特别是高学历、高职称人员的正常流动创造了条件。高校教师流动政策从强制性分配逐渐发展为鼓励性的引导，人才流动从“被流动”转变为“要流动”，流动的主动性、自由性不断增强。

（四）迁入地师资来源地域广泛，学缘结构复杂，全国各地分布不均衡②

王川坡以广东某民办高校为例，以户籍作为特征变量进行数据分析，结果显示：该高校 2016 年以前的 4 年内引进教职工中广东、湖南、河南、湖北、江西等 7 省人数多，占比总和达 79%。上述结论与来广州流动人口相关研究结果相一致，文化同源性与地域邻近性是主要原因，其中地缘、乡缘、血缘等乡土社会资本在其中起很大作用；部分省份与广州地区的经济差距也是吸引人才的重要原因；此外，交通的便利性减少了距离带来的困扰，以京广线和京九线为代表的铁路线路连通起了人才流动的南北走廊，覆盖河北、河南、安徽、湖北、湖南、江西等省份。

---

① 国务院关于深化科技体制改革若干问题的决定[J]. 中华人民共和国国务院公报，1988(14)：458－463.

② 王川坡. 民办高校教师流动状况：特征、原因、对策——以 GZ 学院为例[J]. 太原城市职业技术学院学报，2018(7)：51－54.

从学缘结构看，该高校2016年以前的4年内引进教师的学缘结构比较复杂，教师毕业学校遍及全国各地，其中广东高校毕业生人数最多，共有251人，占比达到40%，以华南师范大学、华南理工大学、广州大学、广东技术师范学院等为代表的广州高校毕业生占比达70%；湖北、广西以及湖南三省（自治区）高校毕业生占有一定比重，人数相对较多，占比分别为5%、5%、8%；其他省份高校毕业生来源零星分布，人数总和为218人，占35%。此外，海外留学归国人员（含港澳台地区）总人数达到45人，占7%，人数逐年增加，其中2014年3人、2015年8人、2016年11人、2017年23人。

（五）无序与有序并存，单向迁移流动特征明显[①]

在市场经济的衍生作用下，教师无序流动现象在高等教育发展中一直持续不断出现并呈现愈演愈烈的状态。总结教师无序流动的规律不难发现，教师无序流动的方向可归纳为由经济不发达地区流向经济发达地区，由中西部地区流向东部地区，单向特征明显。数据显示，安徽省省属高校自1998—2003年共流失教授300多人，但5年来引进教师人数少于100人；新疆2000—2003年高校流失教师531人，其中具有高级职称的教师人数占流失总人数的40%左右；兰州大学每年流失大量院士、教授以及中青年骨干，教师流失率常年居高不下。[②] 与此同时，在我国经济相对不发达的中西部地区，高等教育的质量长期以来一直落后于东部沿海发达地区，无论是学校整体状况还是学科水平都亟须提升。如果照此趋势继续演变，在新一轮高等教育的发展中，中西部高校的状况势必更加不容乐观。办学水平下降直接导致高校培养学生的质量水平下降，从而无法为社会提供高水平的人才，影响社会建设和经济发展，长此以往形成恶性循环，加剧“马太效应”，造成东中西部地区、经济发达与落后地区的高等教育水平甚至是整个教育实力的两极分化。对于高校而言，教师无序流动下教师人力资本的流失不但意味着之前培养人才所投入的成果随着人才流走而折损，而且会带来整个学科点或者是学科梯队的相应崩塌，其直接作用之外的后续辐射效应也会随之消失。长此以往，高校间原有的良性竞争秩序将遭到破坏，平衡机制将被打破，学校将不再把发展的重心放到教师培养上，而是寄希望于通过高薪引进优质教师资源。[③]

---

① 王川坡.民办高校教师流动状况:特征、原因、对策——以GZ学院为例[J].太原城市职业技术学院学报,2018(7):51－54.

② 杨茂庆.美国研究型大学的教师流动研究[D].重庆:西南大学,2011:5.

③ 张茂聪,李睿.人力资本理论视域下高校教师的流动问题研究[J].高校教育管理,2017(5):1－6.

二、基础教育教师迁移特征[①]

（一）从价值取向看，中小学教师迁移流动的价值追求有所不同

在实际利益的艰难选择中，职业迁移选择影响了职业的不同发展。希望稳定者在享受住房、交通等实惠的同时，通常难以兼顾个人和家庭成员的发展等机会；寻求迁移者对个人和家庭成员发展考虑较多，但也不得不接受生活条件方面的可能代价。许多教师在面临职业迁移的选择时，会优先考虑个人和家庭成员发展，然后才是生活条件。作为一种高素质的人力资源，中小学教师，尤其是内地经济欠发达的中西部地区的教师，对流入学校的办学条件、工资福利、个人专业发展、工作压力、人际关系、家庭问题解决和工作绩效的追求有所不同，而多数迁移流动的教师为了追求较高的收入、较好的生活与工作条件，以及考虑自己及其子女未来的发展，纷纷参与到社会迁移流动大军中去，形成“孔雀东南飞”的态势。

（二）从纵向上看，不同历史时期的中小学教师迁移流动具有不同的特征

改革开放初期教师的迁移流动是为了“活着”，是生存性迁移；20 世纪 90 年代，师范生毕业不包分配，全国各省师范生南下广东就业，是自由就业迁移；2000 年后的教师为了更好的专业发展而寻求好的工作环境，是发展性迁移；当代社会教师的迁移，更多的是高职称、高学历教师的迁移与流动，是“双高”迁移。

（三）从年龄方面看，年轻中小学教师更容易迁移流动，迁移流动愿望比中老年教师更强烈

年轻教师刚开始工作，有抱负有理想，随着时间的推移发现理想与现实相差甚远，不满于现状，就会选择流动。陈牛则通过对湖南部分城乡义务教育学校的调研也证实了这一点。[②] 黄东有也认为，高素质的青年教师可能过早地从农村流出，因为不仅农村的物质待遇差，教学条件差，生活质量低，而且农村学校在某种程度上限制了教师的专业发展和视野的开拓。[③]

---

① 李敏. 中小学教师“孔雀东南飞”的原因分析——基于“推拉理论”的视角[D]. 武汉：华中师范大学,2015:5－7.

② 陈牛则. 义务教育教师流动态度的调查与思考[J]. 教育与经济,2012(4):17.

③ 黄东有. 长三角地区农村教师流动问题研究——嘉兴市为例[J]. 教育理论与实践,2012(35):24.

（四）从学历与职称方面看，学历与职称高的中小学教师迁移流动愿望高于一般教师，而且更加容易迁移流动

从学历与职称方面看，学历与职称高的中小学教师迁移流动愿望高于一般教师，而且更加容易迁移流动，尤其是骨干教师、特级教师非常容易迁移流动。从人力资本理论的角度分析，受教育越多，所拥有的人力资本存量就越大。根据“筛选理论”，在信息不完全的情况下，“教育”作为一种信号决定用人单位需不需要你。因而学历越高的人越容易在流动后找到工作，就更容易流动，留下来的人要么是学历不够，要么就是专业技能水平不够高。肖新桃认为，流出的教师层次高，学历高、职称高。①

（五）从学科方面看，各个学科的中小学教师都有迁移流动

从学科方面看，各个学科的中小学教师都有迁移流动，但相对较多的是语、数、外三门学科的教师，② 其他学科的教师，相对迁移流动数量较小。

（六）从教师迁移流动方向来看，表现为优质中小学教师资源流向的单向性

调查显示，在有离校意愿的教师群体中，希望“去发达地区学校”的教师比例最高，达到41.7%；希望去“县城学校”的教师占比37.3%；希望去“省城学校”的教师比例最低，为21.0%。进一步分析发现，城乡教师流动意向存在一定差异。在有离校意愿的教师群体中，农村学校教师希望去“县城学校”工作的比例最高，达到55.9%，希望去“经济发达地区学校”工作的比例为30.6%，去“省城学校”工作的比例为13.5%，三类地区学校选择比例呈递减态势。相应地，城区学校教师希望去“县城学校”“省城学校”“经济发达地区学校”工作的比例分别为12.5%、30.9%和56.6%，三类地区学校选择比例逐步攀升。可见，农村学校教师主要希望向城镇学校流动，而城区学校教师主要希望向“省城学校”和“发达地区”学校流动，城乡教师趋城倾向明显，具有显著的单向流动特征。③ 追踪分析经济发达的广东省、北京、上海等教师迁入地的教师迁移规律发现，我国教师资源分布极不均衡，从省际层面上看，东部省份教师资源丰富，而中西部和少数民族省份教师资

---

① 肖新桃. 促进教师资源的合理配置——对娄底市教师流动情况的调查与思考[J]. 中国人才，2006(4):110.

② 朱殿利，牛波. 关于农村中小学教师流动问题现状调查[J]. 科技信息(学术研究)2007(7):277-278.

③ 范国锋，王浩文，蓝雷宇. 中小学教师流动意愿及其影响因素研究——基于湖北、江西、河南3省12县的调查[J]. 教育与经济，2015(2):62-66.

源相对匮乏。在教师迁移流动中，尤其是具有高学历的、高素质的教师向经济发达省份、地区聚集。总体上看，我国人口迁移的趋向基本上是从相对落后的中西部地区向相对发达的东南部沿海地区迁移，这说明省际、地区发展不平衡是导致教师跨省迁移的重要原因。经济发达地区的教师地缘构成是多元化的，来自全国各地。外来教师不受距离长短限制，而且多为自主选择性的、永久性的、合法的迁移，稳固了迁入省份教师人力资源队伍；迁出地教师队伍地缘结构相对单一，需要不断补充教师资源。

（七）从迁移流动网络来看，中小学教师迁移流动网络呈现出扩散性流出、集聚性流入的特征

从教师流出地来看，我国东北、中部、西北、西南地区等都是教师迁出、流出地区，呈现扩散性流出特征。而广东省珠三角地区、北京、上海是教师迁入地，呈现教师集聚性流入特征。

（八）从省际外来中小学教师和本地中小学教师融合度和职业认同度来看，本地教师与外省教师之间存在较低的文化冲突

从省际外来中小学教师和本地中小学教师融合度和职业认同度来看，本地教师与外省教师之间存在较低的文化冲突，工作、待遇、工作权等方面无差别，没有形成“教师原住民”与“教师移民”的“二元社会”不良现象，外来教师满意度较高，不同地缘的教师融合度较高。

三、教师跨国迁移的特征①

（一）旅游目的的迁移教师在增多，教师个体迁移的欲求偏好凸显

教师跨国迁移，从此国到彼国，教师以个人身份来到他国从事教育服务，参与该国的教育职位竞争，享受与他国公民同等的待遇，教师在寻找自己的梦。所以，社会学认为，教师是“受雇者”，强调教师工作的社会结构，薪水、晋升、劳动力市场的动态都将影响教师的工作。在当今教师专业化的背景下，教育性质发生了质的转变，教育从依附政治或宗教变为具有相对独立的社会发展力量，教育的人类性得到巨大的扩张，教育不再是传递本阶级价值的工具，而是成为人类共同的福祉。对于跨国教师来说，他们选择跨国迁移不光是因为关注人类教育的总体发展，更是希望为自己创造幸福的生活。美国教师大卫·玻亚尔认为，在中国有 4 种主动迁移的外籍教师，即小鸡猎

① 曲中林. 跨国教师迁移：中国现象与对策[J]. 外国中小学教育，2009(12)：10－13.

人、寻找刺激者、旅行者和旅居者。[①] 一些迁移的教师持世界旅游的目的，使社会群体之间以及社会群体内部与外部之间的界限正变得越来越模糊，引发了某些社会学家对“文化”和“传统”内涵进行重新诠释。用威廉·莎士比亚的话说：“全世界是一个舞台，只不过旅游业让我们所有的人都来表演。”

从高校层面看，与被动迁移相比，高校教师更多的表现为主动迁移、自发迁移，以迁移偏好追求自身迁移目的的实现。首先，欧美大学“非升即走”的学术传统是推动高校教师为职业发展而流动的一大动因，并促进了教师队伍的新陈代谢。当无法在某一高校或者研究机构谋求更高一级职称时，到国外的机构寻找机会不失为一种选择。德国 1987 年 9 月公布的《高等教育大纲法》第 45 条规定：教授之职必须公开招聘，大学原则上不允许在校内招聘教授，即实行“非走不升”的教师聘用政策，避免了近亲繁殖、学术僵化、任人唯亲。其次，迁移教师的低龄化和低教龄化。趋洋流动被视为教师通过留学、移民或工作调动等方式脱离原高校流向国外。上海对 1 000 多位教师做过出国意向的书面调查，结果有 34.7% 的人员明确有出国意向，其中年龄越小出国愿望越大，工作年限越短出国愿望越强烈。[②] 茱莉亚·理查德森和斯蒂文·麦肯纳调查发现，参与国际合作的学术人员，其国际流动密集年龄段集中在 31 ~ 45 岁，其中，31 ~ 35 岁年龄段没有性别差异；36 ~ 40 岁年龄段，男性学术人才的比率要高于女性；41 ~ 45 岁年龄段，女性要高于男性。[③]

（二）从以高校教师迁移为主到高校和中小学教师迁移并存

大学的“学校自治”司空见惯，加之现在高等教育的竞争已经国际化了，我国已认识到创建世界一流大学、积极参与国际竞争的高度输入和输出教师具有国际意义，所以大学教师跨国迁移比较普遍。如上海交通大学 2004 年 3 月在《人民日报·海外版》等多家媒体上发布了向海内外公开招聘 170 名教授、229 名副教授的消息。随后收到国外应聘者 342 人，分别来自美国、英国、法国、德国、日本等国家。按有关政策规定，国家鼓励高校引进外籍教师，帮助其培养高级专业人才，初中、小学义务教育阶段原则上不得引入外籍教师，如确有特殊需要，要经过国家有关部门的严格审批，包括聘请渠

① 大卫·玻亚尔. 在中国的 4 种外籍教师. [EB/OL]. 金戈，译. http://education. 163. com/06/0206/08/2991K2TQ00291N20. html. 2006 - 02 - 06.

② 赵景胜. 我国高校师资流动现状分析[J]. 黑龙江高教研究，2000，(2)：43 - 45.

③ 王贵林，曲中林. 高校教师跨国迁移特征及其对我国的影响[J]. 江苏高教，2010(2)：80 - 82.

道、人选质量、专业结构、教学管理等方面。[①] 尽管一些中小学对外教的需求不断增加，但我国中小学外籍教师迁入还是一个相当缺乏现实基础的概念。近几年来世界范围内兴起的校本管理所带来的中小学校办学自主权和学校办学积极性，是学校活力的一次爆发，并成为中小学教师自由跨国迁移的微观制度基础。国家的相关部门开始在全国范围内批准小学引进外教计划。

（三）教师跨国迁移自由与限制永远并存

与强制迁移相比，教师的跨国迁移具有自由迁移的属性。毕竟教师迁移属于“独立技术移民”，即不依靠别人担保，而是靠自己的技术和才能移民。但人类跨国迁移的自由，现在已经逐渐受到日臻完善的各国移民法、国际条约和国际惯例的制约，是有限度的自由。在近 40 年里，全球大约有 6% 的国家政府对移民实行限制政策，而目前这一比例已经上升到 40% 。如独立迁移到加拿大的教师，在现有政策下，需要符合三个要求：①本科学历；②一年以上特定工作经验；③英语能力（或法语）。就我国而言，对外籍教师实施依法聘用，合同管理。具体管理办法如有外国教师市场准入限制：外国个人教育服务提供者受中国学校和其他教育机构邀请或雇佣，可入境提供教育服务。聘请外籍教师的学校必须取得《聘请外国文教专家单位资格认可证书》，才有资格聘请外教。有关部门制定了《学校及其他教育机构聘请外籍专业人员管理办法》《聘请外国文教专家单位资格认可办法》《高等学校聘请外国文教专家和外籍教师的规定》《中华人民共和国中外合作办学条例》《关于为外国籍高层次人才和投资者提供入境及居留便利的规定》等一系列法律法规，对聘用外籍教师学校的条件，外籍教师的具体资格，受聘教师的权利、义务、生活待遇、奖惩以及日常管理等方面的内容做具体规定，以利于更好地引进外国专家和外籍教师。

（四）教师迁移与跨文化交流的互动性，教授语言与智力引进并重[②]

教师跨国迁移不仅是教育交流的热点领域，也是世界各国文化交流的热点领域。迁移使地球变成“平”的，人类物质文明和精神文明的成果被充分交流、分流和共享。为此，《纽约时报》的记者弗里德曼在他的《世界是平的》一书中称，信息的充分和存在，宽频的条件和全球化流动的现实，已经使任何人所期望的成功能够超越自身的局限而变为可能。对这种超越式的迁移形态的另一种描述是：今天的时代，一只蝴蝶扇动的翅膀，都有可能在万

① 张昭. 西方教师走进小学课堂——外教进入中国义务教育阶段[EB/OL]. http://heilongjiang.northeast.cn/system/2003/09/13/013510360.shtml. 2003-9-13.

② 王贵林，曲中林. 高校教师跨国迁移特征及其对我国的影响[J]. 江苏高教，2010(2)：80-82.

里之外掀起一场风暴。教师的迁移是知识的迁移、教育的迁移，必然带来文化的变迁，并形成人种、经济、文化、艺术、教育的“杂交”优势，进而成为经济发展与社会发达的根本动力。文化变迁是外来的观念导致现存价值和行为的变化，甚至可能是一个群体被另一个群体征服。变迁的机制是创新、传播、文化遗失和涵化。涵化是指在殖民条件下因与外来文化密集和直接接触而发生的大范围变迁。这种跨国界、跨文化的教师迁移逐渐形成如哈格里夫斯提出的流动的“马赛克”（the moving mosaic）文化，推动了世界社会的不断进步。在拥有悠久的历史传统和多元文化并存的国家如美国、澳大利亚、加拿大中，高校教师迁移更为普遍，而相对封闭的国家如朝鲜、古巴等教师迁移现象较少发生。

教师迁移以智力引进为主，同时兼有语言教师的引进，对于非英语语系的国家，引进英语语系的教师是首选。如英国、德国等高校和科研机构成为各国学术人员流动的主要目的地。1994—1997 年英国高等教育机构录用 1.1 万名外国学术人才，在这些人中 45% 来自欧盟；到 2003 年，这个数字达到了 2.6 万名，占高校学术人员总数的 17%，其中教授占 6%，高级讲师和研究人员占 13%，讲师占 33%，研究人员占 48%，来源国以德国、中国、美国、爱尔兰居多。① 改革开放以来，我国大学聘请外籍教师的最初目的是从事外语教学工作。1998 年以来以从事专业教学和研究为目的聘请外籍教师的数量在急剧增长，特别是一些国家重点大学，越来越注重智力的引进，外籍教师中直接担任本科、硕士和博士教学课程的人越来越多。如在上海举办的 2007 上海外国文教专家供需见面会上，上海外国语大学、上海大学等 30 家具有聘用外国文教专家资质的高等院校和教育培训机构设摊招聘，推出近 400 个需求岗位招聘“研究型”大学教师，结果吸引了数百名外国专家前来应聘。上海已成为外国人来华工作的热土。

（五）跨国教师迁移途径的多样化、迁移的频繁化

当今世界各国教师的迁移范围越来越广、越来越频繁，教师力求通过多种途径把自己推向世界。通常有以下几种途径：①中介机构。通过中介机构是最便利的途径，你只要把你的要求、条件告诉中介机构就可以了，有的中介机构甚至连外籍教师所需的一切证件都可以办好，但通过中介机构，必须花上一笔额外的中介费用。②网上招聘。如美国马绍尔大学的“招聘美国教师赴中国任教”网站，网站主页栏目有到中国任教的项目、如何申请这一项

① Universities UK, Patterns of higher education institutions in the UK: the 5th report.

目、合同待遇、教师资格、工作任务、网上申请电子表格、热点问题回答等。中国外籍教师招聘网，专注于中国教育事业的健康发展，为国内的大中专院校以及中小学幼儿园引进英语、文学、数学、物理、金融、证券、国际贸易、市场营销、化学等各专业领域优秀外教提供专业的网络招聘服务。③合作办学。如上海的中外合作办学已发展到130多所，并与美国、英国、澳大利亚、新加坡等国家的教育机构建立了合作关系，其中中欧国际工商学院由上海市政府和欧盟共同创办，并与多所世界一流商学院，如哈佛商学院、哥伦比亚商学院、伦敦商学院等建立了广泛的合作关系，形成了一个国际的师资网络。又如，郑州大学和美国堪萨斯州立大学合作办学在我国是比较早的，双方合作成立的郑州大学西亚斯学院现已有上万名学生，近百名中外教师。④项目交流。如北京语言大学国际教育中心2008年全球教育联盟项目招聘汉语教师，全球教育联盟项目为北京语言大学与美国环球教育联盟（The Alliance for Global Education）常年合作的汉语项目，分春季班、暑期班和秋季班面向全美招生，项目内容包括汉语课程、语言实践、文化课程等。该项目面向全校相关专业研究生招聘兼职教师。

赫尔德等人在《全球大变革》一书中认为，全球化是“全球性相互联系的扩大、深化以及加速”，具体表现为“不断增强的相互依存”“距离遥远的行动”“时空压缩”。活跃在全球舞台背景上的“全球行动者”，是多层面的，从个体、社会、国家、跨国公司、国际组织，几乎无所不包。在全球化学术就业市场的背景下，高校教师逐渐成为世界公民，流动越来越快，高校教师市场的全球化，使高校教师全球流动成为必然。据不完全统计，浙江省近些年每年在聘的外国文教专家有2 000多名，绝大部分集中在大学等高层次教育机构。在高等教育向大众化、普及化的发展阶段，面对学生的学习需求呈现多样化、丰富化的特征，如何最大限度地满足学生的愿望，能够按照自己的能力随时接受高质量的高等教育的机会，发挥资源的最佳效益，各国高校选择了战略联盟与合作的道路。就像一些大学纷纷设立海外教育机构和分校。近年来成立的21世纪大学联盟由来自亚洲、欧洲和大洋洲等10个国家的17所著名的高等院校组成，其成员国和院校还在不断扩大，确实可以称为“全球性的院校合作组织”。英国诺丁汉大学在中国宁波设立的分校叫宁波诺丁汉大学，规模保持在7 000人左右。相应地，教学科研人员到国外高校或者本国高校在外国分支机构工作的概率也因之越来越大，并且日益频繁。①

（六）从单边到多边互动的教师迁移

在第二次世界大战前后，胜利国为实施对附属国、殖民地国家的同化，派驻大量教师办教育；西方核心国也源源不断地向亚太国家输送英语教师，这些都表现出一种单边的教师跨国迁移走向，具有严重的霸权性和不平等性。当今世界综合国力的竞争在一定层面上说就是人才的竞争，对发展中国家而言，人才流失的影响将是致命性的。中亚国家在苏联解体后也饱尝人才流失之苦。俄罗斯族迁入中亚始于19世纪80年代沙俄的军事征服。十月革命后，苏联政府为在少数民族地区巩固政权、发展经济和繁荣文化，向中亚地区派遣了大量熟练工人、工程技术人员、专家、教师、医生等。到20世纪80年代初，在中亚的俄罗斯人总数近1 000万。国际化的多边互动的开放格局，使全球范围内学生、教师、课程、理论、制度、资金和项目等相互交流的日益增加已不限于两个国家，也不只是单向的输出或输入，而是体现了双向多边互动的特点。2000年10月统计数据显示，俄罗斯科研人员及高校教师申请签证的人数已由过去的11.5万人上升到19.5万人，主要迁移到德国、以色列、美国、希腊、加拿大等国。② 澳大利亚联邦政府提供了400万澳元资金给语言教师出国学习，自1993年以来，已经派送650余名教师到柬埔寨、中国、印度、印尼、日本、韩国、老挝、马来西亚、菲律宾、新加坡、泰国、越南进行学习。在我国，改革开放之初，主要是“进口”教师，而现在却大量“出口”教师。如为适应当前世界汉语教学蓬勃发展的形势需要，利用我国作为汉语母语国人力资源优势，中国国家汉办于2004年正式开始实施向世界有需求国家提供汉语师资的一项新措施，即汉语教师志愿者项目。该项目实施以来，每年外派人数持续增长。据报道，截至2016年，国家汉办已向世界137个国家派遣汉语教师志愿者4万余人次。③

（七）迁移的学校品牌化④

阿尔特巴赫指出，国际知识系统并不平等，这种不平等可以用“中心－边缘”的关系来加以分析。悠久的历史传统、具有知识中心的吸引力的大学，如美国哈佛大学、斯坦福大学，英国剑桥大学、牛津大学、帝国理工大

---

① 王贵林，曲中林.高校教师跨国迁移特征及其对我国的影响[J].江苏高教，2010(2)：80－82.

② 高欣，赵伟.俄罗斯人才流失现象分析[J].俄罗斯中亚东欧研究，2003，(5)：15－19.

③ 黄艳梅.2017年中国官方将新选拔汉语教师志愿者4 976人[N/OL].[2017－08－29].http://chinanews/gn/2016/12－17/8096875.shtml.

④ 王贵林，曲中林.高校教师跨国迁移特征及其对我国的影响[J].江苏高教，2010(2)：80－82.

学、伦敦大学、爱丁堡大学等学府是发达国家享有盛誉的研究型大学，也是国际高等教育发展的方向、样板，作为品牌效应，是吸引外国高校教师的“磁力中心”，成为大学教师迁入的中心地带。[①] 在2003—2004年度，受聘于英国高等教育机构的中国学术人员有1 437名，而且在英从事研究工作的外国学术人员中中国人的数量最多。[②]

第三节 教师迁移的发展趋势[③]

报告显示，截至2010年，全球移民总人口达2.139 4亿人，新的人口迁移时代已经到来。表面上看是人口迁移，实际上是劳务、技术、经济的迁移，也是文化、思想和观念的迁移。尤其在当代社会存在着诸多促进教师迁移的因素：①新机会的多元化和迁移的多种可能性；②信息的快速获得，现代社会交通和通信的发展，使人们能更多地了解信息，减少了盲目的迁移活动，迁移期望和实现迁移的可能性之间的差距越来越小；③现代社会，返迁非常容易，当人们对迁入地不满时很容易回到原居住地。[④] 多种因素影响下的教师迁移呈现出新的发展趋势。

一、“互迁”的局面开始形成

首先，近年来，单一向发达地区和大城市迁移的趋势正在逐步发生变化。一些发达地区和大城市的知识分子开始选择到相对不太发达的地区和中小城市工作和生活，“互迁”的局面开始出现。如上海在吸引教师方面一直占绝对优势，但近几年，迁移到上海的教师逐渐减少，而从上海流出的教师有所增加。他们选择向相对不发达地区迁移是自愿的，是经过深思熟虑的“理性选择”，而不是来自行政命令。其次，恢复师范生免费教育制度，可能会形成教师迁移的新走势。从教师教育产品来看，师范毕业生是一种拥有更多公共产品特征、更接近于公共产品的准公共产品。免费师范生和未来的免费师范毕业生在西部、经济落后地区和经济发展地区进行“互迁”，以服务于家乡、服务于西部的教育。最后，私立学校和公立学校教师双向迁移。在美国，

① 汪怿.学术人才国际流动及其启示[J].教育发展研究,2006(4A):34-39.

② Universities UK,Patterns of higher education institutions in the UK:the 5th report.

③ 杨小秋,曲中林.教师的迁移:成因、效应与发展态势[J].教育理论与实践,2013(10):32-36.

④ DeJong G,Fawcett J. Motivations for migration:an assessment on a value-expectancy model. InG. DeJong and R. Gardner(eds.),Migration Decision Making[M]. New York:Pergamon Press,1981

从教师流出地上看，私立学校教师流往公立学校的比例远远高于公立学校教师流往私立学校的比例（53%对2%）。在公立学校，53%的公立学校教师选择流往不同校区的另一所公立学校，45%的流动教师流往属于同一校区的不同学校。[①] 在我国，这些年媒体上招聘教师的广告越来越多，教师迁移也越来越频繁，甚至成为“家常便饭”。在一些民办学校，一个教师一年内跳几次“槽”也不是什么新鲜事。一些有迁移经历的教师，更容易再次迁移。

二、跨国界、跨文化的迁移

在全球化浪潮的背景下，教育不仅仅是国家的事业，还应走出国家区域，走向国际，成为全球的共同事业。政治全球化、经济全球化必然带来教育全球化，教育资源全球流动，促进了师资队伍国际化流动。国际化的教师交流，使外籍教师越来越多地到中国任教，同时，汉语言对外交流的需要也使越来越多的中国教师对外交流，到世界各地教授汉语。据统计，从2004年开始，我国在海外设立的以教授汉语和传播中华民族文化为宗旨的“孔子学院”，到目前已经分布到世界各地，因此大批中国汉语教师走出国门，迁移到国外任教。再如，全球化正在缔结一个统一的国际劳动力市场，高技能人才的国际劳动力市场正在形成。移民入境国，像美国、加拿大、澳大利亚等国不断吸引发展中国家的优质师资力量，发展本国教育。这种国际化迁移的逐渐增多，带来了跨文化的融合和变迁。

三、迁移越来越自由

我国1954年宪法规定公民有居住和迁移自由，但由于种种原因，特别是受计划经济体制的限制，迁移自由没有写进后来的四部宪法，因此，我国现行宪法中没有关于公民迁移自由权的规定。我国现行户籍制度对人口的自由流动实行严格限制，使得长期以来我国社会的人口流动处于凝固状态，不利于人民生产、生活和经济发展。迁移自由是社会文明进步的标志，也是促进政治民主化、决策科学化的激励因素之一。确立自由迁移权，有助于社会政治的清明，促进社会的和谐发展，铲除利用户籍制度寻租的条件和土壤，为社会主义现代文明营造积极的氛围。给公民以迁移自由权，其最终目的在于促进人的全面自由发展。事实上，进入20世纪80年代后，国家对迁移自由

① 许立新.当前美国中小学教师流动状况概览[J].中国教师,2005,(11):17－19.

的限制在实践中开始逐渐松弛，[①] 到了当代社会，已呈现相对开放的政策环境，逐渐形成由被动迁移转向主动迁移、由压力迁移转向自由迁移的良好局面，尤其是知识分子阶层的独立性逐渐增强，为教师自由迁移的一个重要前提。从立法的高度确保教师有自主迁移的权利，是现代社会公平的一种体现。著名劳动经济学家赵履宽教授指出："劳动力归劳动者个人所有，是劳动者最重要的经济权利，是劳动者其他权利的基础，也是人权的重要组成部分。限制劳动者对自身劳动力的所有权，意味着对劳动者的超经济的强制，意味着违反人权。"所以，教师有自由选择学校的权利，国家层面应该考虑把类似"教师自主迁移是教师应该享有的正当权益"条款写进《中华人民共和国教师法》，保证教师自主迁移的合法性。

四、政策引导教师合理有序地迁移

尽管教师迁移是大势所趋，不可阻挡，并且自主迁移也是教师应该享有的权利，但从教育连续性和稳定性的角度看，大面积的教师迁移是不合适的。所以，教师迁移是一把"双刃剑"，不可避免地产生一些盲目和混乱的现象，形成一定的"副作用"，如果从全国的范围看，政府和用人单位的支出也增加了。但不能因此抑制教师的迁移，不能进则喜、走则忧。限制迁移，从长远和全局看弊大于利。目前，合理、开放的教师迁移模式尚未形成，我国教师流动尚未构建专项制度，因而教师迁移多属个人行为。到目前为止，教育行政部门并不鼓励教师大规模的迁移，绝大多数教师是终身一次分配、一个岗位。虽然教师每次迁移的成功实施离不开教育行政部门的审批，但总体来看，由于并非由政府部门组织和主导，也没有制定出有关教师迁移的专项法规、专项制度，教师迁移的个人色彩较浓。在缺乏法规和制度保障的情况下，教师流出的学校和迁移教师的权益往往得不到保障，容易产生违约、扣留档案等人事纠纷。也由于是个人行为，在趋利性的引导下，教师迁移往往呈现出盲目、无序等不合理现象。与日本进行比较：从教师流向看，日本教师的迁移是多向轮换流动，我国教师迁移多是"人往高处走"的单向流动；从教师流动的效果看，日本教师迁移促进了教育公平，实现了教育的均衡发展，我国的教师迁移加剧了教育发展的失衡，危及了教育公平。只有在开放的制度、体制环境下，自由迁移才有可能。为此，应继续深化体制改革，逐步取

① 刘旗胜. 论和谐社会语境下确立自由迁移权的必要性[J]. 法制与经济,2008(1):51 - 53.

消限制教师迁移的政策及相关的一些霸王条款，使教师迁移的渠道更加畅通，加快迁移的速度，使教师各得其所、各尽所能，使人才顺利地脱颖而出，同时调整和创新教师资源配置机制，实现公共教育资源的公平而合理的配置，使之步入规范化、法治化的轨道。

第四章　教师迁移的教育效应

国内以教师为主体的知识型人口省际迁移趋势渐成，影响区域人力资本积累以及地方的经济发展、教育发展，进而影响区域社会的全面、可持续发展。教师迁移在有力地促进区域教育发展的同时，必然对教育形成明显的推动力量，教师迁移具有促进教育发展的效应，教师省际迁移的多边效应显著。我国教师资源迁移具有典型的外溢性，哪里教育发展越快，哪里教师人才资源越多。但同时应看到，从我国人口数量来看，高质量的优质师资在未来一段时间内仍然是紧缺资源。在个人追求福利最大化的经济理性支配下，教师群体不可避免地出现了趋利和"走高"的流动风气、迁移景象，这是教师的一种现实生存。"双刃剑"的教师迁移也不可避免地造成"几家欢喜几家忧"的效应。

第一节　教师迁移与教师专业发展

教师迁移流动的历史可以追溯到古代中国、古希腊和古埃及盛行的"游学"与"游教"之风，从古代教师作为一种独立职业开始，教师就是一个独立的自由民阶层，与统治阶级之间不存在人身依附的关系，合则留不合则可以离去。从私学兴起到书院衰弱，从百家争鸣到讲学论辩，都充斥着或隐含着教师迁移、流动的印迹。近现代社会，教师应然是社会中的"自由漂浮者"，特别是改革开放后教师的"迁徙与流动潮"构成了中国社会发展的一道风景线。当下及未来，教师对单位"从一而终"的局面被逐渐打破，改变"单位终身制"，变教师为"系统人"，教师成了"流水的兵"，教师迁移逐渐变为一种常态。

从现实情况看，教师迁移流动影响教师队伍建设以及个体教师的专业发展。近些年，学术界对于教师专业发展的途径研究，主要从教师培训、教师阅读、课题研究、行动研究、教学反思、同伴互助、校本活动等方面进行，对于教师迁移流动与教师专业发展的关系以及社会环境、学校环境的变迁对教师专业发展的影响研究较少，本书将关注这个话题。

一、教师专业发展的环境选择①

“橘生淮南则为橘，生于淮北则为枳。”任何事物或者任何人的发展都依存于一定的环境，如环境改变，同一事物或者个人也会发生某种变化。对于追求理想、热衷实现自身价值的每一位教师来说，都希望有一个利于自身发展的外在环境。人活了一切都活了，人僵了一切都僵了，人死了一切都死了，迁移是教师自主选择环境、自主发展的一种倾向。就像上海某学校有在职教师 75 人，其中非上海籍教师 20 人，占总人数的 27%，这些教师大多是在 20 世纪 80 年代以后陆续从全国各地自主选择、迁移到经济发达的上海的,② 崭新的环境完全改善了他们职业的生存状态。

传统教师发展理论曾提出，只要控制好影响教师的各种变量，就能很好地预测教师发展，如参加了教师培训活动就一定能促进专业发展，它将复杂的教师发展用精确控制、量化评估进行代替，并以此设计一种看似“理想”的教师发展模式。在现实生活中，每位个体教师的发展都具有特殊性，“教师专业发展路线”不可能是线性的，不一定按照原先预想的设计方案进行，存在着难以预测的“变数”，因为存在着很多影响教师成长的潜在的、偶发性的因素，教师专业发展具有一定的环境偶遇特征,③ 即对环境的适应性影响教师专业发展。

现代人口迁移的推拉理论认为，迁移的推拉因素除了更高的收入、更好的职业、更好的生活和医疗条件、为自己与孩子获得更好的受教育的机会以外，还有更好的社会环境，乃至自然环境等。我国的教师迁移特征更多地表现为教师由经济落后地区、物质待遇差的学校迁向发达地区、物质待遇好的学校。因为教师也同样具有对物质条件有较高需求的“经济人”的一面。但是教师同时又属于中高层人才，他们在追求物质生活的同时，还有着精神世界的追求，重视个人价值的实现。当教师的物质生活达到一定程度时，教师的迁移原因可能与物质生活以外的社会环境与文化、自然生态宜居等精神追求有关。源于追求高品质的精神生活，在迁入地环境的“拉力”与迁出地环境的“推力”的作用下，教师从此地迁移到彼地。“移民”是教师改变沉寂生活、丰富精神世界的一个梦想。从草窝飞到金屋，良禽择木而栖，是自然法则，是教师环境选择的力量源泉。

---

① 曲中林,杨小秋.迁移的环境选择与教师专业发展[J].教育理论与实践,2017(1):37－40.

② 魏建培.教师学基础[M].北京:清华大学出版社,2011:128.

③ 姜勇.论教师发展的“存在”之路[J].教师教育研究,2010(1):1－5.

当迁移教师进入一个全新的环境时，不仅改变了迁入地教师的地缘结构，也需要重建业缘群体。迁移的教师选择了迁入地的社会环境、教育环境，就要积极地适应新环境，甚至不断创建新环境，重新建立业缘群体和业缘关系，为自己的专业发展创设全新的职业条件。业缘群体是指依据职业联系而形成的群体，体现为同质相聚性特征。当代社会发展日益迅速，职业种类越分越细，由此形成的职业群体、子群体、亚群体越来越多，体现了“同行”“同事”人际交往关系。相同业缘群体内的人在思维意识、生活模式、行为习惯等方面表现出明显的同质性，因此群体内的人共同语言比较多，交往也比较频繁，它是一种重要的现代人际关系。教师通过迁移重构业缘关系，减弱了对地域的依赖性，“我们既属于此地，也属于他地，也就是说，我们不属于任何一地”。

二、迁移对教师专业发展的促进作用①

舒尔茨的人力资本理论认为，虽然迁移本身不能增加人力资本的价值，但迁移可以促使人力资源与物质等其他各种资源的组合得到优化，使潜在的经济资源、物质资源变为现实的生产力，进而实现人力资本的增值，也就是说，迁移能带来人力资本存量的增加。由于“单位人”的管理体制，我国教师几十年工作在一所学校的情况非常普遍，长期处于单一的发展环境中的教师，周围环境和所教东西很少改变，这对很多教师来说会产生惰性，失去进取心，进而丧失创新和发展的心态。让“一塘死水”变为“一池活水”，合理的教师迁移可以激发“活水效应”，不断提升教师的环境生存能力、竞争能力，拓展教师专业发展新的平台以及广阔的空间。所以，有学者认为，应该打开学校大门，让不愿做事的人出去，愿意做事的人进来，这样不仅可以净化教师队伍，加强教师内部、教师和整个社会的交流，也可以促进学校改善自身管理。②

（一）为教师迈向精英之路做可能铺垫③

教师是在依靠自己的努力，达成迁移或“高就”的精英期待，因而教师的迁移与流动成为中国当代社会教师专业发展的方式之一，因此也造就了大批精英教师。实际上，不是所有教师都可以迁移，能够实现迁移的教师只有一部分，除了制度、体制等外在影响因素外，也需要教师自身的内在资本，

---

① 曲中林，杨小秋. 迁移的环境选择与教师专业发展[J]. 教育理论与实践，2017(1)：37－40.

② 杨小秋，曲中林. 教师的迁徙：成因、效应与发展态势[J]. 教育理论与实践，2013(10)：32－36.

③ 马维娜. “走”与“留”的精英期待[N]. 中国教育报，2011－09－06(12).

诸如高职称、高学历，或者是某级别优秀教师、骨干教师、模范教师等荣誉头衔，或者在学科教学中取得了包括排名、升学率等可量化的骄人业绩，或者发表、出版高级别的、有影响的论文或著作，或者获得各类赛课、教案获奖证书，等等。教师在实现迁移的过程中，在促进专业发展的同时，成为缔造精英教师的一条路径。

教师迁移有时会面临生活条件和生活质量降低的风险，即便更多的情况下，迁移后教师的工资福利待遇、城市人文与生态环境得到了有效的改善，但新工作也不能发家致富，这又使教师产生从“熟人社会”进入“陌生人社会”的孤寂感。一些教师趋之若鹜地迁移到一个新的、更好的城市或学校工作，重要的原因在于好的城市或学校就是一张“名片”，教师看重的是“名”，拥有“名”会让他们产生良好的个人心理感受，获得社会的广泛认同，这些都与个人的发展机遇和成功需要相关。迁移的教师之所以选择迁移大多是为了理想、为了自由、为了获得更多的发展机会。

（二）激活教师专业发展的情感动力

教师专业发展过程中的外部条件固然重要，但教师在自我发展中的主体意识和主观能动性更重要。从现实看，教师专业发展的情感动力的激活，是国家、社会和学生家长对教师专业发展的期望与目标能否实现的决定性条件，因此，教师专业发展的主体性意识及其主观能动性，是教师是否实现全面、充分专业发展的决定性因素。有国外学者提出，在教师的认知与情感、个体与环境、动机与态度之间，存在着非常复杂的关联和互动，教师专业发展的情感动力来源于教师认知、情感和职业生存环境三要素间的良性互动。一个教师主动选择的、向往的工作环境，必然能提升教师工作的情感动力。

教师长期生活在“循规蹈矩”的地域与教育环境中，面对熟悉的环境、氛围，面对单一的日常和专业生活，容易产生一种倦怠心理，以致消极怠工，出工不出力。为寻求“刺激”、追求心灵自由、改变工作境况，他们进入陌生的地域环境和陌生人的社会，在一个较高陌生度的环境中反观自己、审视自己和挑战自己。这就像教师们普遍有喜欢给陌生学生上课的心理一样，是对重复性工作的一种逃避。顾明远认为，“教育开放、教师自主流动，其实质不是教师教育的转型，而是教师专业化、教师教育质量的提高”。所以，教师迁移可以有效降低教师的职业倦怠，提升教师职业的认同度，进而激活教师发展的情感动力。

（三）竞争性迁移调动教师的积极性

社会进步对教师职业的要求越来越高，教师职业的竞争压力也会变得越来越大。师范毕业生的入职竞争、在职教师的绩效工资、教师资格证书的定期复审制，等等，都对教师的职业发展构成威胁和压力，因此，教师必须不断提高自己的教学技能和专业发展能力，提升职业竞争力。但是，长期的“单位人”的教师管理体制，使教师局限在一所学校的工作环境里，可比较的教师和竞争对象也都是本校的在职老师，可比性不是很强，竞争压力也不是很大。而学校的环境特点就是相对稳定，不会在短时间内发生很大、很快的变化，教师之间的比较和竞争也会随着时间的流逝和彼此的熟悉程度而逐渐减少，发展到后来甚至会变得麻木。当教师之间失去比较和竞争，个体教师就容易安于职业现状、不思进取，就会出现事业上的停滞。一所学校招引教师，在众多应聘者中进行选优、择优，通过竞争的“优胜”者才可以获得迁移的机会，而且当教师迁移流动到新的学校后，更是要参与到入职学校教师专业发展的一个新的竞争环境。迁移到一个全新的工作环境里，会重新燃起教师的竞争欲望和斗志，为了在竞争中证明自己、体现自己的价值，教师往往会很努力、很刻苦，不断提高自己的专业发展水平,① 竞争性迁移调动了教师工作的积极性。

（四）为迁入地学校和教师增添生机和活力

教师迁移是对迁入地的一种教育“援助”，会产生一定的聚集效应和扩散效应，迁移的教师“不是破庙挖墙，而是进香求财”。教师专业发展离不开专业群体或团队的支持，当一位教师迁移到一所新的学校，便会给这个学校带来新的血液、新的活力，新入职的教师的新思想、新观念及多元文化，会对迁入学校的其他教师产生一定的影响，使其重新审视自己的教学方法和教育观念，提升自己的教师专业发展能力，这种对新环境的“介入”会对教师专业群体或团队起到一种无形的推动作用。另外，通过选优，将优秀教师迁入与聚集到新的学校，实现了教育资源的优化配置，优秀教师通过先进引领、示范带动迁入地学校教师的专业发展，拉动了教师队伍整体素质的提升，从而提高了教育质量。同时，在教师群体原有属性的基础上，通过新陈代谢，推进教师群体的专业发展，保持教师专业“种群”的可持续发展。因此，迁移与流动让迁入地学校的教师队伍越来越有活力，工作的积极性更高、发展更快。

教师群体生活具有互惠性特征，教师移民与教师原住民的不同文化相互吸收与融合，推动了地方文化的发展，并带动了地方的经济发展。如广东省

---

① 王广函.教师专业发展视域下的教师城乡流动研究[D].石家庄:河北师范大学,2010:12－15.

经济社会的持续发展、人文环境的改善离不开大量迁徙教师的贡献。再如美国能办出世界一流大学，原因之一就是教师国际化的比例高，外国迁移而来的教师为美国大学增添了生机和活力。对美国16所知名大学的统计与分析，学校拥有国际化学习背景的教师比例总体上已经占24%以上，其中哈佛大学等3所大学的比例超过了30%，这体现了美国大学迁移教师高比例的特征。① 在哈佛大学中的一些学科，拥有跨国学习背景的迁移教师甚至超过了一半，如文理学院的比较文学学科，具有迁移特征的教师比例达到了100%，古典文学学科也达到了77%。总的来看，美国知名大学的教师地缘构成遍布世界各地，来源的国家、区域复杂而多元，如加州理工学院的290多名教师，就分别来自79所分布世界各地的不同大学。

三、化解迁移对教师专业发展的负面影响②

从现实情况看，教师迁移的正向效应远远大于其负面影响，但从经济学角度来看，迁移的教师必定会付出一定的“成本”，以致成为教师专业发展的“代价”，因此，不能回避教师迁移的负面影响，对此有必要进行深入分析并努力化解。

（一）迁移频率与教师专业发展的连续性

首先，教师专业发展具有连续性特点，如果教师总是“这山望着那山高”，不满足于现状，频繁跳槽与迁移，不稳定的生活和工作是不利于教师专业发展的。因此，降低教师迁移的频率，可有效化解对教师专业发展带来的风险。其次，从教师职业生涯和专业发展阶段的视角看，教师专业发展由入职期、适应期、胜任期、成熟期等各个不同的阶段构成，其发展的每个阶段都表现出鲜明的特点。而由于教师受不同学校组织环境和个人成长环境的影响，个体教师在专业发展中的每个阶段所表现出来的特点会有一些不同。当教师从一所学校迁到另一所学校、一个地方迁到另一个地方，教师在迁移前学校的专业发展就会无法继续下去而暂时中断，入职新的学校后教师要不断适应新环境，包括适应新学校的专业生存与专业发展环境，这样可能会阻碍教师专业发展的稳定性和连续性，因为迁移可能会推迟教师达到成熟期的时间，影响教师专业生活的整体发展。因此，降低教师迁移的频率，可保持教师专业发展的稳定性和连续性。

---

① 姜远平，刘少雪. 美国一流大学教师学校有何特点[N]. 中国教育报，2007-9-24.

② 曲中林，杨小秋. 迁移的环境选择与教师专业发展[J]. 教育理论与实践，2017(1)：37-40.

（二）迁移教师与当地社会及教育环境的融合度

我国社会发展很不平衡，南方北方、东部西部、城市农村差别很大。不仅社会的经济、文化、风土人情、风俗习惯不同，而且教育的软硬件也截然不同。不同区域的学校在地域环境、社会声誉、办学条件、学校文化、组织机构、教育质量、教师结构、学生素质等方面都会不同。如果迁移的教师难以对迁入地的学校产生认同感，不仅会阻碍教师团队的团结和工作绩效的提升，影响教育质量，教师也会产生焦虑、孤寂等心理问题，不利于自身的专业成长与发展。所以迁移的教师不仅要适应社会、学校等外部环境的变化，也要积极融合到新的教师团队中，不断进行心理调整，重塑对新环境、新学校、新团队的认同感。怎样引领迁移的教师重塑学校认同，融入新的教师团队，成为迁入地学校必须做好的重要工作。另外，基于信息论和学校人本管理的视角，成员与组织之间的信息沟通是否流畅会影响成员的组织归属感。这就要求作为组织的学校向新入职的教师全面开放本校的信息，比如学校的办学定位、办学目标、发展的历史、取得的成就、社会的影响力等校情，这样一来，教师才有可能发现学校发展与自我发展之间的联系性，把自己当成学校的一分子而不是局外人，找准自己的定位，从而将自己的专业生活与学校发展紧密联系起来，产生组织、事业归属性认同。

（三）组织依附与迁移教师独立

保障迁移教师对学校组织的成功性认同，并逐渐独立起来，可有效化解迁移对教师专业发展的负面影响。①

首先，从组织依附视角看，个体只有加入强大的组织，才能获得组织的支持，才能减少生存的不确定性，才能获得一定的安全感，进而获得更好的发展机会。个体之所以依附于组织，是基于生存的需要、回避社会风险的需要。迁移的教师在做出迁移的决定时，不是简单地为了生存，而是为了获得更好的发展，这种迁移的主要原因是迁入地的吸力。因此，为提升教师专业发展动力，迁入地学校应主动向新入职教师展示其学校实力，包括学校现实的和潜在的实力，如办学质量、学校未来发展的美好愿景，等等。其次，因为迁移的教师在新学校中的专业工作基本上是从头开始的，而其在原来学校的声望、业绩等在新学校中的效应降低，因此学校里“原来”的老师常常有更多的专业发展机会，从这个角度上说，迁移的教师是“后来者”，是排在队伍后面的“弱者”。迁入地学校应该考虑迁入教师付出的机会成本，在职

① 徐志刚.流动教师如何重塑学校认同[N].中国教育报,2013-12-27(6).

称晋升、评优等更多的、必要的专业发展方面给予照顾。实施“教师为本”的人性化关怀，给予迁移的教师更多的发展机会，使其独立起来。

第二节　教师迁移与重构教师队伍地缘结构

一、教师队伍地缘结构概述

国外关于教师地缘结构的研究借鉴了“地缘政治”一词的内涵。英国杰弗里·帕克的《地缘政治学》（2003）指出，“地缘政治”发端于瑞典地理学家克节伦，各种地缘政治理论的研究虽然都是以地理环境作为基础，但依据重点有所不同，过去多从历史、政治、军事等方面考虑，而近年来对经济、社会、教育等方面的作用的研究日益得到重视。

教师地缘结构是指教师队伍中的成员户籍结构以及居住的地理位置的变迁，主要核算在某区域或某地的学校教师群体中，国家、省等区域以外教师的构成比例。总体上看，各省教师地缘结构在不同历史时期、不同社会发展阶段有显著的差异。改革开放以后，教师的地缘结构越来越趋于多元化，变化越来越大。

在理论上，第一，对教师结构的学术研究中，地缘结构是教师结构的一个切片，相关理论研究匮乏。本书将人口学等多个理论引入一个较小的区域，研究知识型人口迁移中的主体——教师与社会发展的关系，通过建立系统的理论框架，以教师跨省迁移而重构教师地缘结构，全面深入研究对省域教育发展产生的影响，拓展和丰富了教育理论研究的内容。第二，走出教师流动理论研究框架，在知识经济时代，以教师迁移理论研究省域教师资源问题，巩固区域教育人口红利，有利于走出区域教育“发展陷阱”。在现实性上，重构教师队伍地缘结构，迁移有利于教师“种群”的可持续发展。[①]“种群”的可持续发展关系到一个由多个个体组成的群体的发展。这种发展具有极其丰富的内容，除了在局部或个别量变的发展上、在群体内部个体系统的发展上会包含线性的和非线性可持续发展外，它还要求在保持系统“群体”原有属性不变的前提下，通过新陈代谢、推陈出新，使群体的发展进入一个新的阶段。[②] 俗语说：“流水不腐，户枢不蠹。”没有勇气远离海岸，就永远找不到

① 杨小秋，曲中林. 教师的迁徙：成因、效应与发展态势[J]. 教育理论与实践，2013(10)：32－36.

② 陈忠，金炜，章琪. 复杂性的探索——系统科学与人文[M]. 合肥：安徽教育出版社，2002：192.

新的海岸。迁移的教师为理想、为自由，或为更多的发展机会而迁移。“不求所有，但求所用”，加之“外面的世界很精彩”，所以地理位置理想、经济待遇和福利上乘、氛围宽松的名校往往成为教师迁移的目标。迁移的教师“背井离乡”，心胸开阔，眼光长远，摆脱了地域的限制，融入世界性的、永远开放的文化中。另外，迁移的高质量师资，重构了迁入地的教师队伍地缘结构，对迁入地教师起到引领、示范作用，拉动了教师队伍整体素质的提升。

二、外来教师对广东省教师地缘结构的重构[①]

重构和改变教师地缘结构的因素很多，外部因素包括政策与体制、经济发展水平、教育发展水平、自然生态、文化环境、人口结构等，也有教师队伍建设过程中的教育内部矛盾问题。第一，政策与体制因素通过行政命令等强制性手段，为了促进区域教育均衡发展，引导教师的迁移与流动，是引起区域或学校教师队伍地缘结构大规模变化和重构的外在力量，是引起教师地缘结构阶段性变化的合法性因素。第二，社会经济发展水平较高的区域通过利益驱动的方式吸引教师，同时，教师为了获得更高的收入、更好的生活和医疗条件、为孩子获得更好的受教育机会主动地选择迁移，都是推动迁移或流动，及区域或学校教师队伍地缘结构变化的内在动力。第三，区域文化环境与自然生态环境这些“拉力”吸引着追求高品质精神生活的教师，他们甚至不惜以降低工资待遇为代价，在迁入地环境的“拉力”与迁出地环境的“推力”的作用下，从此地迁移到彼地。第四，区域或学校教师数量、质量构成及其比例关系不能满足办学的需要，是导致教师地缘结构变化的本体原因，这是教师队伍建设过程中的教育内部矛盾问题。在本区域、学校教师数量不足、质量不高的情况下，只能依靠外援和外力解决这些问题，这也会重构教师的地缘结构。[②]

广东省经济与教育发展并不平衡，可谓“一条腿长，一条腿短”。广东教育不能总是跟在北京、上海、江苏后面，广东省要在 2020 年达到 50% 的高等教育普及化，就要大量补充教师。广东省基础教育师资队伍也不够“人饱，马肥，猪壮”。据笔者推算，广东省高等学校有 50%、约 7 万名左右的外来教师，而基础教育外来教师同样是一个庞大的数字。因此，没有改革开放 40 多年外省市教师大规模迁入、流动到广东，支援广东的教育，就形成不

---

① 杨小秋，曲中林. 外来教师资源对广东省教师地缘结构的重构与教育贡献[J]. 教育导刊，2016(9)：40－43.

② 王安全. 海原县农村中小学教师地缘结构变迁研究[J]. 教育学报，2011(8)：94－98.

了今天的广东省教师队伍的规模和质量。从学科角度看，语、数、外三大学科外来教师比例较高，其他学科教师的地缘结构也在不断的变化中，如体育教师地缘结构呈现出多样性的变化趋势，从对广东省抽样调查的不同地市的36所初中的统计来看，占总数37.6%的体育教师来自广东省以外的地区，外省籍教师重构了广东省体育学科教师的地缘结构。[①] 从区域角度看，据2013年广东省财政厅对部分地级市的统计，深圳市中小学外省教师已占"半壁江山"，中山市中小学外省来粤人数比例为37%，江门市、清远市、汕尾市、韶关市和肇庆市外省来粤教师总人数和外省来粤教师人数比例如表4－1所示，从学段角度看，在江门、清远、汕尾、韶关和肇庆等市的外来教师中，小学、初中、高中外来教师比例呈逐步增高的趋势，而且增幅较大，说明在基础教育阶段，年级越高，教师地缘结构越多元，质性改变越大。

表4－1　2013年广东省部分地级市外省来粤教师统计

地级市名称	小学教师			初中教师			高中教师		
	总人数	外省来粤教师人数	外省来粤教师比例	总人数	外省来粤教师人数	外省来粤教师比例	总人数	外省来粤教师人数	外省来粤教师比例
江门市	14 573	2 040	14%	10 549	2 004	19%	7 991	2 158	27%
清远市	15 711	650	4.13%	11 588	1219	10.52%	5 537	1 286	23.23%
汕尾市	15 746	255	1.62%	9 620	481	5%	5 223	2 350	45%
韶关市	13 108	369	2.82%	8 747	600	6.86%	4 321	1 429	33.07%
肇庆市	18 187	484	2.66%	13 728	1 705	12.42%	6 302	2 620	41.57%

注：外省来粤教师是指因工作调动及高校毕业来广东工作的外省籍教师。

通过资料的查阅、实地调研和访谈、对部分地级市的抽样调查，广东省外来教师对广东省中小学教师地缘结构的重构，主要表现为以下几个方面的特点。

第一，广东省教师地缘构成是多元化的，教师来自全国各地。外来教师不受距离长短限制，而且多为自主选择性的、永久性的、合法的迁移，他们稳固了广东省中小学教师人力资源队伍。

① 袁玉峰. 珠江三角洲地区初中体育教师现状调查研究[D]. 长沙：湖南师范大学，2004：34.

第二，外来教师在一定程度上改变了广东教育，虽然教师迁移对广东省总人口数量影响不是很大，但全国优质师资的聚集对广东省教育的影响与贡献巨大，推动了广东省从人口大省转变为教育强省、人力资源强省。

第三，受政治体制、经济发展水平、地方文化、人口结构、教育发展水平以及自然生态等因素影响，广东省教师地缘结构在不同历史时期、不同社会发展阶段有显著差异。改革开放以后教师的地缘结构越来越趋于多元化，变化越来越大。

第四，本地教师与外省教师之间存在较低的文化冲突，工作、待遇、工作权等方面无差别，没有形成“教师原住民”与“教师移民”的“二元社会”不良现象，外来教师满意度较高，不同地缘的教师融合度较高。

第五，多数迁移的教师来广东不是为就业，而是为择业，是为寻找更高收入而重新择业，而且这些迁移教师中多为中青年优秀教师或重点大学的毕业生。从教龄上看，教龄长的教师因对教师职业付出了较大的精力，在本地人脉广，影响力大，因而迁移的可能性相对较小；教龄短的教师则相反。从年龄上看，年龄大的教师因在工作中投入较多，在本地根基牢固，且大多有家庭的拖累，迁移的可能性较小；青年教师改变境遇的期望较高，而且精力充沛、迁移负担小，迁移的成本较低，因而其迁移、流动性较强。

第六，广东省教师迁移呈持续增长态势：规模不断增加，但增速逐步放缓；以高校教师引进为重心，以基础教育中小学师资引进为中轴，以城市学校为集聚点的分布格局逐渐形成；从基础教育到高等教育，外省教师占教师总数比例越来越高；由于迁移的门槛越来越高，引进教师由发展型向精英型转变。

第七，打造南方教育高地战略与“强师工程”政策相适应，广东省不断开放中小学教师队伍建设策略，各级政府部门有针对性地设计、制定各类教师引进政策，规范地方和学校的教师引进行为，加大引进教师的财政投入力度，建立“引师”绿色通道，不断推动教师地缘结构的合理化建设与发展。

第三节　教师迁移对省域教育发展的贡献

外来教师改变了迁入地教育，虽然教师迁移对迁入地总人口数量影响不是很大，但优质师资的聚集对迁入地教育的影响与贡献巨大，推动了迁入地教育的发展。

一、教师“进出口”的教育效应[①]

我国海外移民是世界最大的移民群体，不仅如此，2006 年 6 月联合国关于世界移民趋势的报告指出，中国已成为国际迁移的目的国，作为迁入地的中国的拉力或者说吸引力在增强。在高等教育资源的全球性流动越来越广、频率越来越高、速度越来越快以及在世界教师总量不足的背景下，“离国出走”、跨国迁入到我国的教师逐渐增多并变成一种常态。

（一）外籍教师跨国迁入我国对省域教育的积极影响

第一，吸引海外优质师资和外籍创新人才迁入中国，并持续地壮大迁移热潮，将有效促进中华民族的伟大复兴。教育全球化并不意味着国家教育的消失，相反，教育全球化会使民族国家的教育获得前所未有的在世界舞台展现的机会。我们可以吸取世界各国各种高等教育的办学、管理经验，大力发展我国的科技、文化、教育和经济。发达国家的教育资源成为推动我国教育的重要资源。截至 2017 年，我国已经与 188 个国家和地区以及联合国教科文组织等国际组织建立了教育合作交流关系，与 46 个国家（地区）签订了学历学位互认协议，其中“一带一路”国家 24 个。[②] 第二，我国要善于抓住人才国际流动所带来的机遇，加快集聚海外学术人才，为建设世界一流大学，推进我国高等教育国际化奠定良好的基础。一流的大学离不开一流的人才，未来的高校竞争归根到底是人才的竞争。引进外国优秀学者、教师来校任教，不仅有利于提高我国在职教师的学术水平和国际化水平，还可以解决我国高校教师不足的问题，同时节约一大笔高校教师教育和培训的费用。

（二）“中籍”教师跨国迁出的积极影响

第一，“国际移民的最为持久的意义，也许正是其对于政治的影响。”[③]作为发展中国家的中国向西方发达国家的逆向文化传播也可以通过迁徙教师的途径来完成。如，截至 2018 年，北京语言大学最近几年，平均每年有 100 名左右的教师在海外任教，包括在剑桥大学、哈佛大学、巴黎第七大学、苏黎世大学、莱顿大学、早稻田大学在内的国外著名高校从事汉语国际教育工作。将北京语言大学的优秀师资迁徙海外，对推广汉语、传播中华文化、提

① 王贵林，曲中林. 高校教师跨国迁徙特征及其对我国的影响[J]. 江苏高教，2010(2)：80-82.

② 周济. 五年来教育事业的改革和发展[EB/OL]. http://www.jyb.cn/xwzx/gnjy/bwxx/t20080314-148722-2.htm. 2008-3-14.

③ Castles S, Miller M J. The age of Migration: international population movements in the modern world[M]. 2 edition, The Guilford Press, 1998, p. 253.

升国家"软实力",起到了有效作用。[①] 第二,"中籍"教师跨国迁出进一步扩大了教育对外开放,深化了与外国大学的交流机制,构建了区域性教育交流与合作平台,通过积极开展教育国际交流与合作,深入推进与其他国家和地区的学历学位互认,从而提升了中国高等教育的世界影响力。第三,高等教育不能再仅仅被视为国家性或区域性的术语,"中籍"教师的跨国流动,对未来世界的和平而言非常重要,可以提升我国高校教师的跨文化交际能力,实现多元文化的融合。正如未来学家奈斯比特说过:"一个国家在新世纪取得成功的关键因素将是人民的思想面向世界。"

"迁徙是风险,弱者避之犹恐不及;迁徙是机遇,强者将欣然与之共舞",教师"进出口",作为国家战略,我国已经做好了各方面的准备。在2007年1月16日召开的全国外国专家局局长工作会议上,国家外国专家局首次提出将向社会(包括海外)定期公布国内对外籍教师的需求,引导外籍教师市场良性发展。由国家外国专家局教科文卫专家司、中国国际人才交流协会、北京大学合作开发的《教科文卫专家管理信息系统》目前已发行到全国1 000多家聘有外籍教师的院校、企事业等用人单位,对其他外籍教师聘请单位的软件发行也正在进行中。[②]

二、教师迁移的聚集效应和扩散效应对省域教育发展的积极作用[③]

据资料统计,从人口迁入地来看,全国各地迁出人口中有34.81%的人迁入了广东省,其他迁入人口较多的地区依次为浙江(8.75%)、上海(6.60%)、江苏(6.34%)、北京(5.65%)。广东、上海、北京等传统主流区域延续了20世纪80年代以来的人口吸纳能力,同时浙江和江苏异军突起,其背后也反映了20世纪90年代长三角地区产业集聚效应开始初步显现。从人口迁出地来看,按照全国总迁入人口中每100人中来自某地区的频数,来自四川省的最多,为12.76人,其后依次为湖南9.93人、安徽9.14人、江西8.25人、河南7.24人,中西部区域人口成为全国主要输出点。整体而言,广东、上海、北京成为净迁出地的地区个数最少,而且总净迁入率最高的三

---

① 唐景莉,李进.特色取胜争创一流——北京语言大学以学科建设引领高水平办学之路[N].中国教育报,2008-8-11(8).

② 贺涛.中国将定期公布外籍教师需求[N].科学时报,2007-1-18(A01).

③ 杨小秋,曲中林.教师的迁徙:成因、效应与发展态势[J].教育理论与实践,2013(10):32-36.

个主要吸纳地中心。[①] 上述省际人口迁移走势也适用于省域教师人口的走势。

基于教师省际迁移流动数据追踪，我国教师省际迁移的多边效应显著，从总体上，教师省际迁移流动受迁出地推力作用弱于迁入地的拉力作用，表明人口迁移更多的是出于对迁入地的“美好预期”，而非对迁出地的“抱怨”。人口变迁是在一定的社会生产方式下、在一定的社会文化中、在一定的政治制度下进行的。人口迁移的社会功能有：人口迁移带动地区发展，人口迁移影响劳动力的合理分布，人口迁移有利于文化交流和传播。迁移的教师“不是破庙挖墙，而是进香求财”。教师不断地迁入给供给地以“选优”的机会，可以实现教育要素的优化配置，提高教育质量，产生聚集效应。同时，教育的发展带动了其他事业的发展。“教师移民”与“教师原住民”的不同文化的融合，促进了文化的创新发展，并带动了地方的经济发展，产生了扩散效应。广东省经济的持续发展、人文环境的改善离不开大量迁移教师的贡献。

三、外来教师对广东省教育贡献的分析[②]

广东省优质师资的集聚、教师跨省迁移形成的“流动的专业体”对广东的教育产生了积极的影响，其所做的贡献正在改变广东基础教育，提升了广东教育在国内的影响力，人口迁移的红利与人力资源迁移的积极效应非常显著。外来教师对广东省域教育的贡献包括：外省教师深度冲击广东省域内的教育观念，外省教师加速扩充广东省域内的教师数量，外省教师不断优化广东省域内教师队伍的结构，外省教师大幅度提高了广东省域内的教育质量。

（一）外来教师对广东教育观念的影响

改革开放以来，国内外的移民大潮全面改变了广东省的社会精神风貌。迁移而来的人口给广东省浓厚的“安土重迁”的传统文化带来了冲击，更带来了生机，让广东呈现出一派盛世繁华的景象。同时，人口迁移在一定程度上改变了广东人的思想观念、人际交往关系和社会文化。“人活了一切都活了，人僵了一切都僵了，人死了一切都死了”，外来中小学教师的教育思想、观念“混搭”广东“本土化”教育，外来教师与广东中小学教师、学生不同地域的文化观念的互补、适应和包容，改变了广东的教育观念，也在某种程度上激活了广东教育。

---

① 中国人口大迁移：一场你死我活的城市战争[EB/OL]. 科技传媒网，2016-09-18.

② 杨小秋，曲中林. 外来教师资源对广东省教师地缘结构的重构与教育贡献[J]. 教育导刊，2016(9)：40-43.

广东省人民政府督学钟院生曾经提出，广东必须形成尊重教师、尊重人才的良好社会氛围，实施以培养为主、引进为辅的人才队伍发展战略。随着各地教师源源不断而来，在广东这个教育相对落后的地区，外来中小学教师已经成为改变广东教育观念、推动广东教育事业发展、打造南方教育高地的一股特殊力量，他们对于提高广东省教育在全国的影响力起着不可或缺的推动作用。所以，要加速广东的教育事业发展就要特别重视引进外来中小学教师。[①]

（二）外来教师资源对广东中小学教师数量的影响

从历史到现在，广东都是人口迁移与流动最为频繁的省份之一。尤其是改革开放的今天，广东省已经成为工作调动迁移、大学毕业生就业、农民工外来务工的强有力引力中心，各类人口资源不断汇集广东，广东省迁移人口资源的数量关系如图 4－1 所示。虽然包括教师在内的知识型人口迁移是小样本，但这种迁移也日趋频繁和常态化。从整个中国来看，内地省份入学儿童逐年减少，加之较大规模的师范院校职前教师的培养，中小学教师数量相对充足以致过剩，而广东省外来人口多，人口稠密，适龄入学儿童多，中小学校数量多，师范毕业生数量有限，使得中小学教师资源呈现相对短缺的现状。作为一种人才资源的动态调节，内地教师迁入广东实属必然，如在深圳外来中小学教师已经成为主体，广州、珠海、东莞等地迁入的外来教师数量也较多。据广东省教育厅官网数据统计，广东省在中华人民共和国成立初期教师不到 10 万人，截止到 2018 年底，广东省教师数量达 144 万人，全国教师数量第一，其中外来教师所占比例超过国内其他省份。不断迁入的教师扩充了广东教师数量，丰富了广东的教师资源，并强力支撑着广东的教育“大厦”。

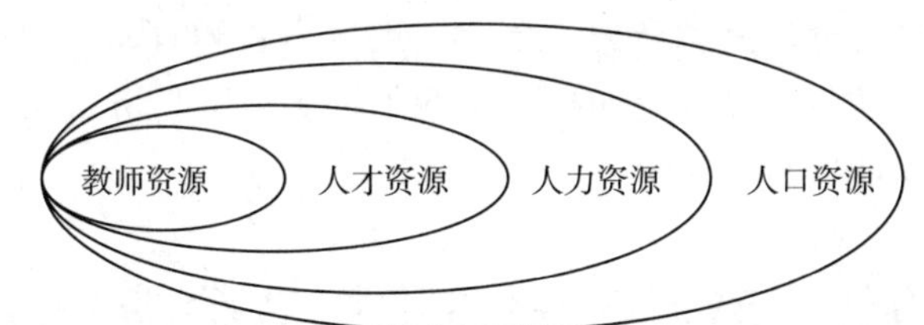

图 4－1　人口资源、人力资源、人才资源和教师资源的数量关系[②]

① 方遒. 关注外来教师，促进广东教育事业平衡［J］. 中国科教创新导刊，2008（7）：19－20.
② 曲中林. 广东省“强师工程”与省际教师迁移［J］. 教育导刊，2015（7）：63－66.

（三）外来教师对优化广东中小学教师队伍结构的影响

广东省（尤其是珠三角地区）是国内各类人才汇集的中心，不断完善的教育“市场”和教师迁入绿色通道，丰富了广东中小学教师职称、学历、学科、年龄和地缘结构。近些年来，广东省不断规范教师迁入条件，通过改进教师招聘和任用制度，教师引进以用为本，实现了教师准入、任用机制的创新。广东省合理设计选聘教师的方式、条件和适用范围，满足省内不同类别学校的教师需要和用人需求。具体做法包括：从全国范围内招聘高职称、经验丰富的教学名师、骨干；从国内重点大学招聘高学历毕业生充实到不同层次的中小学里；从东北、华北地区引进普通话较好的教师。通过中小学教师多元化引进的措施，促进了教师队伍的新陈代谢，形成了广东省中小学教师队伍结构的高学历、高职称、低龄化的特征，教师队伍结构不断得到优化，广东省中小学师资队伍发展再上一个新台阶。

（四）外来教师对广东教育质量的影响

作为我国改革开放的前沿地区，广东在改革开放初期是全国闻名的教育发展落后省份，其中最主要的表现就是师资力量薄弱，教育质量差，而今天的广东教育已今非昔比，已经吹响打造南方教育高地的号角，这其中离不开全国各地教师的大力支持。国内中小学教师“八方汇集”给广东教育以“选优”“择优”的机会，使广东省代课教师的数量不断减少，教育要素得到优化配置，人才聚集效应不断提升师资队伍整体素质的同时，中小学校办学质量和效益得到了显著提高。如广东有着浓厚的地方文化和地方方言，外来教师对推广普通话、提高民族文化的认同感、促使广东融入国家主流文化起到了显著的作用。

综上，人才资源是不可速生的珍贵资源，引进外来的中小学教师，借助其他区域的教育力量，借力升力，全力发展广东省教育，从追赶到超越，再到创新，完成“建设一支稳定的高素质的师资队伍”任务，实现打造我国南方教育高地的宏伟战略。

第四节　教师迁移与构筑教师精神高地

学校的成功、教育的发展离不开一批素质高、能力强、有精神追求、有激情的师资队伍。一所没有激情的学校，是没有希望的学校。激情是一种昂扬、积极的精神状态。迁移的教师充满激情，能带动迁入地教师的工作激情，促使整个学校处于一种昂扬的状态中。通过教师迁移，可以唤醒本土教师生活、学习、工作的激情，构建融合的教育文化，构筑教师精神新高地。

一、以教师迁移构建优秀的教师文化，厚植了迁入地文化品性

人口迁移与人口流动是全球化时代社会变迁的重要特征之一，按是否跨越国境来看，可将其分为国际移民与国内移民。《世界移民报告2018》的数据显示，国际移民人数已从1990年的1.53亿上升至2015年的2.44亿，国内移民人数超过了7.4亿。无论是国际移民还是国内移民，大多属于从经济落后国家（地区）往经济发达国家（地区）的人口移动，其中往往伴随着经济落后国家（地区）文化向经济发达国家（地区）文化的流动。

人口在空间上的迁移流动，实质上也是人们所负载的文化在空间上的流动。所以说，人口的迁移流动实质上也是文化的迁移流动。文化的迁移流动一方面促进了社会的发展，传播了先进的农业生产技术和手工业技术，提高了生产效益，使经济得到发展；传播了语言、文字、宗教、建筑、艺术等各种文化，提高了人们的生活水平与质量。另一方面，从民俗文化上看，文化的迁移流动促进了各民族之间相互学习借鉴，从而使各自的思想观念、生活饮食、风俗习惯等发生了变化，又形成一种新的进步的思想观念和文化。

人口迁移流动对新文化形成的影响，最典型最显著的是对迁入地新文化形成的影响。不同文化类型的交流使各种文化形态增生出许多新的文化因子，促进文化的改组和新文化诞生。文化动力的外源因素在许多情况下，不仅仅是不同文化类型的交流，而且还包括外来文化的猛烈冲击。虽然外来文化不一定是当时的先进文化，但往往会以一种清新、奇异的文化，打破之前陈旧、僵固的文化格局。外来文化这种打破旧格局、创造新格局、催生新文化的功能，是文化发展的重要动力之一。作为不同文化主体的人口的迁移流动是导致不同文化类型交流的基本原因之一，特别是来自不同地区拥有不同文化的人口集中前往一个地区，人口迁移流动对迁入地新文化形成将产生重要影响。

随着粤港澳大湾区时代拉开帷幕，珠三角地区会流入更多的优秀教师资源，粤港澳地区的教育交流与合作需要迈出新的步伐。从世界未来发展的大势来认识和推动这种区域间的交流与融合，应该突破过往只注重经济、科技、商业等层面交融的思想和观念，意识到人文思想、教育的交融也同样重要，并且具有不可低估的长远意义。以教师迁移构建优秀的教师文化，一方面，粤港澳大湾区内的学校应该积极合作，顺应时代发展，实现资源共享、优势互补，充分利用优质教育资源，打造粤港澳大湾区教师人才引进与培养的更大平台。另一方面，在融合粤港澳大湾区内教师资源的优势的基础上，突破

现有地域上、制度上和观念上的局限和束缚，强化粤港澳大湾区的教育合作与创新交流，从文化融合再到文化创新，重构珠三角教师精神高地。

二、迁移的教师寻找自己精神成长的“沃土”，构筑精神成长新高地

教师作为“文化人”，在外界环境的影响作用下会显现出诸多文化特性，形成具有自身特色的文化体系——教师文化。一般来说，教师文化是指“教师基于其特定的职业生活方式而形成的独特的价值观念、思维方式和态度”。细化来讲，它主要包括教师这一职业群体的教育理念、思维方式、价值取向、职业意识、态度倾向和行为方式等。教师迁移流动文化作为一种特殊的文化形式，具有自身独特的文化品性。教师流动文化品性作为教师流动文化所具有的一种应然追求，关涉的是教师流动文化中所蕴含的丰富品格特点，体现的是教师流动文化所具有的独特的内在特征，提升了教师流动文化的品质。

（一）迁移流动的教师增强了职业幸福感

人的自我实现，不仅仅是物质待遇与职务晋升，还有自主呼吸的精神感受。点亮教师个人发展空间，教师寻找自己精神成长的“沃土”，让个人发展极具可预见性，建立“精神感召”高地。引进、培育优秀教师，社会、学校要善于构建和谐高质量的“精神感召”高地。①

从农村迁移流动到城市，从薄弱地区迁移流动到发达地区，往往是一个教师事业成功的表现。允许优秀教师正向迁移流动、多向迁移流动，甚至跨行业流动，不仅可以最大限度地发挥教师的聪明才智，还能最大限度地提高教师的职业幸福感，增强教师的自我满意度。

（二）迁移流动的教师工作成就感更强②

教师流动主体文化是教师内心价值观念的最直白体现，是教师对教师流动这一行为的内心真实想法和价值定位，它成功地将教师的个人价值追求与教师流动的最终目的结合在一起。教师流动主体文化能够将流动教师的价值观念凝聚到一起，形成共同的价值观念，进而规范其流动的方向与目标。有什么样的教师流动文化，就会产生什么样的教师流动行为，就会反映出什么样的教师流动倾向，呈现什么样的教师流动追求。

1. 迁移流动的教师的知识发展

教师流动文化重视教师的知识发展。知识是发展的基础，不掌握知识就

---

① 邓文圣.“需要”是教师流动的打开方式[N].中国教师报,2018-5-9(3).

② 谢延龙.教师流动论[M].南京:南京师范大学出版社,2016:335-338.

无法获得发展，“教师专业知识发展是教师专业发展的核心”。中小学教师流动过程中，流动教师应将自身的专业知识发展放在重要的地位，通过进行合理有效的流动，以实现专业知识的不断更新与提高，满足教师流动文化“发展”品性的基本要求。根据功能的不同，教师的专业知识可以分为本体性知识、条件性知识、实践性知识与文化知识四个类型。通过教师流动可能实现的知识，主要是教师的本体性知识和教师的实践性知识。

教师流动可以实现教师的本体性知识发展。教师的本体性知识是指教师所具有的特定学科的专业知识。它作为一个开放的知识系统，需要不断地与外界进行交流，并适当地发生改变，才能符合特定时代背景下的学科发展、教师发展和教育发展的共同要求。教师流动打破了学校之间的藩篱，增加了教师相互交流学习的机会，便于同学科的教师在整个区域内自然形成学习与发展共同体，进而促进教师本体性知识的增长与发展。

教师流动能够实现教师的实践性知识发展。教师的实践性知识是指教师所具有的课堂情境知识及与之相关的知识。教师流动使教师从一所学校到另一所学校，教师的教育教学实际情境发生了改变，教师原有的知识已经无法全面应对新学校环境带来的挑战，这就促使流动教师必须进行相应的变化，以适应并逐渐改变新环境中的教育教学。在这个过程中，流动教师的实践性知识得到了更新和发展。也就是说，流动给教师提供了一个新的实践情境，新的情境带来新的挑战，新的挑战促使教师改变，改变的过程就是教师实践性知识发展的过程。

2. 迁移流动的教师的能力发展

教师流动文化关注教师的能力发展。中小学教师在流动过程中，应把实现自身能力的提高作为重要的追求。教师通过流动可以促进教师的能力主要表现为两方面，即教师创新能力发展与教师实践能力的发展。

教师流动有助于促进教师创新能力的发展。根据美国学者库克提出的创造力曲线理论，教师的创造力处于“S”形变化中，需要历经增长、稳定、衰落的变化周期。要使教师的创造性能力保持在一个良好的状态，就需要在一定的时间段采取积极的措施激发他们的创造热情。如果教师对现在的工作环境产生倦怠，或现在的工作环境已经无法满足教师的需要，对教师的创造能力已经产生抑制的作用，那么，促进教师进行流动就变得十分必要。教师进行合理、适度的流动，能够重燃工作激情，开阔教学思路，激发创新能力，使其自身朝向良性循环的方向发展。因此，教师通过流动可以实现自身潜力的最大限度发挥，满足不断发展的需求。

教师流动还能有效促进教师实践能力的发展。一方面教师实践能力的提升，要靠教师间互相交流彼此的实践经验，教师流动可以带来不同地域或学校间教师的交流和切磋，在互相的交流过程中，不断汲取别人有益的实践经验，进而提高自身的教学实践能力。另一方面，教师实践能力的提升，要靠不断经历不同的实践环境，通过在不同环境下不断锻炼和提高自己，进而提高实践能力。教师流动对流动的教师而言，意味着从一个教育环境到另一个新的教育环境，这就要求流动教师通过自己的亲身实践来克服新环境带来的挑战，而这个过程也正是教师提高实践能力的过程。总之，教师流动过程对于教师的实践能力是一个提升的过程，它不仅能够带动流动教师自身教学实践能力的发展，同时也能带动其他教师教学实践能力的同步提高。

3. 迁移流动的教师的人格发展

教师流动文化重视教师的人格发展。教师的人格具有重要意义，它具有其他任何教科书、道德箴言、奖惩措施所不具备的教育力量，是教师在其职业劳动过程中形成的优良的情感意志、合理的智能结构、稳定的道德意识和个体内在的行为倾向性，主要由教师健康人格、教师创造性人格、教师智慧人格、教师道德人格构成。教师流动能够实现教师多方面的人格发展。

第一，教师流动能够促进教师的健康人格发展。当前随着社会的高速发展，教师的职业竞争日趋激烈，教师的工作压力日趋加大。教师通过流动，一方面能够激发自身的竞争意识，增强自身的进取精神；另一方面能够通过改变环境以调整自己的心态，增强教师面对社会流动、工作压力、个人挫折的心理适应能力。

第二，教师流动能够促进教师的创造性人格发展。教师的流动意味着教师要面对一个全新的教育教学环境，这种崭新的教育教学环境能够成为教师创新精神、创新激情、想象力二次增长的重要激发点。以此为基础，教师的创造性人格得以激发，进而通过教师创造性发展的努力，实现自我创造性人格的发展。

第三，教师流动能够促进教师的智慧人格发展。伴随着教师流动，教师无论是在知识层面，还是能力层面都得到显著提高，教师能够更加有效地传授学科知识，更为合理地解决教学突发问题，更加有效地处理师生关系，教师的教育教学智慧体系得到扩充，智慧人格不断发展。

第四，教师流动能够促进教师的道德人格发展。流动是教师进行对比的前提，而对比是教师进行反思的基础。流动教师把自己与流入地的优秀教师进行对比后，就会主动反思自己在专业发展、人生规划、生活方式、道德修养等方面的理念和行为，以反思求发展，不断促进自身道德修养的提升。教师流动为教师人格发展提供契机，流动教师主体要树立正确的价值取向，致力于通过流动实现自身道德人格的发展。

（三）教师迁移流动能够增强教育行业的吸引力

2018 年，中共中央、国务院印发的《中共中央国务院关于全面深化新时代教师队伍建设改革的意见》，明确了新时代教师队伍建设的目标任务：经过五年左右努力，教师培养培训体系基本健全，职业发展通道比较畅通，事权、人权、财权相统一的管理体制普遍建立，待遇提升保障机制更加完善，教师职业吸引力明显增强。教师队伍规模、结构、素质能力基本满足各级各类教育发展需要。该文件突显教师职业的公共属性，强化教师承担的国家使命和公共教育服务的职责，确立公办中小学教师作为国家公职人员特殊的法律地位，明确中小学教师的权利和义务，强化保障和管理。

教育要高质量发展，就得有高质量的教师队伍来支撑，而高质量的教师队伍就得有注重质量导向的教育体系来保障和助推。教育质量高不高，关键看人。如何用更多的投入、更好的制度，吸引更多的人才进入教师队伍，并且能留得住人才，用得好人才，让人才安心当好教师，用心教好学生，是决定一个国家教育体系发达与否的根本。在政策、体制框架下，允许教师有序流动，不仅能在行业内部流动，而且还能实现社会大流动，教师队伍的活力才能增强，其他行业具有教师资格的优秀人才也能源源不断地流动到教育行业，让教师来源更加充沛、补给更加科学。如此，教师行业的吸引力会越来越强，教师队伍的代谢力会越来越大，教育观念的更新会越来越勤，教育质量的提升会越来越明显。

第五节　教师迁移的负效应

教师数量、质量和结构影响着教育发展水平，因此，均衡分配教师资源和稳定教师队伍在推动区域间教育均衡发展中起着至关重要的作用。拥有一支数量充足、结构合理、业务精湛、稳定的教师队伍是教育发展的关键。

一、趋利性、无序的教师迁移对教师资源配置产生负面影响，影响区域间教育均衡发展

教师是教育第一资源。教师的迁移对教育乃至社会秩序的稳定都有一定的影响，尤其对教师资源配置产生深刻影响。政策性的教师迁移有利于教师

资源配置结构性平衡，对老少边穷地区教育是一个强有力的支持。趋利迁移造成教师资源配置的结构性失衡，即教师资源在不同地区、学校及学科之间配置不均，导致即使在教师总量充足的情况下某些地区、学校、学科教师仍然短缺，仍然无法满足教育发展需要。在我国，由于城乡差别、地区差别以及经济发达地区引进人才优惠政策导向等原因，教师资源配置的结构性失衡长期存在，主要体现为教师资源配置结构性的城乡失衡、地区失衡、校际失衡、科际失衡。教师迁移不仅影响学校的教师地缘结构和学校组织的稳定，大规模的教师迁徙还影响着整个教师群体的地域构成和教师资格水平。由于我国社会主义市场经济体制还不完善，教师迁徙的法制、法规不健全，教师迁徙更多地表现出一种不合理乃至无序的状态。农村地区、西部等经济落后地区教师流失严重，教师资源匮乏；而城市、东部经济发达地区教师积压，已经造成人才浪费。经济落后地区的现实就是：好教师走了，老教师留下了，频被“抽水”，农村教师队伍面临断层。①

教师迁移流动尽管有一定的合理性，但长期以来单向流动是教师流动的主要态势，我国中西部地区的智力流失状况是令人触目惊心的，破坏了区域间教育均衡发展。教师无序流动会扰乱正常的教学秩序，造成教师队伍整体素质下滑，拉大校际之间的差距，无论是对学生，还是对学校，或是对一个地区教育的均衡发展都会造成不良后果。② 中西部地区教师流失，尤其是中部地区优秀教师的流失，一方面加剧了中部地区的“择校热”。教育过程是一个连续性的过程，相应地就需要教师队伍能够保持稳定，教师流失了，打乱了正常的教学秩序，就会影响学生的学习进度。社会实践决定社会意识，社会经济发展了，作为社会意识的教育观念也随之更新，人们现在要比以往任何时候都重视教育，对于优质教育资源需求量越来越大，维护教育公平的意识也更强。对学习成绩好的或家庭条件好的学生来说，优秀教师流失，师资水平下降，会迫使他们重新择校，涌向师资质量更高的学校，这样就加剧了校际之间的生源不均。另一方面，中部地区优秀师资的流失拉大了区域间教育的差距，造成“中部教育塌陷”，破坏区域间教育均衡发展。教师单向流动，使得教师资源配置出现人为的差距，经济发达地区教育水平越来越高，欠发达地区的教育由于优秀教师的流失而每况愈下。王远伟基于31省的教育数据的实证分析，证实中部地区教育发展水平在全国处于明显落后的地位，

---

① 杨小秋，曲中林. 教师的迁徙：成因、效应与发展态势[J]. 教育理论与实践，2013(10)：32－36.

② 谭有模. 广西农村小学教师流失问题研究[D]. 桂林：广西师范大学，2009：16.

形成“中部教育塌陷”。[①]

二、教师跨国迁移的负面效应[②]

由于优质教育资源的稀缺性和社会经济发展的不均衡性，教师跨国迁移流动尽管被视为有效推进教育国际化的实践策略，然而其并非能够被大多数人员享有。在很多情况下，传统国际化模式往往呈现出“马太效应”（Matthew Effect），即“多者愈多，贫者恒贫”。这是由于那些能够进行跨国流动的教师本身在国内便是优质的教育资源，他们具备较强的智力资本；而那些无法实现跨国流动的“贫者”则由于缺乏国际视野的冲击与跨文化能力的培育而拉大与前者的差异。这种“差异”的形成显然有悖社会公正性的要求。[③]从我国的现实情况看，教师跨国迁移的积极性远远大于其消极的一面，但也不可否认其消极性的存在。

外籍教师迁入的消极影响在于：第一，全球教育市场是一把双刃剑，外籍教师的大量迁入对我国教育、政治安全存在着潜在的威胁；第二，跨国迁入我国的教师拥有自主权，并无须负社会责任，同时限于我国高校的实力和客观条件，外籍教师层次还不高。目前多数高校外籍教师在我国主要承担外语教学工作，而承担前沿课题教学，担任研究生导师，开展学术研究、科技创新的较少，还没有真正发挥引进的实质效应；第三，对外籍教师管理分散、协调不力，缺少长期性、稳定性的市场流动机制，没有形成完善的海外高校教师迁入的工作管理体系，缺少法律法规上的指导和机构体制上的保障，因此，对我国高等教育事业发展影响有限。

“中籍”教师跨国迁出的消极影响在于：迁移的教师同原住地社会剥离开来，让他们在为教育所展开的现代性想象的引导中，远离了自己脚下的土地，更多地成为无根的存在，成为置身他乡之中的漂浮的精神流浪者。跨国迁移最大的负效应是人才流失。美国《新闻与世界》周刊 2017 年的一项调查显示，目前高校精英、科技人才从不发达国家流向发达国家，在过去 25 年的时间里平均每年达到 25 万人。世界人才流动正在形成一个人才“马太效应”——越是缺乏人才的地方越是留不住人才，人才越多的地方越是招揽人才，其结果就是贫穷者愈加贫穷，富裕者愈加富裕。我国在改革开放后出国

① 王远伟. 我国“教育中部塌陷”现象解读——基于省际教育数据的实证分析[J]. 教育发展研究，2010(3):42－47.

② 王贵林，曲中林. 高校教师跨国迁徙特征及其对我国的影响[J]. 江苏高教，2010(2):80－82.

③ 张伟，刘宝存. 在地国际化：中国高等教育发展的新走向[J]. 大学教育科学，2017(5):10－17.

的移民中，留学人员、知识型人才占了很大比例。这些由我国付出巨大教育成本培养出的人才，在科、教、研领域，特别是能够创造高附加值的知识经济领域为移居国工作，对急需发展人才的我国无疑是一种损失。另外，大量高知识和高技术教师的迁移使我国的人才安全问题日益突出。

第五章　基于教师迁移的粤港澳大湾区教师高地建设策略

一个国家如果不走创新驱动发展道路，就不能真正强大起来，只能是大而不强。强起来要靠创新，创新要靠人才。发展是第一要务，人才是第一资源，创新是第一动力。高素质师资作为一种稀缺资源，具有高层次性、高创造性、高自主性等特征，是世界上任何一个国家或地区都在争夺的稀缺资源，是教育的第一资源。广东省实施人才强省战略，就应把教师迁移作为“引智”“引师”工作的重要路径，大力推进粤港澳大湾区教育和教师新高地建设。

第一节　落实教育优先发展基本国策，践行人本化的教师迁移流动管理理念[①]

《国家中长期教育改革和发展规划纲要（2010—2020年）》中提出“教育优先发展”的战略思想，由此可以看出我国已经把教育放在非常重要的地位，证明我国已经看到教育对现代社会发展和进步的重大意义。应重视和发挥教育的功能，落实“优先发展教育”的基本国策，重在形成尊师重教的社会风气，践行人本化的教师迁移流动管理理念，提升教师职业“引力”，培育和引进优秀教师人才，不断提升教师队伍的整体素质。

一、教师迁移流动管理中应尊重教师个体

教师区域流动管理过程中要尊重每一位教师。任何人都有自尊心，都希望得到他人的尊重和理解，对于知识型人才的教师来说更是如此。教师渴望被尊重，希望管理者能够从思想上和行为上给予自身高度肯定，重视自己的观念与价值。尊重是教师管理的核心要求，尊重需要的满足能够使人产生积极的情感和亢奋力量，能够使人更好地发挥自身的主动性、创造性与积极性。

---

① 谢延龙. 教师流动论[M]. 南京：南京师范大学出版社，2016：338－344.

在教师迁移流动人文管理中要尊重教师个体，去除以往科学管理中只求效率、忽视人本的弊病。具体来说，管理中尊重教师个体，意味着尊重教师的个人意愿、尊重教师的选择权利、接受教师的个体差异存在。

首先，尊重教师的个人思想是教师迁移流动人文管理的基本前提。要实现人文管理，就必须充分考虑教师的真实想法，只有教师的迁移流动自愿自觉、权益得到充分保障时，这样的流动才有活力。当然，这里所说的要“尊重教师的意愿”是相对的而非绝对的。工作中所要尊重的是教师所表达的积极的、强烈的、有利于自身进步与教师流动发展的合理意愿，而非教师偶然产生的、不成熟的或单纯以利益追逐为目标的不合理意愿。

其次，管理过程中要尊重教师的选择权利。教师作为独立个体，具有思维和决策能力，具有职业的规划权和选择权，教师迁移流动管理过程中要尊重教师的选择权，尊重教师的主体地位。

最后，还要尊重教师的个体差异。每个教师都具有独特的性格特征与行为取向，这要求迁移流动管理过程中要根据教师的不同类型、不同需要、不同追求，给予差别化、层次性的管理，实现教师的全面发展，杜绝“一刀切”模式下忽视教师差异的管理行为产生。人文管理中强调对教师个体的理解与尊重，确保教师迁移流动管理中“人文”品性的彰显。

二、教师迁移流动管理中应关注教师内心

教师迁移流动管理过程中要关注教师的内心。人与“工具”“物”有着本质的区别，人有着器物所不具备的丰富的内心感受、情感表达与内在需要，一味抹杀人的主观能动性与心理情感，管理过程就会表现出极强的机械性与工具性，实现教师迁移流动管理的“人文”品性要求，就要在管理过程中时刻关注教师的内心动态。

关注教师的内心最重要的是关注教师的内在需要。管理学基本原理表明，需要是产生行为的原动力，发现教师的需要并满足教师的需要、提升教师的需要是教师管理的重要理念。具体来说，在管理过程中首先要发现并识别教师的需要，辨别教师的需要是基本的物质需要，还是较高层次的精神需求，并在此基础上有针对性、区别性地实施管理，以促进教师不同需要的满足。如学校的教师中，有的教师表现出强烈的自我价值实现需要，管理者应该积极地正视教师的这一需要，当其在原有的工作环境中无法得到满足时，就应该积极地推动教师进行迁移流动。同时管理者要想避免教师大量集体迁移流动，就应该调整管理策略，积极地创造条件，尽量满足教师的各项需求，使

教师能够安心工作，避免教师集体外迁、外流的局面产生。

关注教师内心的同时还要关注教师的内在情感。管理者在教师迁移流动管理过程中要正确对待、处理教师的内在情感，使自己作出的决定在教师的情感接受范围之内，采用的管理手段要刚柔交错、容易接受、被人认可，避免产生过激行为。虽然在教师迁移流动管理的过程中很难满足教师的全部需要，也很难照顾到教师的所有情绪，但也要尽可能地关注到教师的内心，使教师感受到温暖与关怀。总体来说，关注教师的内心情感与内在需要，是教师迁移流动管理“人文”品性的突出表现与核心要求。

三、教师迁移流动管理中应重视教师价值

教师迁移流动管理应把教师放在最高价值的主体地位来尊重，肯定教师的作用和意义，强调教师在世界上追求人生价值的实现，追求更高尚的精神意境。教师迁移流动管理文化要凸显“人文”品性，就必须在教师迁移流动管理文化中树立“以人为本”的管理理念，强调教师的主体性地位，注重教师个人价值，通过有效的管理，促进教师个人价值与管理目标的共同实现。

教师迁移流动管理中应重视教师价值，重视教师主体价值的发挥。教师作为知识的传播者，其自身价值表现在拥有深厚的专业知识与丰富的教学经验上。尤其是一些学校的骨干教师、学科带头教师，往往代表着一所学校的最高师资水平，决定着一所学校的整体教学质量，其自身价值之大足可见之。因此，在教师区域流动管理中，要重视教师的自身价值，认清教师的专业特长，将教师放在自身价值能够得到最佳发挥的岗位上。

教师迁移流动管理中应重视教师价值，重视教师自我价值的实现。当教师基本需要得到满足后，教师自我价值实现的需要就表现得相当强烈，如果原有的工作环境不能满足教师自我价值的实现，教师就会流动到新的、适宜的工作环境中去。因此，在教师迁移流动管理过程中管理者应该通过多种途径与手段，积极地引导、促进和保障教师实施以自我价值实现为目标的迁移流动，最终实现教师个人、学校和教育事业的共同发展。

四、教师迁移流动管理中应强调教师参与

人文管理理念强调一种全员参与式的管理，管理人员与普通员工并非简单的“命令—服从”关系，而是一种分工合作的关系。在这一关系下，管理者与执行者不再是对立的，而是互为彼此，在工作中不断转换职能的两种角色。在组织管理中，领导者要摆脱以往只把下属当作机器，只赋予其执行指

令角色的做法，给予他们更多的机会参与思考、判断、计划与决策，使每位成员都享有相应的权利、分享知识和信息、获得合理的工作报酬。教师迁移流动管理中要真正体现“人文”意涵，就要突出教师的主体地位，强调教师的管理参与权利，保障管理决策能够代表基层教师心声。具体来说，强调教师的参与精神，就是要建立“民主开放”的教师迁移流动管理模式，打破原有管理模式筑起的重重壁垒，支持教师参与日常管理工作。

教师迁移流动管理中要保障教师参与流动管理的权利。人只有真正自觉自愿地成为参与者，才能释放出更大的潜能。教师作为迁移流动的主体，是教师流动实施的核心。教师参与学校教师流动管理决策的制定与实施，能够更好地掌握教师群体的思想观念与个体发展的需要，制定出更为科学、更为有效、更能满足教师需要的教师流动管理体制，有利于教师发展以及管理的有效性。

教师迁移流动管理中要积极对待教师提出的建议与要求。在教师迁移流动管理过程中要高度重视教师提出的建议，根据需要适时做出回应，在教师与管理者之间形成一种良性的沟通与反馈。教师作为教师迁移流动行为的实施者，他们的要求与建议往往是根据教师流动管理中的切身感受和实际遭遇而提出的，更具有采纳价值，更符合广大教师的要求。

教师迁移流动管理中应保障教师能够及时获取流动信息以及管理决策，打破“封闭化”管理模式下信息传达的闭塞不通，使每个基层教师都能在第一时间掌握学校教师迁移流动管理的最新动态。可以说，强调教师的参与精神，凸显教师的主体地位，是实行教师流动人文管理的重要保障。

五、教师迁移流动管理中应不断提升学校组织对迁移流动教师的吸引力

在“引力”“流力”问题上，教师迁移流动的内驱力应努力实现从“政策外驱力”向“教师发展内驱力”的转变，通过搭建有利于教师成长和发展的平台对外部教师产生吸引力。有研究表明，“环境与经济变量、个人特征以及组织特征”[①] 是影响教师迁移流动的三大关键要素，因此，改变学校教师发展环境，提升学校组织的吸引力，是促使教师迁移流动的重要入手点。在这一意义上，国家以及地方政府应致力改变的是学校的改革内涵，致力于

① Liu S, Onwuegbuzie A J. Chinese teachers' work stress and their turnover intention[J]. International journal of educational research, 2012(2).

激活学校的发展活力与改革意识，尽力释放学校改革的潜能与优势，将之建设成教师开展改革实验、切磋教学艺术、交流教改经验的研究基地，成为优秀教师的成长与发展的基地。①

在组织理论看来，个体之所以基于生存需求而依附于组织，是因为社会充满了风险，个体只有加入比自己更强大的组织，才能减少生存的不确定性，进而获得本体性安全。同时，个体总是希望依附于强大的组织，因为组织的力量越强大，组织对个体的支持力才有可能越强大。基于这种认识，学校组织需要主动向流动教师展示其内在的力量，一种是学校现实力量的展示，比如向流动教师介绍学校悠久的办学历史和现在的办学质量；另一种是学校潜能的展示，比如向流动教师描绘学校的美好愿景。②

教师迁移流动前、后的学校在物质条件、社会声誉、学校文化、组织管理等方面的差异，都会深刻影响新的组织认同产生。在新学校诸多方面落后于原学校的情况下，组织认同重塑尤为不易，甚至会遭到拒绝。如果教师迁移流动起来，却难以对新的工作单位产生认同，不仅阻碍学校内部团结和工作绩效提升，流动教师也会产生焦虑、彷徨等心理问题。提升学校组织对迁移流动教师的吸引力，引导教师重塑学校组织认同，成为学校必须思考的重要命题。

六、教师迁移流动管理中应重视迁移教师的社会适应与融入

迁移流动教师的社会融入问题不能简单地理解为流动教师适应流入学校环境的问题，而应归结于多种因素综合作用的结果，是一个多向互动的过程，应注意流动教师社会融入主体、内容及过程本身的复杂性。首先，在融入主体方面，流动教师的社会融入涉及三个层面的关系，具体来说，流入教师处理个人自身与团队整体的关系；而且作为团队的一员，还涉及团队内部与外界之间的关系处理问题。因此，个体因素、群体因素、组织因素等都是影响流动教师社会融入的因素。再者，流动教师的社会融入过程具有内隐性，与各方的文化观念和行为规则等软环境密切相关。流动教师的社会融入既是流动教师个体的学习过程，也是组织为了确保流动教师认同和遵从组织的共同价值观与规范而采取措施的管理过程。融入的过程是流动教师的认知、情感、社会关系和行为发生重大变化的过程，也是流动教师与新的工作单位交互作

① 龙宝新. 论教师专业发展取向的区域教师流动工作系统[J]. 教育发展研究,2017(6):27－34.

② 徐志刚. 流动教师如何重塑学校认同[N]. 中国教育报,2013－12－27(6).

用，以实现这些变化的过程。融入既需要流动教师的主观意愿和努力，也需要组织的认可与尊重。①

由被动接受转向自我调适，由格格不入转向融合共生，让流动教师迅速参与学校的学习组、研究组等学校亚组织，促使流动教师融入教师群体文化的亚文化中，亲密的伙伴、共同的目标、相互的信任、频繁的交往，会使流动教师对亚组织的归属性认同潜滋暗长，而这种认同会转移到对学校的认同。人的本质不是单个人所固有的抽象物，在其现实性上，它是一切社会关系的总和。这种社会关系存在于群体之中，其中包括文化关系。流动教师的角色适应离不开学校文化环境“沃土”给予的充足养分，以及和谐包容的教师群体文化氛围的感染和熏陶。教师群体文化作为学校文化附属的一种亚文化，尤其依赖学校提供的支持性文化环境。学校教师群体内部需要主动变革与调适，生成兼容并蓄的精神文化环境，加大流动教师的融入。学校以开放民主的制度文化，为流动教师与本土教师提供交流合作的契机，促进流动教师与本土教师更广泛的接触与对话。②

第二节　构建科学的区域迁移流动秩序，规范教师合理流动

作为教师的迁入地，珠三角地区应加快建设粤港澳教育合作示范区，强化教师高地建设的有效策略，创造更具吸引力的引进教师环境，实行更积极、更开放、更有效的教师引进政策。对教师迁出地来说，教师流失对迁出地短期内是不利的，但是从长时期看，通过回迁补充，可以提升迁出地人力资本，人力资本迁出对迁出地也开始发挥促进作用。

一、政策层面的规范与引导

完善相关配套的政策、法规体系，出台有利于促进教师合理迁移流动的政策，明确政策允许和提倡的教师流动范围、期限、时间、对象等，制止教师迁移流动中的不法行为和不正当的竞争。教师迁移流动政策、法规的不健全，会导致两种情况：一是造成教师的无序迁移流动，二是地方政府、学校

① 高慧.高校教师流动的社会融入：问题与改进策略[J].湖北社会科学，2019(3)：162－168.

② 蒋维西，陈睿睿.中小学流动教师角色适应的实然困境与应然路径[J].教育导刊，2017(11)：68－72.

越权行使权利。要让教师迁移流动政策成为激发教师向上的动力，就必须坚持有序流动、规范流动、多向流动。不讲规则的流动定会损害教育的内在秩序。有的学校为聘到优秀教师乱许条件，不要任何人事档案就可以把人挖走；有的学校不讲政策，不从大局出发，把优秀教师轮岗变成了“劣质教师发配”，借机把表现不好、教学水平不高的教师交流出去；还有的学校以教师流动为名，把教师流动变成处罚教师的手段。教师流动是教育发展的动力，既有利于教育事业发展，也有利于教师个人成长。对于流动的渠道，不宽的要拓宽，不畅的要疏通，不应将教师迁移流动的渠道堵死。

现实中普遍的情况是：一方面是渴求优秀师资的教育发展薄弱地区，一方面是遏制不住的“孔雀东南飞”，越来越多的优秀师资向北上广深等一线城市迁移流动，是堵还是疏？2019 年 1 月 11 日，国家人力资源和社会保障部发布的《关于充分发挥市场作用　促进人才顺畅有序流动的意见》（人社部发〔2019〕7 号）给予这样的规定“坚持规范有序”。文件要求“坚持正确的人才流动导向，坚持尊重人才流动规律，强化人才诚信意识、自律意识，引导人才依法依规良性有序流动，因地制宜制定人才政策，促进人才链与创新链、产业链精准对接，避免同质化和恶性竞争”。

在市场经济条件下，教师迁移流动是为了更好地配置资源，提高资源利用效率。教师作为教育资源的一种，其合理流动有助于缩小教育发展的差距，促进教育均衡发展。但是目前单向流动是教师流动的主要态势，一定程度上影响了区域间教育均衡发展。为此人力资源和社会保障部《关于充分发挥市场作用　促进人才顺畅有序流动的意见》中，在“深化区域人才交流开发合作”方面提出了四点要求。第一，根据国家主体功能区布局，建立协调衔接的区域人才流动政策体系和交流合作机制，打破阻碍人才跨区域流动的不合理壁垒，引导人才资源按照市场需求优化空间配置；第二，加快“一带一路”建设、京津冀协同发展、长三角、粤港澳大湾区等区域人才开发一体化进程，实现人才标准统一、信息共享，推进评价结果互认，支持海南省打造对外人才开放高地；第三，创新区域人才交流开发合作载体，开展人才公共服务机构、人力资源服务企业和行业协会等多种形式的区域人才交流开发合作，促进与项目、资金、技术有效结合；第四，构建区域人才交流开发合作信息网络平台，实现人才供求信息、薪酬信息、政策信息、培训信息等各类信息资源的互联互通。

在教师迁移流动政策层面，主要分为两大类：一类是在政府统筹安排下、在特定区域范围内，优秀校长、教师实行轮换交流，做到优质资源均衡使用；

另一类是在政府主导下，特定地区或者学校面向全国或者全县公开选聘优秀教师，给优秀教师提供更大的舞台和发展空间。以上两类政策，不论是对推进教育整体发展还是对教师个人的专业成长，都具有积极意义。有人认为，条件较好的地区公开选拔优秀教师会使教育发展薄弱地区雪上加霜，因此主张对贫困落后地区的师资实行“保护性冻结”，只准进不准出。这种“只准进不准出”的政策，表面上留住了优秀师资，实际上不利于教师的成长和教师积极性的调动。允许教师流动，尤其是允许教师向上流动、多向流动、跨行业流动，对于促进教师的成长发展、增强教育行业的吸引力有非常重要的作用。①

二、政府和教育行政部门应加强对教师迁移流动的宏观调控

教育是培养人的社会活动，根据西方公共产品理论，教育兼有“公共产品”和“私人产品”的属性，因而可视其为准公共产品。② 在市场经济条件下，教育作为准公共产品，应该由政府和市场共同提供，教育资源的配置不能完全由市场发挥作用，政府应在教育资源配置中起基础性作用。教师资源是一种重要的教育资源，政府应对教师资源实行均衡配置，促进教育均衡发展。由于我国地域辽阔、人口众多，加上以往推行“非均衡发展”战略，造成区域间经济水平和教育发展水平差距巨大，要促进教育的均衡发展，必须充分发挥政府的宏观调控和干预作用。教师作为劳动力的一种，在市场经济条件下，教师流动也要遵循市场规律，但教师又不同于一般的劳动力，有其自身的特殊性，承担教书育人的使命，因而不能完全由市场来调节，还是需要政府的宏观调控，合理配置教师资源，实现教育公平。

政府和教育行政部门在对教师的迁移流动进行宏观调控时，应强化各方利益主体的责任。在上级教育行政部门对下级教育行政部门、学校和教师，以及教师流动政策中各自的权利、责任和义务及它们之间的关系方面，作出合理而明确的界定，使之各尽其责。对于国家教育行政部门来说，应尽快制定促进教师合理流动的政策，充分根据人性的特点设置并实施教师流动政策，激励教师参与流动，充分尊重教师的流动意愿，让教师在流动中充分享有话语权，不让教师有抵触情绪，尽可能满足教师的流动意愿。各省级教育行政部门，负责本省的教师流动政策的统一性及规范性，并加强对教师流动政策

---

① 唐亮. 美国中小学教师人才流动激励政策研究[D]. 杭州：杭州师范大学，2017：42－43.

② 〔美〕J. M. 布坎南. 公共财政[M]. 北京：中国财政经济出版社，1991：356.

执行的监督和纠正。各市、县的教育行政部门负责辖区内的教师流动的计划安排和组织实施工作，发布教师流动实施方案与实施细则。对学校来说，鼓励政策的实施，配合教育行政部门及相关部门，做好教师流动人员的选派接收和管理服务的工作，共同督促政策的实施。教师作为政策实施的对象，通过加强对政策实施过程的监控与评价，让教师从被动状态转变为主动状态，使教师流动政策推动教师流动前进。

我国各级教育行政部门应加强对教师流动政策的追踪调查和实效研究。为了保证政策的有效实施和了解政策的实际成效，在政策实施过程中需要对其进行跟踪调查，并在教师流动政策结束后开展实效研究。跟踪调查教师流动政策的实施情况，一方面可以引起相关部门对该项政策的重视，防止懈怠状况的发生；另一方面可以了解政策实施过程中存在的具体问题，对这些问题提供可供借鉴的解决之策，并对表现突出的个人和集体进行表彰，激励其继续努力，为基础教育的发展贡献力量。教育行政部门在对教师流动政策进行实效研究时应以此为标准，先概括政策的实施情况，然后总体评价其是否完成了既定目标，再调查参与主体或政策相关利益主体如校长、教师、学生和家长等对该政策的评价与看法，分项列出做得好的方面和所取得的成绩，并指出存在的问题和进一步改进的方向，为本次政策的工作开展画上圆满的句号，并为后续相关政策的制定与实施提供可供参考的宝贵经验。①

三、不断完善教师迁移流动供求信息系统，确保教师合理流动

（一）建立全国“教师人力资源信息管理系统”以及区域教师人才交流市场

建议建立全国“教师人力资源信息管理系统”以及区域教师人才交流市场，加强作为专业化人力资源的外来教师的管理模式、制度设计及相关“新政”研究。全国各类地区都在不断改善政策环境，放开知识型人口迁移条件，加大引智引才力度，防止人力资本流失，建立优先投资于人的全面发展的公共财政投入体制，加大财政支出力度，健全流动人口的社会保障体系，合理保障省际流动人口享有的基本公共服务质量，推动人力资本的积累。

① 唐亮.美国中小学教师人才流动激励政策研究[D].杭州:杭州师范大学,2017:42－43.

（二）建立和完善区域间教师迁移流动供求信息系统，为教师迁移流动提供准确导向

在强化学校选人用人权利、发挥学校在教师人才流动中的主体作用、构建区域内教师人才自由流动体制的前提下，教育行政部门应该及时搭建各类学校教师供需信息平台，为教师迁移流动发展提供精准指导。教师人才流动的目的是满足学校发展对优秀教师人才的需要，优化学校的教师队伍结构，完善学校自身引师、育师机制则是教师流动的直接目的。一方面，教师队伍建设的直接目的有四个：学科结构均衡，教师梯队合理，学科带头教师优秀，骨干教师队伍充实。要实现这一配置，仅仅靠校内调整是难以实现的，学校必须在“区域流动教师人才库”中及时选聘所需教师。在区域间教师迁移流动供求信息引导下，区域内相关教师就可能及时通过自身专业提升或专业方向调整来参与这一市场化教师人才配置环节，教育行政部门也可以利用教师流动最大限度地盘活本区域教师人才资源。另一方面，教育行政部门应充分发挥自身在教师人才匹配中的媒介作用，创建区域间教师流动供需信息平台，为教师迁移流动提供切实引导，给教师提供选择岗位、释放自己潜能的机会。

（三）建立校际教师迁移交流信息共享平台，实现教师和学校的双向选择

当前，很多政策性流动的教师可能并不是流入学校最需要的教师，很多学校教师学科结构不合理，有的学科教师富余，有的学科教师不足，却无法通过教师流动实现对教师资源的合理配置。其中很重要的一个原因就是学校之间、教师和学校之间信息沟通交流不畅。为此，建议教育行政部门建立交流教师信息共享平台，每年将符合交流条件的教师的情况，如教师的姓名、性别、年龄、学历、职称、所教学科、现工作学校、历年考核评价结果发布到信息平台上，并且把每所学校需求教师的信息和富余教师的信息，学校的编制情况、学校的位置和基本条件等也发布在网上，由教师和学校进行双向选择。教师与学校初步达成聘任意向后，由教育行政部门对符合条件的聘任意向予以批准，并公布在交流教师信息共享平台上，接受社会监督，保证教师流动的公平、公开、透明。通过信息共享、互通有无，使教师的数量分布和学科结构更加合理，实现教师资源在校际之间的合理分配。

四、高校教师迁移流动秩序的规范与规制①

“双一流”的核心是人才竞争，随着“双一流”的推进，高校对人才争

---

① 柴如瑾，晋浩天.“挖”人才创一流，高校人才“孔雀东南飞”现象透视[N].光明日报，2017－03－20.

夺逐渐白热化，部分教师为获取个人利益，频繁跳槽。东部名校云集的富集作用对人才有很强的吸引力，如广东某高校将西北某高校的骨干“连锅端了”，这种教师迁移流动隐含着流动集中、恶性挖人、急功近利等问题。如果听任高校人才“孔雀东南飞”，中西部、东北地区高校就会面临空前的危机。这不仅是教育问题，更是政治、经济和社会问题，它涉及国家中西部发展战略和东北地区振兴计划的实现。为此，教育部、财政部等联合印发了《统筹推进世界一流大学和一流学科建设实施办法（暂行）》，提出坚持扶优扶需扶特扶新，明确建设高校将实行总量控制、开放竞争、动态调整，国家将对高校迁移流动秩序进行规范和规制。

教育部部长陈宝生明确要求中西部高校“有所为有所不为”，聚焦重点和优势，加快形成办学特色优势，并对传统学科专业进行更新升级，集中建设好优势特色学科专业群，构建与本校办学定位和办学特色相匹配的学科专业体系。教育部《关于坚持正确导向　促进高校高层次人才合理有序流动的通知》中，已提出“高校之间不得片面依赖高薪酬高待遇竞价抢挖人才，不得简单以‘学术头衔’‘人才头衔’确定薪酬待遇、配置学术资源”等一系列明确要求。第一，落实高校教师福利待遇，改善工作环境，提高教师工作满意度。教师工作满意度是影响教师迁移流动意向最关键的因素，教师满意度高则其流动意向低。提高教师工作满意度对于高等院校吸引人才、稳定教师队伍具有重要意义。第二，要建立科学的高校人才联盟机制，引导各高校合理引进人才，避免恶性竞争，确保优秀人才薪酬阳光化与规范化，明确保证学校之间不要恶意挖走人才。第三，要进一步完善对优秀人才的评价机制，对引进的各类优秀教师，要使之遵守契约，加强契约合同管理，在约定期限内违反规定者，应当给予一定的惩处，避免人才流动环境的恶化，避免造成人力资源的浪费。第四，未来中国学术人才流动的格局要面向全球视野，高校要尽量做高层次人才流动的加法，而不是局限于国内的“内部厮杀”，东部高校主要面向北美、欧洲和东亚学术市场，这些国家学术人才培养渐趋饱和，恰是吸引人才的绝佳时机，西部高校则可以重点考虑从“一带一路”沿线引进人才。

从高校教师国际迁移流动层面看，我国高校教师国际流动的相关制度程序繁杂、资金不足、后勤乏力，是阻碍教师国际流动的现存壁垒，因此，规范高校流动制度，规制不合理流动秩序显得非常重要。相关政府部门、教育行政部门设置专责部门和专职责任人负责教师国际流动工作，避免多头领导、重复工作的现象出现；下放权力，让高校自主负责人员选调、费用配置、形式管理等工作，使教师流动程序弹性化、便捷化。各高校制定明确、细化的出国申请审批规范，积极推进校内国际交流合作处、财务部、人事部等与教师国际流动相关的部门紧密合作，尽量采用无纸化办公，减少盖章、签名次数与出国、出境检查评审流程，减轻流动教师程序负担，营造良好的制度环境。应加大资金投入，使教师国际流动有庞大的资金支持。有调查指出，国家部委相关项目支持是我国教师国际流动的主要经费来源，比例高达43.1%。因此，应加快订立不同学科、不同层次国际交流项目的经费标准，增加教师国际交流专项经费，单独列支。应推动校企合作，由企业出资支持教师出国深造，回国后为企业的研发工作提供智力支撑。建立教师国际流动专项基金，鼓励民间资金流入高等教育领域。不断完善社会保障，做好与接收院校的对接工作，提供必要的经济支持和组织关怀，尽量保障教师在国外、境外的基本生活费，减少教师花费在项目以外的时间成本。建立学术休假制度，保留教师出境学习期间的有关福利待遇，为教师购买国际医疗保险。做好家属管理工作，允许教师子女、配偶陪同出国，帮助解决子女随同就读问题，让教师无后顾之忧地潜心学术研究。①

第三节　学习和借鉴国外的做法，加强教师跨国迁移管理

各国综合国力的竞争归根结底是人才的竞争，人才的培养需要先进的教育作为支撑，通过引进人才提升教育质量、提高国家竞争力是各国的通行做法。粤港澳大湾区建设过程中引进国际教师、发挥国际教师的作用显得越来越重要。要发挥好国际教师的作用，必须实现国际教师本土化。这里所说的"本土化"，不是对国际教师进行文化侵蚀，而是让其教学、研究更贴近粤港澳大湾区具体实际，更好地为我所用。

一、国外教师迁移流动的管理

（一）美国对教师迁移流动的管理

作为世界学术中心的美国在促进人才流动方面所做的努力有目共睹。美国第36任总统约翰逊的11375号令规定，任何学院如果没有一定比例的少数

① 李阳琇，邓伟琦."双一流"战略背景下高校教师国际流动合理化体系构建路径[J].深圳社会科学，2019(3):114-122.

民族雇员都被认为是违法；《1964 年民权法案》的第七款规定在 1972 年进一步延伸到，禁止公、私立教育机构在招聘人员时出现种族、宗教、性别或国籍歧视性行为。哪怕如今，美国逐步控制外来移民的数量，但对知识分子的流入依然持欢迎态度。可见，开放的国家政策，自由、竞争的学术劳动力市场是凝聚国际人才的重要力量。①

在美国教师急剧短缺的危机下，美国实行了多项措施化解教师危机。当今美国政府通过“教师补给政策”和“福利制度”来留住和吸引优秀教师。针对农村中小学优秀教师流失严重的问题，美国政府在了解各地教师供给和需求实际情况后，大力提高农村教师的工资水平和奖金，完善农村教师医疗、养老、失业等社会福利制度，进而留住和吸引优秀教师到农村任教。这一政策有利于农村教育的发展，提高农村教育质量，为农村儿童提供平等接受教育的机会。美国教育部门针对急剧增长的教师流动率，提出了几项策略确保教师品质与教师流动问题，如新教师的引领和指导项目；减少教学计划以减轻新教师的教学压力；实施绩效工资；发展多条职业路径，包括差异性的职位上的追求但同时保留教师的本职工作。美国政府此项措施全方位地为新任教师的留职提供便利，关照新任教师可能存在的各种情况，同时美国政府为在校学生提供各种优惠政策，吸引其进入教师职业。政策的制定是希望通过相关的文案指导教师有序流动，改善教师缺失的严重教育危机。新教师项目就是希望支持缺乏传统教育背景的研究生和处于职业中期的专业人士进入教师行列。②

美国教师流动政策是政府、教育部门、社会专业机构和学校在不同的社会背景下，为实现教师资源科学、合理、高效配置而制定的行动方案和准则。21 世纪初，美国高质量教师较少任职于学业弱势学生所在学校的现象逐渐受到社会关注。为解决这一师资分配不均问题，2006—2012 年，美国教育部拨款近 13 亿美元用于投资薄弱学校教师招聘、留任和绩效奖励。同时，美国教育部科学院出台了《教师人才流动激励政策》，以吸引高质量教师流入薄弱学校。此项教师流动政策是旨在优化教育资源配置，提高薄弱学校教育质量的一项干预措施，其实施对象主要为中小学高成就教师，并为这些愿意流入学区薄弱学校并服务两年及以上的教师分期提供 20 000 美元的流动激励奖

---

① 李阳琇，邓伟琦．“双一流”战略背景下高校教师国际流动合理化体系构建路径[J]．深圳社会科学，2019(3)：114－122.

② 谢超香，严文宜．美国中小学教师流动：影响因素与策略选择[J]．教育研究与实验，2015(5)：62－65.

金。该政策基于薄弱学校实际需求和教师自愿选择的原则，于2008—2012年在美国北卡罗来纳州、田纳西州、亚拉巴马州、亚利桑那州、得克萨斯州、佛罗里达州、加尼福利亚州7个州中的10个学区开展实施并取得了一定的成效。教师人才流动政策有效吸引了高质量教师填补薄弱学校教学空缺，对学生学业成绩、教师留任率的提高和薄弱学校教学氛围的改善产生了积极影响。①

正如美国前总统奥巴马所言："美国教育的成败，不仅关系到美国的个人和家庭，更关系到美国是否能在21世纪保持世界领先地位。"此外，他还强调"要想赢得未来，就必须赢得教育的竞赛"。所以，历届联邦政府首脑都把教育的发展及其质量的提高作为任内重要工作，不少总统上任之初就对教育进行大刀阔斧的改革，以期能加速推进国家的发展。正所谓名师出高徒，优质教师亦能成为教育质量提高的关键推力，引领教育走在经济发展之前。相对于利用三年五载培养高素质教师队伍或对教师进行大规模的卓越培训，直接为薄弱学校引进高质量教师将更快速、高效地提高教育质量，满足人才培养的需要。基于此认识，《教师人才流动激励政策》直接将流动对象确定为学区高质量教师。在美国社会体制的推动下，中小学教师拥有高度的自主选择空间。2003年国家教学与美国未来委员会（NCTAF）在报告中指出，中小学教师流动已成为一个国家基础教育和学校教师管理必须正视的重要议题。

（二）英国对教师迁移流动的管理②

英国的教师流动是指中小学教师由现任学校流向另一所学校或在同一学校职位的变动，包括教师内流和教师外流，其中教师内流为英国中小学教师仍然出现在学校劳动力普查当中，其在不同地区、不同学校之间或同一地区、不同学校之间教学，以及同一学校进行职位的变动。教师外流为英国中小学教师因各种因素放弃教师职业，退出教育领域，不再出现在学校劳动力普查当中。根据不同的划分标准，英国的中小学教师流动按流动结果划分为流动和流失；按流动方向划分为横向流动和纵向流动；按流动趋势划分为单向流动和双向流动。对英国中小学教师流动类型进行研究，有助于我们更清晰地了解中小学教师流动的脉络。在长期的教师流动中，显现出英国教师流动的一些问题，流动趋势具有单一性，即教师教学岗位欠员率严重，教师流动地域趋优且稳定，教师流动群体专职且年轻化。

① 唐亮. 美国中小学教师人才流动激励政策研究[D]. 杭州：杭州师范大学，2017：11－12.

② 谢晓艳. 英国中小学教师流动研究[D]. 桂林：广西师范大学，2018：1－2.

英国留住合格教师，招募优秀教师成效显著，根据英国政府、教育部门对教师流动的调查、分析以及形成的各种报告、文献，从宏观和微观层面制定了一些符合其教育发展需求的举措：为了协调薄弱学校和优质学校师资数量和质量，在宏观层面上，英国教育决策者实施“国家挑战区”计划，制定“教育行动区”政策，启动“金手铐”项目等。同时为了留住以及招募优秀教师，提高教师的满意度，在微观层面上，提高教师薪资水平，减轻教师工作压力，改善校内工作环境，拓展教师升迁渠道，减轻教师的职业倦怠感，增强教师职业的信心，促进教师资源的均衡配置。

为了解决英国中小学教师流动造成的教师结构性紧缺问题以及教师培训的理论与实践脱节问题，英国教育部提出《培养下一代优秀教师实施计划》，该计划为提高教师入学标准，提升教师整体素质，加大职前教师的经费投入，吸引优秀毕业生任教，加大对中小学教师的培训力度等做了全面的准备。为了及时充实教学教师，英国政府更是巧用招聘制度，积极与英联邦国家合作，从国外引进优秀教师。2004 年，英联邦成员国签订《英联邦教师招聘协议》，此协议旨在协调各成员国教师资源的配置，协助国家解决因教师流动带来的教师短缺危机。这项协议虽谈不上是完全意义上的法律文件，但在一定程度上为缓解教师紧缺问题给予了政策支持。英国各项积极政策的制定和实施在一定程度上为教师流动提供了政策倾斜。通过法律法规的手段拓宽教师流动渠道，捍卫教师流动权利，为其顺畅流动开辟了一条道路。

（三）日本、韩国和法国对教师迁移流动的管理

依据日本现行法律规定，公立学校教师的身份是地方公务员，其人事隶属关系不是某一所学校，而是属于日本政府。教师的日常管理由日本政府实施，并以规范的制度和法律为基础。中小学师资流动性质为公务员人事流动，包括教师的升迁、调离、流动换岗及自然减员、退休等。日本的“定期轮换交流制”兴起于第二次世界大战后，伴随着日本教育的恢复和发展，主要在公立基础学校（小学、初中、高中及特殊学校）的教师和校长中实施，逐步完善于 20 世纪 60 年代初，并且一直沿用至今。日本的教师定期流动从地域上可分为两种情况：一是区域内的流动，即在同一市、区、村之间流动；二是跨行政区域间的流动，这相当于我国的跨省教师流动。教师定期流动是指以法规的形式，对流动的时间、职责、待遇等方面作出明确规定，教师在一个地方工作满一定年限，必须流动到其他学校，具有强制性。

韩国《教育公务员任用令》第 13 条第 3 项明确规定把教师纳入国家公务员序列。在韩国，以法律形式确定教师流动的义务性，硬性要求教师在一所学校连续工作 2 ~5 年后，必须在本地区学校间轮换。韩国教师城乡流动制度不仅有专门制定的法律规定，而且从经济上、精神上都对流动教师给予大力支持，包括建立合理的津贴制度，对流动教师起到一定的帮助和安抚作用，并注重对流动教师的人文关怀，切实解决流动教师在各方面面临的实际问题。韩国在强调教师流动的义务性的同时，国家保障教师的工资待遇高于当地公务员平均工资。政府鼓励优秀教师到偏远地区任教，并给予相应的津贴补贴。由省教育厅制定具体的流动政策，且根据实际需要每年都要调整，以确保校际之间和区域之间师资均衡配置。因此，韩国教师对教师互换制度有较高的认同，热爱教师这一职业，愿意服从教育主管部门统一调配。韩国教师每隔 2 ~4 年就要在本地学校间流动换岗，避免了城乡教师资源配置失衡等问题，为教育均衡发展提供了有力保障。如今，在韩国，通过教师流动实现教育公平的做法早已深入人心。由于制度比较完善且操作相对科学公正，因而很少有教师对流动制度表示不满。美中不足的是部分地区教师流动年限过短，致使教师流动过于频繁而影响了教育工作的连续性。①

法国的教师流动管理政策能够最大限度地发挥国家主导作用，宏观上调控师资流动，保证师资配置的均衡性。但是也存在着忽视教师个体个性化需求，以及权力腐败滋生的风险。因此，法国在中小学教师流动政策的发展过程中不断改革，努力平衡国家宏观强制调控和教师个人意愿，力求达到一个动态的平衡点。其师资流动政策最大的亮点是对国家统筹分配和教师个人需求的综合考量。法国为了更好地促进教师合理流动，均衡教育发展，采取了一些积极的配套措施。如：为了解决就学率差距的问题，法国政府于 1989 年颁布了《教育方向指导法》，均衡师资在各区之间和各省之间的配置，改善各学校的师生比率。法国基础教育实行“教师统一分配”政策。国家设定专门的教育机构管理中小学教师，包括教师的培养、编制、工资等。以法律形式确定教师的公务员身份，由国家统一发放教师工资。这种政策有利于保障各地区基础教育师资质量的统一，也有利于教师队伍的稳定，推动教育公平的实现。

二、教师跨国迁移管理的对策②

教师跨国迁移是一种职业迁徙，也是社会变迁中人口迁徙的一种表现。

---

① 夏茂林，冯文全，冯碧瑛. 日韩两国中小学教师定期流动制度比较与启示[J]. 教师教育研究，2012(3):92 -96.

② 曲中林. 跨国教师迁徙：中国现象与对策[J]. 外国中小学教育，2009(12):10 -13.

教师全球跨国迁移，构建国际合作框架，超越了国家的边界。“迁徙是风险，弱者避之犹恐不及；迁徙是机遇，强者将欣然与之共舞。”教育全球化并不意味着国家教育的消失，相反，全球教育一体化会使民族国家的教育获得前所未有的在世界舞台展现的机会。[①] 因此，从国际视野来看，教师不仅是某个国家的教师，也应是世界的教师。

（一）教师“进出口”：作为国家战略

“国际移民的最为持久的意义，也许正是其对于政治的影响。”[②] 教师发展是提高国家核心竞争力的基础，所以世界各国对优质师资实施掠夺。为进一步探索未来中国教育与全球教育的发展与合作，积极推进教师教育国际化进程，2018 年 10 月 18 日，中国教育国际交流协会教师教育国际交流分会在北京举办的第十九届中国教育国际教育年会上正式成立。中国教育国际交流协会教师教育国际交流分会是由国内高等教师教育机构自愿组成的、全国性的非营利社会组织，隶属于中国教育国际交流协会，是该协会的分支机构。分会旨在结合各会员单位所在区域发展特点和自身发展时机，积极为我国教师教育机构寻求国际交流与合作的发展空间，努力探索国际交流与合作的有效途径，为我国教师教育机构国际化发展夯实基础。

《粤港澳大湾区发展规划纲要》要求将粤港澳大湾区打造成教育和人才高地，该文件不仅成为引进包括教师在内的各类人才的国家战略，同时积极服务国家重大发展战略。第一，支持珠三角九市借鉴港澳吸引国际高端人才的经验和做法，创造更具吸引力的引进人才环境，实行更积极、更开放、更有效的人才引进政策，加快建设粤港澳人才合作示范区。第二，在技术移民等方面先行先试，开展外籍创新人才创办科技型企业享受国民待遇试点，支持大湾区建立国家级人力资源服务产业园。第三，建立紧缺人才清单制度，定期发布紧缺人才需求，拓宽国际人才招揽渠道。第四，完善外籍高层次人才认定标准，畅通人才申请永久居留的市场化渠道，为外籍高层次人才在华工作、生活提供更多便利。第五，完善国际化人才培养模式，加强人才国际交流合作，推进职业资格国际互认。第六，完善人才激励机制，健全人才双向流动机制，为人才跨地区、跨行业、跨体制流动提供便利条件，充分激发人才活力。第七，支持澳门加大创新型人才和专业服务人才引进力度，进一

① Alborw M. Globalization, knowledge and society, In Albrow, M. and King, E. (eds.), Globalization, Knowledge and Society, London: Sage, 1990, p. 7.

② Castles S, Miller M J. The age of Migration: International Population Movements in the Modern World, 2 edition, The Guilford Press, 1998, p. 253.

步优化提升人才结构。第八，探索采用法定机构或聘任制等形式，大力引进高层次、国际化人才参与大湾区的建设和管理。

（二）重视跨国迁移教师的质量

跨国迁移的教师拥有自主权并无须负社会责任，所以教师进出口服务的质量越来越受到重视。以往我国聘请外籍教师时过分青睐英美国家，聘请外籍教师只注重数量而不注重质量，对引进的教师质量缺乏必需的通关检验，采取“放在篮子里就是菜”的思想，不问其素质、能力和水平，导致花重金请进的一些外籍教师个人素质较低。据《中国青年报》2006 年 5 月 15 日报道，北京市有 6 个外籍教师做 2005 年的英语高考试题，满分 150 分，这 6 名外教平均分为 71 分。这种现象在凸显我们教育改革必要性的同时，也说明引进教师质量的重要性。决定是否聘用外教前，需了解所聘请的外教是否持有 TEFL、TESOL 或 ESL 证书，因为外教通过了 TEFL、TESOL 或 ESL 的培训，那就说明这些外籍教师具有任教的资格，也容易申请到外国专家证。

传统教育国际化模式过于注重教师在地理位置上的跨国流动，往往使得国际化的性质发生了异化，许多学校甚至出现本末倒置的情况。为了国际化的教师跨国流动，将教师的跨国流动作为学校推进国际化战略的核心，把跨国教师的数量、学校教师参与国际项目的程度作为衡量学校国际化水平的标志，忽视跨国迁移教师的质量，这便违背了教师国际化政策的初衷。康德曾说：“对一种教育理论加以筹划是一种庄严的理想，即使我们尚无法马上将其实现，也无损于它的崇高。不要把理念看作幻想，或是一种黄粱美梦，那就败坏了它的名誉。”许多理念是一种在现实中无法遇见的完美性设想，无论其实践之路多么艰难，只要它是理性而合理的，就值得人们认真对待与推动。教师跨国迁移、教育国际化从出现以来就面临着如何在实践中深入推进的难题，从早期的关注人员的跨国流动到后来更为注意研究和项目的国际间合作，可以说，各国都在艰难摸索适合本国国情的国际化策略。历经多年发展，教育国际化的特征和范式在经历着深刻转型。这种转型一方面折射出国际化的理念从强调客观的量化目标转变为关注教育质量和教师质量，另一方面也标志着国际化的内涵从重视异域经历和跨境流动转变为更加关注跨文化校园建设。[①]

（三）经常化、制度化

在 2007 年 1 月 16 日召开的 2007 年全国外国专家局局长工作会议上，国

① 张伟，刘宝存. 在地国际化：中国高等教育发展的新走向[J]. 大学教育科学，2017(5)：10 – 17.

家外国专家局首次提出将向社会（包括海外）定期公布国内对外籍教师的需求，定期召开外籍教师招聘会，外籍教师推介、派遣、岗前培训等多种手段为聘请单位服务，引导外籍教师市场良性发展。由国家外国专家局教科文卫专家司、中国国际人才交流协会、北京大学合作开发的《教科文卫专家管理信息系统》目前已发行到全国 1 000 多家聘有外籍教师的院校、企事业等用人单位，对其他外籍教师聘请单位的软件发行也正在进行中。同时，欲聘请外籍教师的单位须在国家外国专家局教科文卫专家司申请注册，取得外籍教师聘请资格证书并通过每年的年检，方能接受中国外籍教师服务办公室提供的外籍教师中介服务。[①] 此举目的在于经常化、制度化地引进外籍教师。在教育国际化浪潮下，基础教育领域如无锡教育的名声已经传到国外，市属重点学校至少有一门专业课程由外籍教师任教。

为了有效应对全球化的机遇和挑战，欧盟颁布了一系列教育国际化制度、政策。纵观欧盟保障教师流动的相关举措可以看出，颁布相关法案是其非常重要的方面。如《单一欧洲法案》中规定，欧盟公民及其家庭具有在欧盟（或欧共体）内自由流动的权利，不管从事何种职业，都享有在欧盟任意成员国居住的权利。可以说，这也从源头上保障了教师的流动。除此之外，在欧盟的相关政策中也十分强调教师流动的重要性并鼓励教师流动，如欧盟委员会于 2005 年发布的《欧洲教师能力与资格共同原则》中强调："流动性特征是教师职业的四个重要特征之一"。2007 年发布的《提高教师教育的质量》中再次强调："流动是教师的初始训练和后继职业培训的一个核心组成部分，应鼓励教师到欧洲其他国家学习、进修和工作，以谋求职业发展。"总体而言，欧盟颁布的相关法案和政策不仅为各成员国的教师流动提供了保障，而且在很大程度上也与教师的专业要求相符。[②]

（四）打造教师迁移流动联合开放平台，营造开放、共享的人才流动环境[③]

1. 渠道畅通

国家层面上，以开放、包容的心态对待人才国际流动。加快与更多国家形成学术互联互通协议，把管理入选国际交流项目的教师团队流动工作列为

---

① 贺涛. 中国将定期公布外籍教师需求[N]. 科学时报,2007－1－18(A01).

② 陈玥,蔡娟. 欧盟高等教育国际化发展的主要特征——基于欧盟相关政策文本的分析[J]. 比较教育研究,2016(7):50－57.

③ 李阳琇,邓伟琦."双一流"战略背景下高校教师国际流动合理化体系构建路径[J]. 深圳社会科学,2019(3):114－122.

专项任务，为教师国际交流设立绿色通道，简化签证办理程序，方便其在一定时期内往来不同国家（地区）进行学术交流。同时，向欧美国家的人才选拔机制靠拢，建立可进可退、不进则退的激励机制，倒逼教师通过国际流动实现学术创新。高校层面上，为教师流动提供良好的平台支持。定期举办交流会议、座谈，实现资源共享、信息互通，共同选派教师组队进行国际交流；强强联合、优势互补，打造以项目为契合点的校际联盟。确保教师招聘、选派工作公正、公平、公开化，避免近亲繁殖现象，激发学术创新思维，让教师及时了解项目情况和进度，也便于公众对交流项目进行监督。

2. 资源共享

为了让教师资源在国际舞台上更高效、高质地流动，我国可携手友好地区城市，利用信息化工具，构建大学教师资源共享平台，打造世界学术共同体。此平台至少应具备两大功能，第一是教师流动信息共享。世界各地高校均可把本校教师的个人资料、研究领域、科研成果、学术动态等上传到该平台并随时进行更新。学校、政府、企业可在平台上寻找所需的专家学者或科研团队成员，向其发出教育流动邀请，可以是前往当地举办一个讲座，进行一些短期的志愿活动，共同研究一个课题，或者为机构提供咨询帮助等。教师根据实际情况决定是否接受邀请。第二是教师知识、智识共享。这个功能更像是一个世界高校教师学习化社区，为广大教师群体提供学习交流的平台。教师们在平台上写文章、提观点、找帮助，大家可以相互讨论，迸发思维火花，让教师资源的流动打破时间、空间的限制。

第四节　提高珠三角区域教育竞争力，打造粤港澳大湾区教师高地①

据《广州日报》2018 年 11 月 6 日报道，广东省教育厅副厅长朱超华在回应人大代表时提到，珠三角 9 市公办小学的在校生人数为 325. 28 万，按照现行编制标准，应核定的教职员编制为约 17 万人，实际上只核定了教职员编制约 15 万人。公办中学在校生 189 万人，应核定的教职员编制应为约 14 万人，实际上核定的教职员编制为约 16 万人。根据目前的测算，到 2020 年，全省需要新增小学学位 184 万个，初中学位 56 万个，需要相应新增 9. 7 万名小学教职员，新增 4. 1 万名初中教职员。实际上，广东珠三角教师编制 2020

① 周洪宇. 打造粤港澳大湾区教育和人才高地[N]. 光明日报,2019－03－11.

年可能将扩招约 13 万人。数据说明《粤港澳大湾区发展规划纲要》背景下的珠三角教师队伍建设任务艰巨。

《粤港澳大湾区发展规划纲要》和《中共广东省委广东省人民政府关于贯彻落实〈粤港澳大湾区发展规划纲要〉的实施意见》均指出，要打造粤港澳大湾区教育和人才高地。在知识经济时代，教育、人才等知识密集型要素在经济高质量发展中的重要性日益凸显。纵观纽约湾区、旧金山湾区与东京湾区，在教育和人才领域无不拥有雄厚的基础实力和国际化优势。粤港澳大湾区已具备教育和人才集聚发展的硬件条件，但对标国内先发城市群和世界一流湾区，粤港澳大湾区要谋划打造全球教育和人才高地，目前仍存在顶尖教育供给缺乏、原始创新能力薄弱、创新资源全球化配置不足等瓶颈，亟须凝聚共识，深化教育体制和人才培养机制改革，共同推动教育和人才培养事业高质量发展。

一、打造教育和人才高地，推进粤港澳大湾区建设

当前，新一轮科技革命和产业变革蓄势待发，共建“一带一路”正在向落地生根、持久发展的阶段迈进，为提升粤港澳大湾区国际竞争力、更高水平参与国际合作和竞争拓展了新空间。在新发展理念引领下，我国深入推进供给侧结构性改革，推动经济发展质量变革、效率变革、动力变革，为大湾区转型升级、创新发展注入了新活力。党的十八大以来，全面深化改革取得重大突破，国家治理体系和治理能力现代化水平明显提高，为创新大湾区合作发展体制机制、破解合作发展中的突出问题提供了新契机。

人才是第一资源。当前，粤港澳大湾区的建设发展既面临重大机遇，也面临诸多现实挑战。《粤港澳大湾区发展规划纲要》（以下简称《规划纲要》）强调，规划近期至2022 年，远期展望到2035 年。其提出的目标和擘画的愿景，都离不开教育和人才的支撑与保障。

《规划纲要》提出“打造教育和人才高地”，对教育、人才工作的部署既有目标任务，也有重大举措，理念先进、重点突出、责任明确，对加快发展粤港澳大湾区教育和人才工作做出顶层设计，充分体现了党中央、国务院对大湾区教育和人才工作的高度重视和殷切期望，对于深入推进大湾区教育发展和人才建设，着力提升教育科技水平，建设人才强国、教育强国，都具有重大的现实意义和深远的历史意义。

二、深化全方位战略合作，提升珠三角教育影响力和竞争力

在推动教育合作发展方面，《规划纲要》提出 11 条具体措施，主要涉及

高等教育、职业教育和基础教育等方面。

在高等教育方面，《规划纲要》主要提出了4条主要措施：一是支持粤港澳高校合作办学，鼓励联合共建优势学科、实验室和研究中心；二是充分发挥粤港澳高校联盟的作用，鼓励三地高校探索开展相互承认特定课程学分、实施更灵活的交换生安排、科研成果分享转化等方面的合作交流；三是支持大湾区建设国际教育示范区，引进世界知名大学和特色学院，推进世界一流大学和一流学科建设；四是鼓励港澳青年到内地学校就读，对持港澳居民来往内地通行证在内地就读的学生，实行与内地学生相同的交通、旅游门票等优惠政策。

上述措施，从不同角度对推进粤港澳三地教育合作与人才交流做出了制度安排，释放了利好消息。第一条旨在推动三地优势互补，共同加强学科建设、提升研究能力尤其是自主创新能力；第二条着眼于发挥“强强联合”的粤港澳高校联盟作用，发挥“1+1>2”的共同体效应，通过联盟成员互相认可的制度设计、方式途径，密切开展实质性的交流合作，使三地高校互利共赢，有能力更有底气共同面对百年未有之大变局下的一流大学竞争；第三条以大湾区鲜明的教育现代化优势为前提，鼓励吸纳国际优质教育资源、开展面向世界的高水平教育合作，做中国高等教育向世界一流迈进的先行军；第四条直接面向粤港澳青年学生做出安排，旨在通过细化、切实的制度设计，为港澳学生来内地就读提供更加便利的条件和更为周到的待遇，吸引更多港澳青年到内地求学生活。

珠三角地区与港澳在高等教育方面的合作并非始于近日，但多停留在地方政府和民间层面，缺乏国家层面的制度设计。《规划纲要》提出的这些措施，有望大幅提升三地高等教育的合作水平。目前，这四方面的工作有些已经破题，且亮点颇多，值得期待。例如：粤港澳大湾区内深圳等地采取中外合作办学方式，建设了深圳北理莫斯科大学、香港中文大学（深圳）、北京师范大学-香港浸会大学联合国际学院、中山大学中法核工程与技术学院、中山大学-卡内基梅隆大学联合工程学院等一批高水平高校。香港科技大学、香港城市大学等校也分别与广州和惠州政府达成合作，将在当地开设校区。再如，由中山大学率先倡议，并与香港中文大学和澳门大学共同发起的粤港澳高校联盟，自2016年成立以来，已经汇聚了粤港澳三地众多高等院校，开展了“粤港澳高校联盟2018年大学校长高峰论坛”等多样性活动，在深化三地学生交流和科研合作、协同创新，提升区域合作层次和水平，携手打造“粤港澳一小时学术圈”等方面打下了很好的基础。

广东省教育厅厅长景李虎表示，要将深化体制机制改革摆在首位，推动湾区高等教育融合发展。同时，发挥高校学科优势，优化高等教育结构布局，打造湾区国际教育示范区，助推实现湾区科技创新中心，推动高等教育空间布局与世界级城市群总体布局相呼应。广州、深圳着力建设成世界一流高等教育中心城市，珠海、佛山、东莞等地市要着力建设成国内一流的高等教育中心区域性城市，加快建设中国特色、世界一流大学群，加快推进湾区大学等高等教育机构的落地，以“双一流”和“双高”建设为引领，带动湾区涌现更多扎根中国、心系全球的世界一流大学。

在职业教育方面，《规划纲要》提出 2 条措施：一是推进粤港澳职业教育在招生就业、培养培训、师生交流、技能竞赛等方面的合作，创新内地与港澳合作办学方式，支持各类职业教育实训基地交流合作，共建一批特色职业教育园区；二是支持澳门建设中葡双语人才培训基地，发挥澳门旅游教育培训和旅游发展经验优势，建设粤港澳大湾区旅游教育培训基地。

在中国经济走向高质量发展、亟须壮大实体经济的情况下，迫切需要发展高水平职业教育，培养数量充足、能力过硬的技术技能人才作为支撑与保障。三地职业教育各有特色、优势突出，加快粤港澳大湾区职业教育合作，有利于实现三地职业教育资源共享、优势互补、协同创新、合作共赢，为粤港澳大湾区建设提供强有力的应用型人才支撑。

在基础教育方面，《规划纲要》提出 5 条措施：一是加强基础教育交流合作，鼓励粤港澳三地中小学校结为“姊妹学校”，在广东建设港澳子弟学校或设立港澳儿童班并提供寄宿服务，同时研究探索三地幼儿园缔结“姊妹园”；二是研究开放港澳中小学教师、幼儿教师到广东考取教师资格并任教；三是加强学校建设，扩大学位供给，进一步完善跨区域就业人员随迁子女就学政策，推动实现平等接受学前教育、义务教育和高中阶段教育，确保符合条件的随迁子女顺利在流入地参加高考；四是研究赋予在珠三角九市工作生活并符合条件的港澳居民子女与内地居民子女同等接受义务教育和高中阶段教育的权利；五是支持各级各类教育人才培训交流。

以上 5 条措施涉及基础教育的办学主体、师资人才、就学条件、考试政策等主要方面，涵盖了学前教育、义务教育、高中教育各个阶段，考虑了粤港澳三地师生、家长等相关群体在生活、学习、工作各个方面所需要的条件与支持，传递出公平公正、互利共赢、开放合作的价值理念，也体现了三地通过协同发展共同提升教育质量的心声。这些措施中，相当一部分已经有了前期行动和很好的基础，应抓紧推进，力求尽快取得实质性成效；有的还处于规划阶段，期待早日展开探索，画出更加清晰的“时间表”与“路线图”。

三、粤港澳大湾区人才政策持续发力，“引智”“引师”工作进程快速推进

随着产业的转型升级，广东经济增长开启“脑力时代”。近年来，广东围绕创新驱动发展战略、人才强省战略，先后出台一系列政策举措，着力于培养和引进高层次和高技能人才。《广东省深化人才发展体制机制改革的实施意见》《广东省培养高层次人才特殊支持计划》《关于加快新时代博士和博士后人才创新发展的若干意见》《广东省人才优粤卡实施办法》《进一步加强高技能人才队伍建设若干意见》……在各项人才政策的吸引下，广东正在形成人才聚集效应。曾经世界工厂的“汗水经济”正在走向创新高地的“智慧经济”。

2018 年底至今，大湾区各地人才政策持续发力。随着全国人才大战进入新阶段，人才政策大战逐步回归理性。但由于人才政策对“招才引智”往往起着立竿见影的作用，完善政策体系仍然是各地人才工作的着力点。2018 年底至今，大湾区各市、区共发布人才政策 40 余份，大湾区人才工作持续优化。

2019 年 1 月 1 日生效的《广东省人才工作发展条例》是广东省人才工作法治化的有效探索，标志着大湾区人才工作进入法治化建设新阶段。条例从人才培养开发、人才引进与流动、人才评价与激励、人才服务与保障四个方面对广东省人才工作进行了顶层布局，为大湾区九市人才工作提出了新要求。2019 年 3 月 22 日，人力资源和社会保障部与广东省人民政府签署《深化人力资源社会保障合作　推进粤港澳大湾区建设战略合作协议》，提出共同推动人力资源社会保障重点领域和关键环节深化改革，为粤港澳大湾区建设提供人力资源社会保障支持服务，进一步为大湾区城市人才工作指明了方向。2019 年 9 月 21—22 日，由广东省教育厅指导、广东省教育研究院主办的第七届中国南方教育高峰年会上，来自内地和港澳教育领域的知名专家学者建议“粤港澳大湾区共同预测未来人才需求”，避免资源重叠和人才浪费的情况出现。年会上，中国教育学会副秘书长高书国认为，目前基础教育在资源配置上普遍存在“对人的投资不足”的情况。“大湾区背景下发展基础教育，需要有一批顶级教师和好的校长，投资教师就是投资教育质量。”高书国建议，要建立正常的增长机制，提高教师基本工资待遇，教师工资水平不低于甚至高于当地公务员工资水平。又如，2019 年 6 月，在粤港澳三地教育部门的支持下，华南师范大学、香港教育大学和澳门大学主动作为，共同发起成立粤港澳大湾区教师联合会，自觉承担起促进粤港澳教师交流、推动粤港澳大湾区教师信息共享、专业提升和共同发展的使命。粤港澳大湾区教师联合会通过更深层次和更宽广度的教师教育交流，共同打造南方教育高地，推动

社会经济发展，为推动粤港澳大湾区教育领域合作向更高层次发展做出贡献。

下面两则典型案例充分证明粤港澳大湾区教师人才政策在持续发力，“引师”工作进程快速推进。

案例一：广东省佛山市顺德重拳推动教育事业发展，打造珠三角教育高地。2016年10月9日召开的中共顺德区第十三次党代会上，市委常委、顺德区委书记区邦敏作报告时，明确提出要做强城市竞争要素。城市竞争归根到底是人才的竞争，教育、医疗、住房是引才留才的核心要素。顺德要主动融入广深，以更大气魄和力度营造优良人才发展环境，提升城市综合竞争力。如何借助“外脑”激活顺德教改，成为顺德教育综合改革步入深水区的关键一步。伴随着“致力建设屹立珠三角、面向全社会的创新顺德”战略推进，“北部先行”成为推动顺德战略目标重要抓手。三年里顺德引进不少于100名高层次校长和名师，提升顺德区教师队伍整体素质。

案例二：珠海助力粤港澳大湾区教育高地建设。2018年，广东省教育厅开展了广东新一轮（2018—2020年）基础教育“名教师、名校（园）长工作室”启动仪式暨主持人集中培训动员会。采取严格选拔和对原有工作室考核两种途径，全省基础教育领域共产生439名省级工作室主持人，规模为历年之最。珠海基础教育领域共有16名教师、校（园）长入选新一轮省级工作室主持人，为珠海历年来获得省级工作室数量最多的一次。珠海市教育局相关负责人表示，珠海将充分利用新一轮省级名教师、名校（园）长工作室建设的机遇，把工作室打造成助力珠海基础教育教师专业发展的重要载体，成为促进珠海人才培养的新平台。据统计，珠海现有省级、市级工作室主持人87人，585名骨干教师和校长成为工作室学员，在全市基础教育领域具有很强的带动效应。按照部署，在省级名教师、名校（园）长工作室主持人逐年增加的基础上，珠海将扩大现有市级名教师、名校（园）长培养规模，计划到2020年新增100个市级名教师、名校（园）长工作室主持人。中小学阶段，珠海将启动“基础教育高层次人才引进计划”，计划用三年时间，引进60名以上正高级教师、省特支计划教学名师、特级教师、省级以上名校长名教师和有一定工作经验的博士研究生。

四、培育和引进各类人才，发挥人才集聚效应，打造国际人才高地

我国现在参与“全球人才环流”，虽然目前环流到我国来的国际人才主要为海归和华侨华人，但外国人到中国发展在未来十年、二十年会成为一个

新趋势。伴随发展，我国已非过去的人才输出国，也将是具备强大竞争力的人才吸引高地。在《规划纲要》的指引下，基于创新驱动发展战略和经济社会发展需求，粤港澳大湾区要培养具有创新精神与国际视野的创新型综合人才、专业人才和领军人才，以推动创新产业的发展和传统产业的转型升级。粤港澳人才培养合作途径是多渠道的，要进一步细化与落实《规划纲要》中关于“实行更积极、更开放、更有效的人才引进政策，加快建设粤港澳人才合作示范区”的要求，通过粤港澳高校联盟和粤港澳高校创新创业联盟等平台，细化联盟高校的合作项目，特别是创新联合人才培养模式，积极在政策层面予以明确并开展实践探索，努力形成教育共同体，发挥人才集聚效应，推进国际人才高地建设，为粤港澳大湾区发展提供人才支撑。

关于推动建设粤港澳人才高地，《规划纲要》提出了9条具体措施。这9条措施在人才培养、人才引进、人才使用、评价激励、人才流动、人才待遇等方面提出了很多切实可行的创新性意见。其中，对于高水平、国际化、创新型人才的需求尤为凸显。“借鉴港澳吸引国际高端人才的经验和做法”“开展外籍创新人才创办科技型企业享受国民待遇试点”“拓宽国际人才招揽渠道”“完善外籍高层次人才认定标准”“完善国际化人才培养模式”……众多举措构成一个完整体系，对于激发人才活力、完善人才管理、优化人才结构、促进人才交流有着很好的支撑保障作用，有望为粤港澳大湾区打造高端现代、能量丰沛的“人才蓄水池”。

此外，《规划纲要》规定，允许香港、澳门符合条件的高校、科研机构申请内地科技项目，并按规定在内地及港澳使用相关资金。科技部、财政部已于2018年发布了《关于鼓励香港特别行政区、澳门特别行政区高等院校和科研机构参与中央财政科技计划（专项、基金等）组织实施的若干规定（试行）》，鼓励科技和人才交往交流。根据《规划纲要》中关于“鼓励其他地区的高校、科研机构和企业参与大湾区科技创新活动”的规定，内地高校可以根据自身实际，抓住机遇，参与到大湾区的科技创新活动中来。

改革开放以来，广东省大胆探索、先行先试，是改革开放的前沿阵地和排头兵。广东省继续大力实施“强师工程”，在新的时代背景下，粤港澳地区要以建设大湾区为契机，注重协调配合、加大投入保障、勇于也善于探索，在新的起点再出发，教师队伍建设迈出新步伐，实现新跨越。

第六章 教师迁移的实证研究

随着社会流动性的增强以及教师职业视野的开阔，教师的迁移流动会越来越频繁。本章从典型个案入手，述说教师迁移的故事，介绍深圳教师迁移的概貌，描摹教师迁移的时代图景。

第一节 从教师流动管窥地域文化对教师发展影响的个案研究①

关于地域文化的研究，不同研究者从不同的角度对地域文化进行了界定，但无论是将地域文化视为一门学科，还是将地域文化视为中华大地特定地域内的文化现象，地域文化都是生活在一定地域范围内的人在长期实践过程中形成的体现该群体价值观念、思维模式、生活方式的物质文化、制度文化、行为文化和精神文化的综合表达，也是该群体的行为规则，直接塑造着他们的行为。教师，作为地域范围内的一种职业群体，其发展必然带有地域文化的烙印。

随着社会的发展、国家基础教育均衡化的推进以及教师职业视野的开阔，教师的迁移流动性也会逐渐增强。王永林老师从教二十余年，曾在沿海乡村小学、发展中的苏北县城实验小学、教育发展高地苏州工业园区方洲小学任教，也曾去四线城市的乡镇中心小学支教，深感地域文化对自己成长的影响。作为一名流动多次的教师如何尽快地认识文化差异，更好地融入地域文化，发挥自己的优势，发展自己，成长学生？下面结合王永林老师流动的从教经历，来阐述地域文化对教师发展的影响。

一、价值观念影响教师的发展方向

价值观念是地域文化最重要的组成部分。一个地域的家长的教育价值取向、单位的主流价值观念、教育行业的教育指导理念直接影响教师的发展方

① 王永林.从教师流动管窥地域文化对教师发展的影响[J].教育视界,2018(9):52－54.

向。作为一名流动到新学校的教师，首先要观察、分析当地的价值观念，然后进行反思、融合，取长补短，既入乡随俗，又不失自己的个性。

（一）家长的教育价值取向影响教师的教育行为方向

经济、文化背景不同的地域，家长的教育价值取向存在很大的差别。乡村小学远离县城，甚至有的距离城镇也很远。大部分学生的父母在城里打工，年迈的爷爷奶奶只能照管孩子的生活。小学毕业前，大部分学生出过最远的门就是县城。这样的教育背景很难谈家校合作，更难以指望家长督促、辅导孩子学习。对此，教师就要充分利用学生在校的时间对其进行引导、教育。

居住在县城的家庭有一定的经济基础，“读书改变命运”仍然是绝大多数家长的固有观念，在高考指挥棒下，学习成为孩子的第一要务。在这种情况下，县城的多数家长能积极配合教师，甚至主动要求教师多布置作业，增加额外辅导。虽然上级教育部门不允许考试排名，但每次考试，家长总会千方百计了解孩子的排位。“应试”在不自觉中裹挟了教师发展的脚步，如果此时教师不“抬头望路”，也许若干年后就只能成为一个擅长出卷、猜题、讲题的机器。

发达地区的家长大多有着较高的学历，有着较好的经济基础，对教育有着自己的理解。一个班级几十名家长，既有“开心就好”，也有“能力至上”，更不乏“成绩要好，作业要少”的各种要求。面对这些家长，严格要求自己，规范教育教学行为，是教师必须经常自省的内容，同时因为学生的个性化，因材施教是对教师提出的进一步要求。

（二）学校的主流价值观念影响着教师的发展动力

学校文化是学校全体成员在教育教学和管理实践中逐渐积累和共同创造生成的价值观念、思维模式、行为方式及其活动结果，其以具有特色的学校精神、学校制度和物质形态为表现形式，影响和制约着学校全体成员的思想和行为。学校的主流价值观念是学校文化的核心，是学校在长期的实践过程中逐渐形成的，是全体成员共同遵守和奉行的价值观念和行为准则。

以教师教科研发展为例，工作前两年在乡村小学，王永林老师没有发表过一篇论文；在县级实验小学工作十四年，发表文章不超过十篇；而在现在的学校工作七年，王永林老师发表教育教学类文章近三百篇。之所以有这样看得见的进步，除了王永林老师自身教育教学的积淀，更多的原因是受到学校氛围的影响、学校制度的促进。王永林老师现在任教的学校重视教师成长，希望通过发展教师来发展学生、发展学校。学校有完善的教科研奖励体系和骨干教师评比细则；有“科研先锋队”“名师工作室”“课改小组”等各种团队提供教师学习的机会；每月的科研公示、每学期的科研表彰大会，让教师感觉到学有所值。这种浓厚的学术氛围，促使教师从被动培训走向主动学习。

（三）地域的教育理念引领着教师的课堂教学方式

教学观念作为教学行为的导向和指南，是人们在一定的教育文化背景下，在教学过程中逐渐形成的对教育教学的看法和思想观念，基本体现于教学认识观和教学价值观中，受地域文化潜移默化的影响。教育教学理念随着社会对人的核心素养要求的变化而不断地丰富和完善，加之不同地域对教育的理解程度不一样，对一堂好课的评价标准也会有区别。所以，学校在发展教师的过程中，要重视地域文化，发挥地域文化教育性功能和导向性功能，规避地域文化对中小学教师教学行为产生的不良影响，以改变教师的教学观念，规范和改善教师的教学行为。

以小学语文阅读教学为例，在王永林老师来苏州之前任教的地域，课堂评价标准非常重视对朗读的要求，学生对文章的理解、课堂的习得都要通过声情并茂的朗读来表现。王永林老师一直以为这就是当前全国的好课理念。但王永林老师来到新的学校之后，参加过几次教学研讨活动，听过几次公开课，就明显感觉到教学理念、教学方式的差异。这里更重视教给学生学习方法，更重视不同文体的阅读策略，所以王永林老师也在不断取长补短，改变自己的教学策略。因为，教师只有在不断反思和比较中，不断地碰撞和融合中，才能形成自己的教学风格。

二、思维模式决定教师的发展高度

不同地域的教师在思维方式上存在很大的差别。日本哲学家稻盛和夫认为：人生结果＝能力×热情×思维方式。他在《干法》一书中，将员工分为“自燃型”“点燃型”“阻燃型”三种类型。其中，“自燃型”的人思维广阔，以成就别人来发展自己；他们思维积极，而这种积极的思维使他们的心态更平和、更阳光，有着更高的发展前途。

（一）思维方式影响了发展心态

刚流动到苏州的时候，王永林老师十几年的固有思维习惯与现有的工作方式存在很多冲突，在调整的过程中也有点消极。有一次带学生借书时和学校图书管理员聊天，王永林老师问她：学校三千多个学生，每个学生每周都要借一次书，借书、还书、整理书籍就一个人，是不是很忙、很累？是不是可以考虑每个班每两周借一次书？她笑着说了一句至今仍对王永林老师影响很大的话："不累啊，学生都来借书才体现我的价值啊，要是他们都不来，我在这儿有什么意义呢。"那一刻，王永林老师感到很震撼，也很羞愧，并进行了深刻的反思。从此，王永林老师不再为中午不能休息而叹气，不再为规范而全面的教学检查而不满，而是严格地要求自己，并让自己"奔跑"起来。

（二）思维方式影响了发展深度

一个人也许走得更快，但一群人可以走得更远。这个道理很多人懂，但真正做到的人却并不多。越是经济发达、教育发达的地区，人们的合作思维、参与意识越强。以赛课磨课为例，在王永林老师所工作过的四所学校中，有的是自己请一两个人协助，学校不怎么过问；有的是学校安排两三位骨干教师帮助听听课，修改一下教案；有的则每次都组建十多人的磨课团队，他们中有工作三年以内的新手教师，有工作十年以内的中年教师，有省市级骨干教师，而且他们也是通过学校安排和个人报名相结合产生的。每当有这种机会，大家都抢着报名，因为他们都知道这种磨课最能提升专业水平。事实上，王永林老师现在所在的学校参加的市、区优质课竞赛，每个学科几乎都是一等奖。因为他们通过磨课培养了一个梯队，而不只是打磨了一节课。另外，学校的"青蓝工程""牵手工程""名师工程"也让教师从"阻燃"走向"点燃"，最终走向"自燃"。所以说，学校的不同思维方式影响了教师的思维方式，最终影响了教师的发展深度。

三、生活方式影响教师发展的持久度

一个人的生活方式很大程度体现在对业余时间的处理上。爱因斯坦说过："人与人之间的差异最终在于业余时间如何利用。"著名的"三八理论"认为，一个普通成年人的一天应该分为"三个八"：八小时工作、八小时睡觉、八小时自由安排时间。前面"两个八"大多数人是一样的，不同的就在于剩下的八小时怎么度过。人们常说的"白天图生存，晚上求发展"，从一定程度上道出了生活方式对专业发展的影响。

王永林老师在工作了七八年的时候，曾经有段时间一下班就呼朋引伴，每周有三四天在外面吃饭，身处不同的圈子、不同的关系网中，不是约人就是被人约。可是最终王永林老师厌倦了这样的生活，并来到了一座新的城市。这里没人约打牌，想打也没人有时间，下班后大家更习惯回家。于是，王永林老师也渐渐习惯了晚上读读书，写写教学札记；习惯了周一到校，打开周工作安排，在记事本上写好周几第几节课听课，什么时间研讨，什么时候教学检查，什么时间是杂志的截稿时间；习惯了纯粹的教学生活……就这样读书、上课、写作、研讨……慢慢发现自己以前浪费了太多时间，还有那么多自己不会的东西，那么多需要学习的东西。也许，从那时起王永林老师才真正走上了教学研究的道路。

从某种程度上讲，人是环境的产物。美国人类学家博厄斯认为，人的行为习惯并不取决于身体的功能和解剖结构，决定人类行为习惯的不是遗传因素而是文化因素，人的心理和行为是随着文化的变化而变化的。地域文化既影响教师的价值观念、思维方式、生活方式，又影响教师教学行为的科学性和艺术性。教师流动对于推进基础教育质量均衡化发展有着重要的作用。当教师流动到新的学校后，要充分认识新旧环境、地域文化之间的差异，培养积极的地域文化情感，主动适应地域环境的生活和行为方式。

第二节　深圳市教师迁移的个案研究

“抢人大战”，争夺的是城市的潜力；“重金求才”，投资的是城市的未来。深圳可谓国内城市中“抢人大战”的“鼻祖”，“招才引智”对深圳来说更为根本。从“工程兵”“外来妹”到“大学生”“IT 工程师”，再到“鹏城孔雀”“鹏城英才”，过去 40 年里，深圳吸引了大量的“移民”，是全国引进人才力度最大的城市之一。近年来，深圳的“抢人”政策一直在升级，包括对教师的引进，成效有目共睹。在 2015—2017 年里，深圳常住人口分别增加 60 万、53 万和 62 万，而此前的几年间，年人口增量仅在 8 万到 15 万之间。

与国内外发达城市相比，深圳“人才不足”的问题依然严峻。截至 2017 年底，全市各类人才总量超过 510 万人（主要指大专以上文化程度），占常住人口的 40.7%，与国内外发达城市相比还存在一定的差距；高端人才尤其是尖端人才，如全职院士、中央“千人计划”人才的数量，远不如北京、上海；高等教育教师资源仍远不如大部分二线城市，跟城市的规模和定位极不匹配，中小学教师也存在一定的缺口。

一、深圳市教师队伍建设基本情况

据《深圳市 2018 年国民经济和社会发展统计公报》显示：2018 年深圳全市各级各类学校（含幼儿园）2 551 所，比 2017 年增加 114 所，增长 4.68%。其中，公办学校（园）579 所，比 2017 年增加 23 所，增长 4.13%；

民办学校（园）1 972 所，比 2017 年增加 91 所，增长 4.84%。各级各类在校学生总数 220.92 万人，比 2017 年增加 12.65 万人，增长 6.07%。毕业生 50.02 万人，比 2017 年增加 4.25 万人，增长 9.29%。招生 63.63 万人，比 2017 年增加 3.55 万人，增长 5.91%。教职工 20.72 万人，比 2017 年增加 1.66 万人，增长 8.69%。深圳现有高校单位 14 个，在校学生 13.18 万人；普通中小学 734 所，在校学生 147.60 万人；中等职业学校（含技工学校）25 所，在校生 7.60 万人；幼儿园 1 771 所，在园儿童 52.42 万人；特殊教育学校 6 所，在校学生 1 187 人；工读学校 1 所，在校学生 32 人。①

从教师队伍结构看，学历层次高，是深圳教师的一大特点。在全市高中学校中，研究生以上学历的教师比例达到 23.02%；而全市初中和小学中，本科以上学历的教师分别达到 93.22% 和 76.22%，其中，小学中本科以上学历教师的比例位居广东全省第一。深圳市教育局提出将进一步提升新招教师的学历层次，希望中学教师至少为硕士学历，小学教师至少为本科学历。

二、深圳市高校教师引进的现状

多年以来，国内大学优秀人才的“孔雀东南飞”已成现实。西部高校培养的优秀硕士博士毕业生、青年学者，甚至专家教授，都在更加丰富的科研资源、更优厚的待遇，以及更好的城市人文环境吸引下，毅然决然地告别培养他们的母校，而拥抱北上广深的繁华。国家 2016 年将实行了近 20 年的 985、211 工程正式调整为“双一流”建设，破除了原来的封闭俱乐部，使得国内各高校之间的人才“军备竞赛”骤然升温。随着第一批双一流名单的公布，高校之间互相人才挖角的力度也空前加大。

（一）政策创新为高校教师“孔雀东南飞”注入新内涵

多年来，深圳持续进行人才政策创新，为“孔雀东南飞”不断注入新内涵。深圳出台《深圳市中长期人才发展规划纲要（2011—2020 年）》，形成较为完善的人才发展规划体系；2008 年，在全国较早实施高层次专业人才的 1 +6 政策；2011 年，制定实施引进海外高层次人才和团队的“孔雀计划”；在事关人才资源能否加速集聚、人口结构能否加速优化的关键时期，市委市政府 2016 年出台《关于促进人才优先发展的若干措施》，探寻深圳人才优先发展的科学路径；2017 年颁布实施《深圳特区人才工作条例》，通过特区立法突破人才发展体制障碍，继续“量”“质”齐升引“孔雀东南飞”。

① 数据来源于深圳市教育局网站. 2018 年深圳教育事业发展基本情况.

2018年2月，全市组织部长会议召开，传递出消息：深圳人才政策体系将全面优化升级，形成新的人才政策法规体系总体框架：第一层次是《深圳特区人才工作条例》，已于2017颁布实施；第二层次是制订或修订两项计划，即制订以人才培养、激励、服务和体制机制改革为重点的“鹏城英才计划”，修订以人才引进为重点的“鹏城孔雀计划”；第三层次是制定或修订若干项配套措施，包括金融人才队伍建设、柔性引才用才、创新型青年企业家培育等；第四层次是制定或修订若干项操作规程，涵盖人才工作站管理、创新创业人才奖的实施细则等。据深圳官方透露：深圳和中外高校建立合作办学共计有18所大学，未来大学的建设要花600多亿元，每年都将增加100多亿元。

（二）高学历又年轻的高校教师人才加速在深圳聚集

“深圳人才政策的吸引力不仅是在政策本身，而且通过这些政策的推出，展现了政府引进人才的决心和姿态。不断创新、适应当下形势的机制，是深圳长期保有吸引力的关键。”业内专家这样评价。据深圳市人力资源和社会保障局2018年8月发布信息称，近年来，各类人才尤其是创新人才、“高精尖缺”人才加速在深圳聚集。2017年深圳共引进各类人才26.3万人，同比增长42.5%，接收应届毕业生连续4年创历史新高。2017年深圳新增全职院士12名，累计29名；新增国内高层次人才730人，累计6 979人；新确认“孔雀计划”人才958人，累计2 954人；新引进海外留学人员1.8万人，累计近10万人。

深圳市人力资源和社会保障局发布的人才引进数据分析显示：深圳引进人才年轻化和专业化特征明显，2017年引进的人才平均年龄为27.07岁，其中35岁以下的占九成以上；2017年引进的人才本科以上学历14.48万人，同比增长三成多；引进的人才聚集在支柱产业和战略性新兴产业。深圳2017年“孔雀计划”人才引进情况显示，近九成人才在40岁以下，近97%拥有博士研究生学历，呈现学历高、年富力强、从事专业分布较广等特点。① 例如，2018年4月，深圳人才集团奔赴成都，集中签约的高校包括西南交通大学、西南财经大学、四川农业大学、四川师范大学、西南石油大学，同期，深圳人才集团还在3所高校开展学生干部交流座谈会。此次活动是深圳人才集团打造“三个一百”平台战略的又一重大举措，也是对外宣传人才政策、人才

① 今年深圳将新引进高层次人才上千名. http://sz.people.com.cn/n2/2018/0408/c202846-31431777-3.html. 人民网. 2018-04-08.

优势，打造人才特区的具体行动。深圳人才集团主动出击，宣传深圳引智优惠政策，努力吸引西南学子来深参与建设。同时，与西南高校的全面合作将为特区招才引智打下坚实基础，助力深圳打造创新型全球城市。①

（三）南方科技大学引智引才的成功实践②

位于深圳的南方科技大学（以下简称“南科大”），作为国家高等教育综合改革试验学校，肩负着为我国高等教育的改革发展探路的使命，一直备受瞩目。南科大艰苦奋斗的创校历程、步履铿锵的改革足迹，可以概括为“敢闯敢试、求真务实、改革创新、追求卓越”创校精神的实质。这所大学与其扎根土壤之间的深情、理想追求和使命担当，凝聚了一批又一批优秀人才，朝着同一个方向凝望、高飞。

在2017年举办的首届论坛对南科大引进优秀青年人才发挥了关键作用——参加论坛的14人成功通过南科大入选中组部青年“千人计划”，入选人数居全国高校第九位。在学术交流的同时，在听取了陈十一校长对南科大的介绍和展望后，2018年，又有多位专家学者“动心”了。来自哈佛大学的孙康博士对南科大的印象非常好，“学校的学科建设、科研氛围都充满了吸引力，参加论坛收获颇丰，之后会考虑回国工作”。

筑巢引凤，年轻的南科大已拥有一份熠熠生辉的师资名单——引进教师约300人，其中90%有海外工作经验，包括院士14人，国家“千人计划”入选者36人，教育部“长江学者”12人，“国家自然科学基金杰出青年基金”获得者13人，“青年千人计划”入选者60人，深圳市“孔雀计划”147人……其含金量，可比肩不少老牌重点大学。

1. 遴选全球一流人才，建立一流教授队伍

南科大计算机科学与工程系主任、讲座教授姚新选择南科大的原因是“南科大是一个充满活力、雄心勃勃的年轻大学，它能对世界一流的研究提供环境支持”，“此外，学校周围有很多高科技公司，这对于开展高技术科学研究并转化为实际应用是一个绝佳的机会。我觉得，每一个有雄心壮志的科研工作者能在这里找到开展他研究计划的环境，能找到使他的研究在现实世界中真正发挥作用的支持”。姚新是全球人工智能领域的顶尖专家，教育部长江讲座教授，国家“千人计划”入选者，加入南科大前任英国伯明翰大学

---

① 罗俊杰，游娜. 促更多优秀人才“孔雀东南飞”——深圳人才集团与西南5高校签署协议[N]. 晶报，2018-04-03(A04).

② 高层次人才何以“孔雀东南飞”？——南科大在深圳创建世界一流研究型大学系列专题之一[N]. 深圳特区报，2017-03-2.

计算机学院讲座教授、计算智能与应用研发中心（CERCIA）主任、IEEE Fellow，IEEE 计算智能学会主席。加入南科大，他希望在十年之内，把计算机系建设成国际公认的成就卓越的一个专业。

同姚新教授一样，怀着梦想来到南科大的人还有许多。如美国最杰出的华裔水科学家、阿拉巴马大学讲席教授、国家“千人计划”入选者郑春苗，如已拥有了美国大学的终身教职、中组部千人计划国家特聘专家、长江学者张绪穆。陆续加入南科大的有俞大鹏院士、陈晓非院士、刘科院士、徐政和院士、周永明教授等知名科学家，有国内外优秀的青年学者，也有国内一流人文学科学者如陈跃红教授，高水平师资队伍为南科大崭新的教育创新之旅注入不竭的动力。

搭圆梦舞台，为学术大师提供充分施展的平台，提升高层次人才的归属感。吸引国际一流学者奔赴南科大的，并非高薪，而是南科大的梦想和办学理念。办一流大学，需要一流人才。南科大扎根中国大地，放眼全球遴选世界一流人才，吸引了一大批有思想、有能力的教授放弃现有的优厚待遇，来到南科大贡献自己的聪明才智。南科大全球遴选具备国际视野的学院院长和系主任，确保学术带头人高端领军。目前，工学院、商学院、医学院院长，各院系、中心主任全部聘任到位，且全部都是千人计划学者或海内外知名的大家，学科带头人“火车头”效应初步显现。

2. 南科大引师的关键因素是“南方有嘉木”

南科大从设立之初起，就有“建设世界一流研究型大学”的远大目标，是理想和梦想的吸引力，吸引了大批优秀人才来到深圳，与这座成长中的大学一起成长、一起创业、一起书写高等教育发展的传奇，而南科大也通过制定实施国际通行的人才引进、培养、评价、淘汰制度，为海外归国学者营造了一流的成长环境，力争把世界上最优秀的科学家吸引到深圳，将南科大加快建设成世界一流研究型大学。

南科大教研序列的教授实行终身制制度，教授每三年为一个聘期，在两个聘期后，如不能升为终身教授，即需要离开。这种“非升即走”的制度，有效地保持了南科大人才的活跃和水准。南科大吸引海内外青年学者的另一个很重要的原因，是实行 PI 制，PI 即独立课题组负责人，每位教研序列的教授都有独立的实验室、启动经费，不必依附在老教授的团队，可以组建独立课题组，独立申请项目和经费。

过去两年，南科大的教授团队在申请国家级科研项目方面，受资助率居全国高校前列，这与学校完善的人才支撑服务分不开。让海外高层次人才不断熟悉国内的科技创新支撑体系，不断获取国家和区域所提供的条件，与产业界产生密切互动，这些是南科大让“海归”服水土的有效秘诀。教育部科学技术司发布的《2016 年高等学校科技统计资料汇编》，南科大总体科研经费为 3.166 亿元，人均科技经费为 82.869 万元，位列全国第七。

南科大鼓励教授创新创业，把科研成果转换到对社会有用的地方去。学校支持教授每周（7 天）有一天在企业服务，明确教职工可以获得以职务发明及技术作价入股企业进行转化收益的 70%。短短几年，南科大已建立近 20 家企业。

除了干事创业的支撑，大到住房、子女教育、医疗等方面的生活保障，小到双语的通知，南科大不断提升一流大学的管理服务水平，极大地增强了人才的归属感。

3. 构成长平台，人才引进与人才成长进入互相推动的良性循环

南科大在创建世界一流研究型大学的过程中，不断激发一流人才的爱国情怀和服务国家与区域发展的使命担当，强化师德师风建设，一支结构合理、成果丰硕的国际化师资团队已经形成。

短短几年，南科大引进的人才承担国家、广东省、深圳市三级科技计划项目 571 项，获得竞争性经费资助 7 亿多元。学术科研方面，以 *Science*、*Nature*等国际权威刊物为阵地，不断提高论文发表的含金量；获得国家级科技奖励 2 个，省部级科技奖励 2 个，市科技奖励 2 个；授权专利 40 项；2016 年，南科大自然指数加权论文值在中国大学自然指数排行榜中排名第 44 位，《自然》杂志“自然指数 2016 新星榜”增刊显示，在全球 100 家高质量科研论文增长最显著的国家和机构中，南科大排名全球第 62 位，增速位居全球第 3 位。

2016 年 8 月，南科大 6 个团队入选深圳市 2016“孔雀团队”，占全市总数一半。这些项目课题的成功申报，使得人才引进与人才成长进入互相推动的良性循环。2017 年 1 月，由南方科技大学副校长、数学系讲座教授汤涛主持的项目“自适应与高精度数值方法及其理论分析”荣获国家自然科学二等奖。2017 年 1 月，国家科技部发布了 2016 年创新人才推进计划拟入选对象公示，南方科技大学化学系副教授李闯创成功入选，成为南科大首位国家中青年科技创新领军人才。早在两年前，他已成为南科大首位获得国家基金委“优秀青年基金”的青年教授，并成为南科大历史上连续 3 年获得基金委项目资助的第一人。在化学系，副教授谭斌、刘心元联合课题组多次在国际期刊上发表论文，成果丰硕，被形象地称为“谭刘组合”。他们连续在国际顶

级期刊发表最新学术成果。其中，有一篇论文还被选为《德国应用化学》的封面文章，配发的“杂志封面故事”这样写道：“当前的南方科技大学犹如我们实验室瓶子中的幼苗，通过我们不懈努力及外界的大力支持，一定会茁壮成长，成为国际知名的研究型大学。”

学校通过加强组织协调，培养教师积极申报各级各类人才项目；组织各种评选活动，激发教师们的教学热情，升华对教学设计、教学规划的思考；通过积极拓展与国内外一流高校、顶尖学者的合作，推动人才在教学、科研和管理多线程国际接轨。在服务地方发展方面，由郑春苗教授领衔的环境学科已经成为深圳市治水提质技术联盟的重要支撑力量，一批教授在深圳的决策咨询、科技转化方面发挥了重要作用。

三、深圳市中小学教师的迁移现状①

李敏的硕士学位论文《中小学教师“孔雀东南飞”的原因分析——基于“推拉理论”的视角》一文中，对深圳市中小学教师的迁移现状进行了深描。深圳从一个只有几百人的沿海小渔村，发展成一个国际化大都市，与包括教师在内的大量外来人口的迁移流动分不开。1980 年，深圳的总人口为 31. 41 万人，到 2013 年则增加到 1 062. 89 万人，人口增长了 3 382. 8%，年平均增长率为 10. 9%。非户籍人口从 1980 年的 1. 2 万人增长至 2013 年的 752. 42 万人，年平均增长率为 28. 5%。深圳总人口数和非户籍人口增长曲线，基本保持平行，从 1980 年开始平缓增长，在 20 世纪 90 年代开始陡增，总人口数呈继续增加趋势，户籍人口从 1980 年到目前一直处于平缓增长状态。非户籍人口数量飞快增长，表明大量人口涌入深圳，这其中不乏内地迁移至深圳的中小学教师。

随着经济社会的发展，人口流动呈家庭化模式，子女也跟随父母流入深圳。伴随着随迁子女的增加，深圳需要为其提供受教育机会，这就催生了更多学校，以及对大量教师的需求。李敏通过调研认为，1980 年，深圳仅有中学教师 625 人，小学教师 1 736 人。到 2012 年底，其中学和小学教师的人数分别达到了 38 081 人和 21 222 人，到 2018 年底，深圳有各类教职工 207 200 人，深圳中学、小学的专任教师数量从 1980—2000 年一直平缓增长，在 2000 年以后增长的速度加快。

---

① 李敏. 中小学教师“孔雀东南飞”的原因分析——基于“推拉理论”的视角[D]. 武汉：华中师范大学，2015：21 – 28.

（一）深圳流入的中小学教师的基本信息统计分析

流入教师个人信息描述性统计分析表如表6－1所示。

表6－1　流入教师个人信息描述性统计分析表

变量	人数	百分比	变量	人数	百分比
性别			教龄		
男	220	31.0	3年以内	70	9.8
女	490	69.0	4～9年	187	26.3
年龄			10～20年	227	32.0
25岁以下	36	5.1	21～30年	182	25.7
26～35岁	298	41.9	31年以上	44	6.2
36～45岁	220	31.0	职称		
46岁以上	156	22.0	初级	214	30.1
学历			中级	337	47.5
专科	54	7.6	高级	95	13.4
本科	611	86.0	未评	64	9.0
硕士	43	6.1	担任职务		
博士	2	0.3	校长	2	0.3
婚姻			副校长	11	1.5
已婚	583	82.1	中层干部	43	6.0
未婚	127	17.9	教研组长	51	7.2
			普通教师	470	66.2
			班主任	133	18.8

从表6－1可知，从所调查的样本来看，流入的教师中女教师居多，占69.0%，表明女教师由内地流到深圳的数量较多，而男教师相对较少，这符合深圳中小学教师男女比例失衡情况；从年龄上看，年轻教师占多数，主要集中在26～45岁年龄段，占72.9%，46岁以上约占22.0%，这个年龄段的教师，大多是20世纪90年代从内地流动过来的，当时也大多是年轻教师，而且很多是内地的骨干教师；从教龄来看，10～20年的居多，占32.0%；从学历和职称来看，本科以上教师占92.4%，专科学历仅为7.6%；中级以上

职称的占60.9%，初级职称为30.1%，未获职称的仅占9.0%；大多属于“双高”教师，即拥有高学历、高职称。从婚姻状来看，所调查的教师，已婚占大多数，为82.1%，未婚的仅为17.9%。

（二）流入深圳的教师来源分布

对流入深圳中小学教师的统计分析发现，大部分来自经济和教育欠发达的中部、北部地区，其中，广东省（深圳除外）所占比重最大，约占31.7%，除了广东省外，来自东部地区（福建、海南、河北、辽宁、山东、江苏等六省）的约占8.2%；来自西部地区（甘肃、青海、宁夏、陕西、重庆、四川、广西、内蒙古、云南等九省区）的约占11.7%；中部地区共占48.4%，按教师流入比例大小排列依次是：湖南、湖北、江西、黑龙江、安徽、吉林、河南、山西等8个省，如图6－1所示。

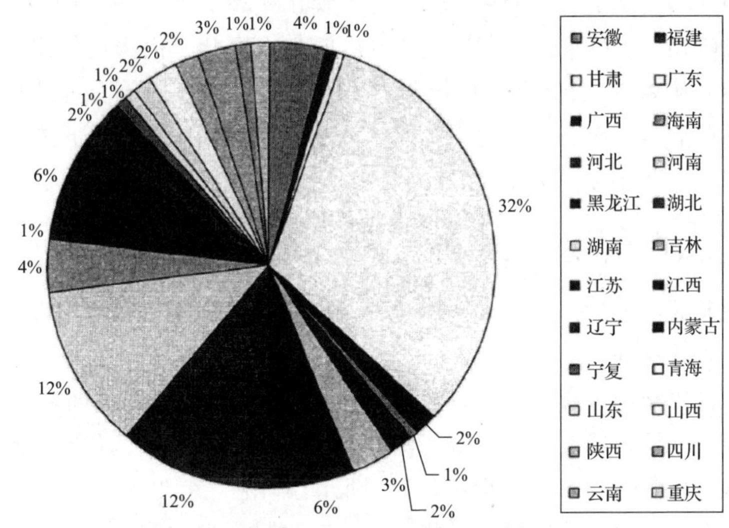

图6－1　流入深圳的流动教师来源分布

（三）教师流入深圳的显性特征

1. 流入深圳的中小学教师在2005年达到峰值，之后呈递减趋势

如图6－2所示，从流动时间来看，从20世纪80年代开始，中小学教师流入人数逐年增加，2005年达到高峰，之后呈递减趋势，但流入趋势未变。从2005至2018年，流入深圳的教师越来越高学历、高职称化、低年龄化。

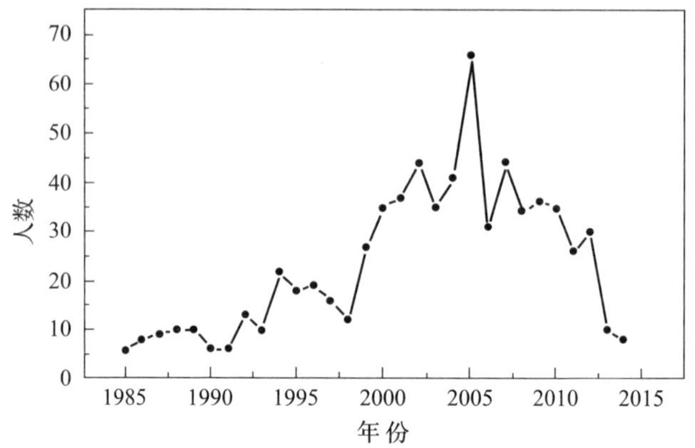

图6-2 中小学教师流入深圳时间—人数图

南山区塘朗小学人事处袁主任认为，现在（2015年）不是内地教师流入深圳的高峰期，高峰期主要集中在1995年到2005年，因为深圳出台的相应政策规定，从2008年开始，中小学所需教师仅从六所国家部属重点师范大学和华南师范大学的应届毕业生中招聘，入校即有编制，不需要再参加编制考试。福田区莲花中学何校长也认为，内地教师直接调入深圳学校的情况从2008年就开始逐渐减少，后来主要招聘应届毕业生。他强调，该校近几年新进的教师几乎全是应届研究生，少数是本科毕业生，基本不再从内地调入教师。据调研数据显示，南山区蛇口学校调入教师的流入时间与深圳人口数量变化趋势大致相同。

据深圳市南山区教科研中心裴主任介绍，改革开放前，深圳是个小渔村，人口较少，本地教师就更少，所以深圳中小学教师来自全国各地，教师来自较多的省份依次是广东（深圳市外）、湖北、湖南、东北三省、江西、河南、安徽、山东、四川、重庆等，早些年，也有少量来自北京、上海、天津的教师，但是如今这些地区基本就没有教师流动过来了。据了解，湖北教师“东南飞”的高峰期是在1995年至2005年，此时全国中小学规模普遍扩大。在这段时间里，包括湖北在内的中部地区，普遍出现教师由欠发达地区向发达地区流动。罗湖区滨河中学的滕校长说：“我校来自湖北的教师占我校教师总数的20%～30%，很多是20世纪90年代过来的优秀教师，我们的何校长也是湖北人，也是内地调过来的。”

2. 城市公办教师是流入深圳的主体

通过对710个有效样本统计分析，流入教师主要来自城市公办学校，占69.4%，如表6-2所示。这一方面是由于深圳中小学对教师要求比较高，另一方面是城市公办教师素质相对较高，信息面广，有利于流动；而郊区、县城、乡镇公办学校的教师相对较少，只占30.6%。与公办学校相比，来自民办学校的更少，仅占15.8%。

表6-2　学校位置与学校性质

		学校性质		合计
		公办学校	民办学校	
学校位置	城市	415	52	467
	郊区	63	27	90
	县城	80	18	98
	乡镇	40	15	55
合计		598	112	710

3. 在编的中小学教师具有迁移流动的优势

分析发现，在流入的710位教师中，510人在原任教学校是在编教师，占71.8%，到深圳后，获得编制的有406人，变为临聘教师的104人；200人在原任教学校为临聘教师，占28.2%，到深圳后，75人获得编制，变为公办教师，125人仍为临聘教师，如表6-3所示。由此可见，在编教师更具流动优势。

表6-3　710位教师编制变化表

来深前		来深后	
		在编	临聘
在编教师	510	406	104
临聘教师	200	75	125
合计	710	481	229

4. 优秀教师单向流动，较少有回迁现象

调查发现，流入教师大多具有高学历、高职称，并且不少是地级市以上的优秀教师。例如，罗湖区笋岗中学有流入教师125人，其中本科学历占87.2%，研究生学历占11.2%，获得中级职称的有66人，副高级职称45人，初级职称仅为14人；南山区蛇口学校有流入教师123人，其中本科学历占78.5%，研究生学历占7.6%，中级职称62人，副高级职称45人，初级职称仅为16人；龙岗区可园学校有流入教师115人，其中本科学历占87.9%，研究生学历占3.4%，中级职称80人，副高级职称10人，初级职称25人。通过710个有效样本发现，教师获得校级以上奖励共有479人，其中，校级奖励33人，区级155人，市级104人，省级44人，国家级142人。这些都是比较优秀的教师，并且他们都是单向流动，其中，81.1%的教师来深圳后不会选择回家乡任教，这对于流出地来说是一种巨大的教师人力资源的流失。

5. 以主要科目的中小学教师迁移流动为主体

流动教师主要教授与高考密切相关的科目：语文、数学、英语。调研结果显示，流动至深圳中小学各个科目的教师基本都有，并比较均匀地分布在各个年级，但相对比较多的科目是语文、数学、英语、体育科目的教师，如图6-3所示。在调研中，南山区教育局教科培中心裴主任说：深圳自从改革开放以来，经济快速发展，教育事业也随着经济实力增强而快速发展，学校如雨后春笋一般出现，再加上深圳本地人很少，教师数量也就少，只能从内地调入教师，基本上各科目都是需要人的。

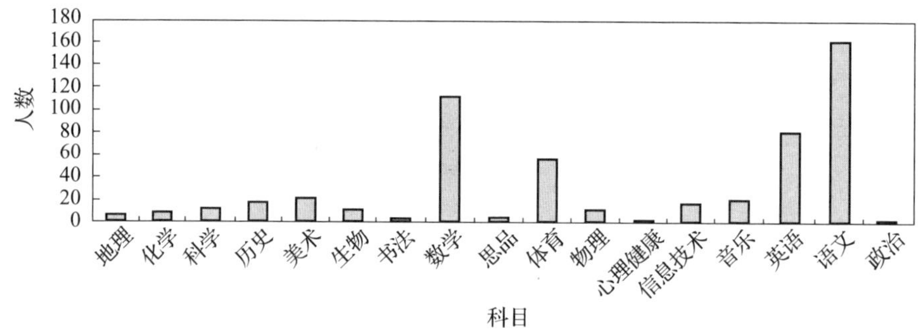

图6-3 不同科目教师的流动人数

主要科目的老师流失，会造成学校教师学科结构的失衡，而且学校如不能迅速找到相应学科的教师来替代，让其他任课老师或者临时聘用未受严格审核的教师代课，会影响学生学习的积极性，难以保证质量。教育过程是一个连续性的过程，需要教师队伍保持相对稳定，教师流走了，会打乱正常的教学秩序，影响师生间的交流。

6. 女教师流入的数量大，包括随迁和自主迁移流动两种情况

由表6-1可知，流入中小学的教师中，女教师占了69.0%，不少女教师是为了家庭考虑，随配偶工作迁移过来的。南山区塘朗小学总务处邓主任讲：无论哪里的学校，中小学女教师都比较多，很多是随配偶工作迁移过来的，就比如我们学校三年级的一位老师，她本来是江西一所中学的语文老师，

在那里工作各方面都挺好的，但由于丈夫签约在学校附近的中科院先进技术研究院工作，她为了家庭只能跟着过来，在我们学校当老师。当然，也有一部分女教师不是随配偶工作迁移过来的，而是为了个人发展，自主流入的。这体现女性观念的改变、地位的提高，不再局限于我国传统的男尊女卑、男主外女主内的传统模式，为了追求经济利益和自我价值实现，她们敢于走出家庭，走进深圳这片沃土。

7. 中青年教师是迁移流动的主体

由表6-1可知，被调查的流入教师中，45岁以下的约占78%。和南山区教育局领导的访谈我们了解到，南山区中小学流入教师中，45岁以下的约占80.7%。由此可见，流入教师队伍呈年轻化特点。

内地省份年轻教师的流失，使得原来学校教师年龄偏大，教师年龄结构出现断层。根据人力资本投资模型，越是年轻的工人在更换工作后获得收益的时间就越长，从而工作流动预期收益越大，因而工作流动大部分为年轻人。[①] 这一理论同样适用于教师流动。格蕾斯默和柯尔比对此的解释是，教师的平均流失率与其年龄和经验分布密切相关，新教师，尤其是年轻教师流失率相对较高。[②]

8. 流入深圳的教师来源不同，待遇差别较大

目前深圳中小学教师主要由五种来源构成：①应届毕业生，即每年在6所部属师范大学及华南师范大学招聘的毕业生，被录用即有编制；②直接招聘的往届师范院校毕业生（一般为上一届），没有编制，通过教师职员考试合格后转为正式教师；③绿色通道，主要是针对在深圳任教的优秀代课教师，要求比较高，即那些获得诸如全国优秀教师、全国模范教师、特级教师、省优秀教师、省学科带头人等荣誉的教师；④人才引进，主要是从市外引进的高层次、高学历的优秀教师和校长，比如特级教师、地市级以上政府表彰的优秀教师和校长；⑤临聘教师，其中一部分是通过购买服务的方式到中小学任教的（即教师和人力资源中介公司签合同，而不是和学校签合同，由公司派遣去指定的中小学），这是近些年才实行的一种教师招聘方式，数量较少，这些教师入编也要参加教师职员考试。

外地教师流入深圳后一部分成为在编教师，一部分变成代课老师。成为在编教师的，主要是早些年通过“绿色通道”直接调入的，或者先是代课老

---

① 吴克明.教育与工作流动研究[M].青岛:中国海洋大学出版社,2007.

② 〔美〕Camoy M.教育经济学国际百科全书[M].闵维方,译.北京:高等教育出版社,2000.

师后通过教师职员考试或者“绿色通道”转正的那些教师。在编教师工资高，尤其主课教师收入更高，工作量也适当，学校逢年过节都会向教师发放红包，而且还发放生活用品，有年终奖；代课教师学历高、业务能为强、整体素质较好，但是压力大，工作量大，工资只有在编教师的一半，因为身份特殊，只能拼命工作，表现好，才能长期代课，不然，随时都有可能被新教师替换掉。代课教师一种是学校直接招聘的，和学校签订合约，一种是和人力资源中介公司签订合同，由公司派遣的。如罗湖一所小学的一位科学课老师，来深圳代课四年多了，期间换了两所学校，在第一所学校期间因为生小孩，学校没有继续聘用，就单方面辞退了；来这所学校两年多了，工作量大，平均每个星期至少 18 节课，还要忙于教师职员备考，考不过就不能转为在编教师，更不能享受在编教师的各种待遇，压力相当大。

（四）深圳通过提高教师薪酬，引进一批国内和国际知名学校，引进优秀的中小学教师

深圳在大量引进顶尖大学之后，开始重视中小学、学前教育。据《深圳市 2018 年国民经济与社会发展统计公报》显示，深圳中小学幼儿园在校人数已达 210.54 万人，深圳多个学区发出“学位”缺口预警，这也表明深圳急需补充一定数量的教师。深圳市教育局直言，近几年，面对社会普遍反映的高房价和薪酬待遇等方面的压力，教师工作的比较优势有所下降，在一段时期内，还影响了深圳市对教育人才的吸引力。深圳市教育局表示，近年来，深圳市一直严格落实国家和广东省关于“两相当”的规定，教师平均工资收入水平不低于公务员。而且，通过几次大的工资制度改革和调整，教师收入水平一直在稳步提高。随着教师工作吸引力大大增强，深圳近几年人才引进明显提速。引才提速加快了队伍结构优化，教师队伍整体上呈现年轻化、高学历等特点。

2019 年深圳教育支出增加 11%，新增 2 万个幼儿园、3 万个公办中小学学位。深圳的学前教育将加大财政投入规模，预计在 2020 年投入资金超 100 亿元。深圳市教育局关于印发《深圳市学前教育发展行动计划（2019—2020 年）》的通知称：每年新建 2 万个以上学前教育学位。加大幼儿园规划与建设力度，鼓励社会力量兴办幼儿园和其他类型学前教育机构。到 2020 年，普惠性幼儿园（含公办幼儿园和普惠性民办幼儿园）覆盖率占 80% 以上，其中公办幼儿园在园儿童占比达到 50%。每个有条件的社区至少有 1 所公办幼儿园。深圳市副市长王立新在学前教育工作推进会上称，深圳将大力发展公办园，幼儿园教师的平均工资要翻倍。据中国日报网 2019 年 5 月 7 日发布，目前深圳现有各类幼儿园 1 771 所，其中公办幼儿园 68 所，占比 3.8%；深圳民办幼儿园教师平均工资较低，每月只有 4 800 元；在园教师专业素质偏低，从学业水平来看，大专以上教师仅占 57%。2019 年 5 月，深圳市盐田区教育局面向 2019 年应届毕业生公开招聘教师 20 名，近 400 人报名，其中硕士 286 人，占比 72%。2019 年 9 月，深圳市宝安区新教师正式上岗，公办学校新招高校优秀毕业生 801 人，其中清华大学、北京大学毕业生各 3 人，共 6 人；硕士研究生 504 人，占比 62.9%。

1. 深圳中学引师的个案

2019 年 5 月，深圳老牌名校深圳中学 2019 年拟招聘的 35 名教师名单引发热烈讨论：其中清华大学、北京大学的毕业生就有 20 人，还有 1 人毕业于哈佛大学，且 32 人均是研究生学历，3 人是博士（后）。与此同时，除了招聘名单，深圳中学还公布了该校拥有的毕业于北大、清华的教师名单。其中毕业于北京大学的 26 人、毕业于清华大学的 13 人，39 人中本科学历为 4 人、硕士学历为 25 人、博士为 8 人、博士后 2 人。据《南方日报》了解，深圳中学共有教师 400 余人，其中硕士 200 多人，博士 29 人。教授、正高级教师、特级教师、竞赛金牌教练、名教师等 40 余人。校方称，近几年从哈佛大学、新加坡国立大学、北京大学、清华大学、中国科学技术大学等海内外名校引进了百余位优秀毕业生，进一步优化教师结构，为学校发展注入了强劲的动力。此前，深圳中学校长朱华伟 2018 年年底接受“南方 +”独家专访时也表示，深圳中学要建设中国特色世界一流高中，完成“培养具有中华底蕴和国际视野的拔尖创新人才”的培养目标，其中师资队伍也需要向世界一流看齐。“目前我们的教师队伍是国内一流的，但还达不到世界一流。”他透露，由于泥岗校区的开办，这几年深圳中学会引进 200 多位老师，希望吸引一批有好的教育背景和教育情怀的青年才俊。

从迁移教师个案看，赵志伟 2018 年从清华大学硕士毕业后，应聘进入深圳中学担任高中数学教师。“我的理想就是成为一名中学老师。”赵志伟说，他的父母以及多个亲戚都是教师，这种家庭环境让他对教师这个职业充满了亲切感。另外，这个职业也让他有满足感，“把自己所学毫无保留地教给学生，让他们学会技能，这个过程会非常有满足感、成就感”。在赵志伟的眼中，深圳这座城市，以及深圳中学这所名校，都非常有朝气、活力以及干事创业的氛围，他为自己能来到这里工作而感到庆幸，“在清华听完深中的宣讲后，觉得学校追求卓越、敢为人先的理念跟我想要的特别契合，在这里能够实现自己的教育理念”。

2. 人大附中深圳学校引师的个案

2017 年创办的中国人民大学附属中学深圳学校是深圳市教育局批准、深圳市大鹏新区管委会所属、人大附中承办的全日制公立学校，是人大附中联合学校总校的成员校。学校包含九年一贯部和高中部两个校区，校园环境清新，风景宜人。为进一步加大人才引进和培养力度，大鹏新区出台了《大鹏新区人才优先发展若干措施》，力求未来五年每年建设 4 个以上名师工作室，每年给予每个名师工作室 10 万元工作经费；工作室为新区每培养 1 名省级或以上、市级、区级名师（含名校长），分别给予 50 万元、20 万元、10 万元的一次性奖励。

人大附中深圳学校除了来自人大附中联合总校的教师之外，学校按照人大附中教师招聘标准，通过招聘北京大学、清华大学等重点高校优秀毕业生，面向全国选聘特、高级教师等多种方式，组建优秀教师团队，目前学校有特级教师 7 人，博士及博士后 27 人，全国优秀教师、全国模范教师 4 人，省级以上骨干教师、学科带头人 24 人，海归人才 10 人，海外高层次人才 4 人，毕业于北京大学、清华大学、北京师范大学、北京外国语大学、中国人民大学的教师共 45 人。硕士研究生以上学历的教师占比在 52% 以上。

从迁移教师个案看，美国明尼苏达大学博士后陈名 2018 年选择来到人大附中深圳学校高中部任教。对于做出这样的选择，陈名有多重原因，如离家人工作单位近，对人大附中教育理念认可，最重要的一点是她非常喜欢教学，觉得教学是一件快乐且有成就感的事情。

3. 华中师范大学附属光明勤诚达学校引师的个案

截至 2018 年，光明新区累计引进教师 2 300 余人，教师梯队建设日趋完善。2019 年秋季开学，新区已投入使用的各级各类学校共 113 所，其中公办中小学 22 所、民办中小学 13 所、幼儿园 77 所、成校 1 所，区域教育竞争力不断提升。

光明新区政府与华中师范大学合作办学的成果——华中师范大学附属光明勤诚达学校作为光明区重点项目已经开工。目前规划为九年一贯制公立中小学。学校位于新区玉塘办事处长圳社区，光侨路与侨松路（规划路）交会处东南角，占地面积约 3. 2 万平方米，总建筑面积 6. 8 万平方米，办学规模达 54 个班，学位 2 520 个。2018 年 9 月 5 日，在光明新区政府的统一决策部署下，光明新区政府、华中师范大学、勤诚达集团三方代表共同签署合作办学文件，首次将华中师范大学优质教育资源引入光明新区，为光明新区教育再添新实力。

4. 深圳市龙华区招聘教师个案[①]

据龙华区教育局介绍，近三年教育总投入达 120 亿元，每年新改扩建学校 10 所以上；教师队伍整体年轻，高级教师职称（相当于副教授）职数充足。近三年，龙华区教育系统新招优秀毕业生 1 150 人，其中 A 类双一流院校、部属师范院校、世界排名前 100 院校占比 82.2%；研究生占比 70%，覆盖 7 个国家或地区的 101 所院校。

2019 年 9 月中旬，深圳龙华区教育局发布消息称，将启动秋季校园招聘，面向海内外 2020 届应届毕业生招聘中小学教师约 400 人。其薪酬待遇引起网友热议：年薪本科生 26 万元以上，研究生 28 万元以上，全日制博士还另外奖励 20 万元，优秀毕业生奖励 3 万元～8 万元，优先为受聘者申请人才住房、长租公寓。此外，全年带薪休假 165 天以上，非师范专业、无教师资格证者也可报考。此次招聘中，超 3.5 万名应届毕业生报考，经选拔，来自全球 62 所院校的 491 人入围。在入围的 491 名毕业生中，A 类双一流院校 314 人、部属师范 62 人、世界排名前 100 高校 61 人，占比 89%，另有中央美术学院等专业院校 26 人。其中，研究生及以上学历 423 人，占比 86.2%；博士 23 人，来自北京大学 6 人、清华大学 5 人。值得一提的是，本硕均就读于 A 类双一流院校的毕业生多达 219 人，占比近 45%。从院校分布来看：北京师范大学 54 人、北京大学 48 人、清华大学 28 人、东北师范大学 27 人、华中师范大学 24 人、武汉大学 22 人、华东师范大学 21 人、中山大学 16 人、中国人民大学 15 人、厦门大学 15 人、香港中文大学 15 人、华南师范大学 15 人、北京体育大学 12 人、爱丁堡大学 11 人、南京大学 10 人、山东大学 9 人、中央民族大学 8 人、哈尔滨工业大学 8 人、复旦大学 7 人、吉林大学 7 人、浙江大学 6 人、香港大学 6 人……

深圳市龙华区外国语学校创办两年半，截至 2019 年春招，该校共引进高层次人才 4 名，北京大学、清华大学毕业生共 23 人，双一流名校毕业生 56 人，世界前 100 强名校毕业生 18 人，教育部部属师范院校毕业生 29 人。据《南方日报》了解，近几年，不少国内外名校毕业生都很青睐到深圳中小学、幼儿园任教，名校毕业生热衷到深圳中小学教书，不少深圳学校的招聘“门槛”正在抬高。

---

① 深圳龙华近 30 万年薪招中小学教师收官，博士、研究生超八成[EB/OL]. 澎湃新闻，2019－10－23. http://www.sohu.com/a/348868258_260616? spm=smpc.home.top-news4.5.1571812322298HZ4Dq8v&_f=index_news_16.

5. 深圳威雅公学引师的个案

深圳威雅公学由京基集团与英国威雅公学合作办学，京基集团负责校园用地、校园建设和学校筹建等工作，而英国威雅公学则负责学校的运营及管理，包括国际高水平教师及教职员工招聘、招生、课程教学安排等。

英国威雅公学对于很多中国家长来说可能还比较陌生，但是它是毫无争议的世界名校。有消息称，威雅公学计划在大中华地区总共开办5所学校，其中包括常州威雅公学（《胡润中国国际学校百强排行榜》全国排名26）、成都威雅公学（预计2021年开始招生）、杭州威雅公学（预计于2020年9月1日正式开学）。威雅公学进入我国将不会完全复制英国模式。学校采用中西结合的双语教学，同时面向中外籍学生。学校的办学目标是吸引国际化的优质师资，建立一座融合我国义务教育课程和英式公学教育课程为一体的国际化学校。

四、深圳教师迁移的原因①

依据“推拉理论”的基本原理，人口迁移流动是两种力量相互“推拉”的结果。教师迁移流动也不例外，是流出地的“推力”和深圳作为教师流入地的“拉力”共同造成的，其结果如表6－4所示。

表6－4　教师流动推拉因素

明细分类	推/拉	人数	占比
流出地工资待遇低	推	331	46.6
流出地教师管理不合格	推	315	44.4
流出地教学环境差	推	296	41.7
流出地工作量大	推	262	36.9
深圳对教师需求量大	拉	375	52.8
深圳工资水平高	拉	445	62.7
深圳教学条件好	拉	327	46.1
深圳学校管理相对科学	拉	305	43.0
深圳生活环境优越	拉	289	40.7

① 李敏.中小学教师“孔雀东南飞”的原因分析——基于“推拉理论”的视角[D].武汉:华中师范大学,2015:29－41.

李敏通过对710个有效样本的分析发现，导致教师流动的推力依次主要是流出地的工资待遇低（46.6%）、学校管理不合理（44.4%）、教学环境差（41.7%）、工作量大（36.9%）；深圳教师迁移流动的拉力分别是深圳教师收入高（62.7%）、教师劳动力市场需求量大（52.8%）、教学条件好（46.1%）、管理相对科学（43.0%）、生活环境优越（40.7%）。流出地的"推力"和深圳的"拉力"共同造成内地教师向深圳迁移流动。

（一）流出地对教师迁移流动的推力

教师向深圳迁移缘于内地的推力。内地经济发展水平、社会文明程度与深圳等经济发达地区有一定差距。教师工资待遇低，学校办学条件、科研条件差，仪器设备满足不了教学的需要；加之社会风气不正，如教师职称评定、评优、升职时不公平，就会对所在学校产生厌倦和不满，导致教师外流。

1. 流出地工资水平及待遇偏低，是教师流出的主要"推因"

推拉理论认为，人口流动的最主要原因是流出地与流入地之间工资差别太大。流出地教师工资大大低于深圳，从而推动教师流动。在市场经济条件下，教师劳动力价格对教师资源配置起主导作用。莫内恩[①]认为，教师的工资水平直接影响教师供给。教师的收入水平不仅会影响教师的从教意愿，而且会影响教师队伍的稳定性。李敏通过调查发现，46.6%的教师是由于流出地工资待遇低而离开，排在众多因素之首位（见表6－4）。因此，工资低、待遇差，是内地教师外流的最主要推力。

南山区桃园小学的张老师，原来在湖北省某地级市的一所中学任教，她表示以前在家乡工资只有两千出头，随着孩子慢慢长大，上学以及各方面费用也在不断增加，"这点工资根本不够用，所以就出来了"。孙老师以前在河南许昌的一所乡镇中学教书，是编制内教师，并在全国、省市教学比赛中多次获奖。但他认为在内地学校工作量大，而工资待遇又太低，在老同事的介绍下，孙老师来到深圳任教，成为一名没有编制保障的代课教师，工资要比在河南教书高出很多。就是因为工资高，他再也不想回到河南。流出地与流入地相比，工资低、待遇差，这一巨大推力推动教师流向深圳。

教师流动是自愿、主动的选择行为。登·托依特认为，人从农村往城市的迁移是一种经过深思熟虑的决策过程，城市教育和经济机会是很重要的"拉动"因素。[②] 教师在做出辞职的决定前，会对辞职的预期收益和成本进行

---

① ［美］Camoy M. 教育经济学国际百科全书［M］. 闵维方，译. 北京：北京高等教育出版社，2000.

② ［美］Camoy M. 教育经济学国际百科全书［M］. 闵维方，译. 北京：北京高等教育出版社，2000：96.

比较和权衡，只有辞职后的预期工资高于辞职前的工资，教师才会选择迁移流动。深圳教师的工资远远高于内地，所以内地教师会选择流动。

根据成本—收益分析理论，教师这一职业比较特殊，承担着教书育人的职责，因而对教师业务能力、知识水平、道德品质要求较高，对教师掌握知识广度和深度要求颇高，具有较低的替代弹性。每位教师在职业化的进程中需要接受教育和培训，使得自己具备进入教师这一职业的资格，这就要承担相应的成本。成为合格教师就必须接受一定年限的正规教育，这就需要支付从开始学习一直到工作所花费的一切费用，以及工作期间的生活费等直接成本；教师在学习期间不能分担家务，以及在担任教师期间不能寻找其他就业机会等间接成本。① 当教师的实际收益小于其职业化成本时，教师自然会选择放弃目前的工作而另谋出路。中小学教师流失的主要原因是，内地基础教育教师薪酬体制为其所付出的直接成本和机会成本远远小于教师实际所获得的货币性收益或非货币收益预期，从而导致教师劳动价值与劳动报酬的倒挂。所以，在市场经济条件下，行业工资增长出现不平衡，而教师的待遇又明显偏低。这些都不断刺激中小学教师南下，在成本恒定的条件下，人自然流往收益高的地方。

2. 教师对流出地学校管理不满，流出地学校对教师缺少人文关怀

由表6－4可知，流出地学校管理不科学是影响教师迁移流动的第二大推力。李敏通过对12位流入深圳中小学教师的访谈发现，流出地学校管理不科学主要表现在：选才用人不公正、优秀教师外出学习培训受限；学校领导对教师缺少人文关怀，挫伤教师的积极性。

（1）选才用人上“任人唯亲”

内地有的中小学校在选才、用才等方面不公正、不透明，人情之风盛行。有些学校甚至接受没有教师资格证的教师，这更多的是迫于“关系”的压力，不得不接受。这在某种程度上降低了进入教师行业门槛，这种不良之风无形中会“污染”学校的风气。而且在职务（职称）晋升和评优方面，有“关系”的一般教师要比没有关系的优秀教师升得快、胜算更大，这就大大挫伤了优秀教师教学的积极性，削减了他们的工作热情，使得这部分教师对学校的负面情绪日增。此时，教师离开的想法就会愈来愈强。

福田区某中学杨教师来自江西，以前是南昌市一所初中的数学老师，所带班级数学成绩稳居第一，而且多次获得省级奖励，有先进的教学理念和教

① 周昊浪.农村中小学教师流失的动因探究[J].经济研究导刊,2009(7):255－256.

学方法，讲课生动有趣，能把枯燥的数学变成学生热爱的学科，深受学生喜爱。他表示自己曾三次竞聘数学教研组组长，都以失败而告终，心灰意冷，进而南下。

（2）优秀教师外出学习培训受限

部分中小学领导素质不高，缺乏科学管理知识和解决问题的能力，仅凭经验行事，在面对愈演愈烈的教师流失问题上，不能采取较好的解决办法，采取“堵”的方式限制教师外出。校领导唯恐替教师做“嫁衣”，减少中青年教师以及一些优秀教师外出学习、交流的机会，这使得教师专业发展受阻，从而产生流动的想法。

深圳某小学于老师，曾在安徽一所农村小学担任中层领导。他说，学校最怕教师到县里、市里参加教学比赛或者教学交流活动，学校领导一听到某位教师在比赛中获了奖，面子上是夸奖，其实心里是在打鼓，“好不容易出一个好老师，万一被哪个学校看中了，又得被挖走”。所以，学校尽量派出教学水平一般的教师出去参加比赛，既可让这些教师得到进一步的锻炼，又可以从长远上保存学校教学实力。但这种人为阻碍优秀教师发展的方式，最终使这些优秀教师失去发展机会，从而远走高飞。

3. 流出地教学环境和生活环境差

内地学校在办学经费上存在较大的校际间差距，重点学校经费多，政府支持力度大，学校教学环境相对优越，基础设施完善，有标准化的田径场和功能齐全的多媒体教室、微机室、实验室；而数量比较多的普通学校，在分地方教育经费这块蛋糕时，显得“校小势微”，从而形成“马太效应”，学校教育发展受阻，从而影响到流出地学校的教学环境的有效改善和教师生活质量的提升。由表 6 - 4 可知，41.7% 的教师是因为教学环境差而选择流动。

学校教学质量也出现“马太效应”。教学环境好的重点学校，往往集中了当地的优质生源，同一教学标准下，教师教学的压力相对轻一些，教学效果更加显著。而薄弱学校生源较差，教师为达到同一教学效果，工作难度加大，效果并不显著。加之，近十年来，学龄儿童逐渐减少，学校的生源减少，以及“撤点并校”使得内地中小学数量锐减，教师数量需求减少。

流出地生活条件相对较差是重要推手。根据推拉理论，在市场经济条件和人口自由迁移的情况下，劳动力流动的原因是想通过流动来改善生活条件。原居住地的那些不利的社会经济因素就成为内地中小学教师流动的推力。

龙岗区可园学校的邹老师以前在家乡是初中教师，一直担任班主任，工作压力大，工资待遇也不高，学校没有食堂，早中晚都要回家吃饭，他当班主任还要早起，去给学生上早自习。这对于没有在学校住或者没有在周边买房的教师来说，来回奔波甚是辛苦。他本以为靠读书可以改变命运，可是毕业后当了老师，生活质量也没有得到提高，就离开了原来的小县城。很多教师离职就是想多挣点钱来改善生活条件，尤其是优秀的教师，对未来生活水平期望也比较高，当现实无法满足其需求时候，就会选择迁移流动。

4. 教师工作任务分配不规范、工作量大，教师工作环境权保护不利

李敏通过调研、访谈得知，内地教师工作工作量大、任教多门学科。在内地，受编制、财力的限制，中小学的“副课”教师相对紧缺。因此，在中小学里语、数、外老师身兼数职是常见的事情。教师除了承担本学科的教学外，还要教授其他学科，教师的工作量和负担很重，严重影响家庭生活。由表6－4可知，36.9%的教师是由于在流出地学校身兼数职、工作量比较大而流出。

教师工作任务分配不规范的现象在我国中小学，尤其是师资相对缺乏的内地广泛存在，这样既增加了教师工作量，影响了教学效果，也不利于学生健康发展。因为教师是一门专业化程度较高的职业，没有相应的知识、技能储备就不可能成为一名合格教师。多门课程的教学任务，以及批不完的作业和试卷，大大缩减了教师休闲娱乐的时间和陪家人孩子的时间，每天处于非常疲倦和紧张的状态，长此以往，教师的身体和精神都承受不了。当教师工作环境权无法得到基本保护时，一些教师就会选择迁移流动到工作相对轻松、任教学科分明的学校。

市场经济大潮中的教师，不仅仅是钉在板上的螺丝钉，他们也要追求更好的生活，追求更加合理的劳动报酬，这是“人”所应该拥有的权利。教师选择流动，最根本的动力来自人对美好生活的向往，目的是生活更为富足。

（二）深圳对教师迁移流动的拉力

深圳可说是我国几乎没有历史底蕴的城市，然而在短短40年时间里，社会经济发展取得了举世瞩目的辉煌成就，成为中国速度的一个缩影。深圳教育也是从无到有，从有到强，短短的40年，深圳从一个小渔村发展为超级城市，它的教育发展历程本身就是一个传奇。深圳之所以成为内地众多优秀教师争相投奔的福地，源于深圳对外来教师具有迁入的诸多“拉力”。

1. 教师迁移流动的个人原因

（1）拓宽成长渠道，提升个人发展空间

根据马斯洛的需要层次理论，人有生理需要、安全需要、归属与爱的需要、尊重的需要、自我价值实现的需要。当人的生存需要、安全需要得到满足时，会更注重精神方面的满足和自我价值的实现。李敏调研发现，流入的

教师大多具有高学历、高职称，而且不少人获得过地级市以上的奖励。越是有能力、优秀的教师对于自我发展的期望值就越高，当其所在的学校不能使其得到充分发展时，他就会选择离开。

李敏通过对710个有效样本的分析发现，45.1%的教师是为了个人发展而迁移流动。在访谈中发现，因为这个原因选择流动的教师可分为两类，一类是“怀才不遇”型，这类教师自认为“才高八斗”，但一直不被重用，久而久之就觉得“心寒”，离开原来岗位，来深圳寻求更好的发展；另一类是“庙小容不下大佛”型，这些优秀教师觉得内地学校缺乏进修机会，教师专业发展空间小。而且教师没有充分的教学自主权，经常被各种升学指标捆绑，不能心无旁骛地教书育人，挖掘学生潜能，精神压力巨大。一位教师讲，“在内地任职多年来，完全是在啃老本，没有新的源头活水流入，感觉自己每天就像机器，周而复始地重复着同样的工作，很没意思，所以就想换个环境”。

福田区某中学的一位老教师说：“我是退休后来到深圳的，因为内地教师编制比较紧张，退休后不能返聘。”在他看来，60岁的年龄，仍是老当益壮。他认为积累了丰富的教学经验，这么早就闲下来，浪费了自己的才华；而且现在身体很健康，能够承受目前的教学任务，和学生在一起，自己的心态也更年轻，有事情做可以让自己很充实，每天过得有意义，人生价值得到更多发挥。

深圳中小学教师准入门槛较高，对教师的职称、学历、专业要求较高。这些教师能够成功迁移是因为他们大多是内地优秀的、经验丰富的、高学历高职称的名师。李敏的硕士学位论文在调查的710名教师中，获得中级以上职称的占60.9%；获得国家级奖励的占32.8%，省级奖励的占8.1%，市级奖励的占22.1%，区级奖励的占32.8%，校级的占4.2%。

舒尔茨认为，教育也是一种对人进行投资的活动，受教育者通过接受教育形成人力资本，这种资本凝聚在劳动者身上，与劳动者个体不可分割，是指所获得知识、技能，形成的经验及所表现出来的能力。相关研究表明，教育与劳动力流动之间呈显著的正相关。[①] 教育水平影响教师流动，教师受教育程度越高，人力资本存量越大，流动愿望越强烈。优秀教师不满于在内地的已有状态，有更高的人生目标和期望值，产生强烈的流动意愿，加上深圳能够为其提供优越的条件，有使其发展得更好的外在条件，所以便迁移流动

① 范先佐. 教育经济学新编[M]. 北京：人民教育出版社，2010：116.

到深圳了。

据南山区教育局一位主任介绍，内地教师调入深圳教育系统必须获得过诸如全国优秀教师、全国模范教师、特级教师、省优秀教师、省学科带头人等荣誉，这些教师调入后，在深圳中小学代课一两年即可通过“绿色通道”转为在编教师。而那些来自内地的普通教师进入深圳中小学最开始只能从代课教师做起，然后通过参加深圳市组织的教师职员考试这种方式转为在编教师。尽管这样，他们也更愿意留在深圳，因为这里为其提供了广阔的发展平台。

（2）为子女寻求良好的成长环境，促进子女健康成长

调查显示，有32.1%的教师是随配偶工作迁移来到深圳。他们大多是因为配偶在深圳能够寻找到一份高薪工作而跟随过来的，并且他们认为，到深圳，能为后代创造良好的成长环境和教育环境。南山区西丽二小的彭老师说：“我本科毕业后在湖北省利川市的一所中学教英语，丈夫研究生毕业后在深圳找到高薪工作，我就辞去内地的工作过来了，现在是代课教师，已在准备深圳入编考试，希望能够转为在编教师。”

部分教师，尤其是家庭经济条件优越的教师，为了给子女一个良好的成长环境和教育环境选择流动。深圳毗邻港澳，对子女以后出国（境）深造都是很有利的。盐田区海涛小学刘老师说：“我来深圳主要是为了孩子，想让他能够接受良好的教育。”作为年轻的母亲，她不想让孩子像自己一样“从小考到大”，只会做题、考试，个性被压抑，其他方面的能力也跟不上。她希望自己的孩子能够各方面全面发展，不是只会读书的“书呆子”，希望孩子顺其自然发展。

深圳中小学的素质教育落实比较到位，不仅教育环境好，而且以后出国（境）读书的机会也很多，子女的未来不是一定要通过高考才能发展的。家庭条件优越的教师对后代健康成长的殷切期待，使得他们选择流动至深圳。

2. 教师迁移流动的外部原因

（1）经济收入的强力“引力”，强化了教师的获得感

从地域上看，优秀教师向深圳等经济发达地区迁移流动是趋势，这些地方能够支付教师较高的工资。李敏的硕士学位论文通过对710个有效样本问卷调查发现，62.7%的教师对深圳的收入比较满意，21.5%的教师觉得收入一般，15.8%的教师对职业收入不太满意。由此可见，深圳教师对于薪酬的满意度较高，尤其是在编教师的工资，这也是教师愿意流动的主要“拉力”。如2012年6月28日深圳市公布的《深圳经济特区实施〈中华人民共和国教

师法〉若干规定》，规定教师的平均工资水平应高于国家公务员的平均工资水平，提出建立教师晋级增薪制度。

南山区蛇口一所学校的副校长，曾获得“湖北省优秀教师”“湖北省首届优秀青年语文教师”“湖北青年教师优质课比赛大奖”“黄冈市青年教师优质课大赛第一名”等众多荣誉。2004 年，他偶然得知深圳中小学对内地优秀教师开通“绿色通道”，提供较高工资待遇，安排家属工作，提供住宿，他的条件达到深圳“绿色通道”的要求，便辞去内地工作，进入深圳的学校，在深圳多所学校任职后，逐渐走上领导岗位，工资收入也颇高。

区域经济水平决定教育供给能力。内地经济水平低下，教师的工资相对较低，反之，经济发达，教育经费供给能力强，教师工资也就水涨船高。深圳经济社会发展使其有财力为教师提供远高于内地教师平均水平的工资，这一“拉力”促使内地各省优秀教师纷纷流向深圳。在市场经济条件下，受多元价值观影响，教师也需要从“经济人”的角度寻求个人利益最大化，出现了“趋利”和“走高”的流向，大量优秀教师单向流入深圳中小学。

根据推拉理论，经济因素即人口间的经济收入差距，不仅决定人口流动的方向，而且对劳动者流动的规模具有决定性影响，所以从深圳设立经济特区以来，不断有大量的教师涌入。

（2）教师劳动力市场需求量大，教师迁移流动空间大

《深圳市 2018 年国民经济和社会发展统计公报》显示，深圳在校学生为 210.54 万人，大量的外来人口涌入深圳，随迁子女数量陡升，深圳几乎每年都要增加新的学校，以提供更多学位满足日益增长的学龄人口的教育需求。学生数量和学校数量的增加必然扩大对教师的需求，然而，深圳自身培养教师的渠道较少，就只能从全国各大师范院校招聘应届毕业生或者接受内地流动过来的教师。与此同时，深圳为大力发展教育，提高教育质量，推行“绿色通道”等优惠政策，向内地优秀教师抛出了“橄榄枝”。

工作搜寻理论认为，如果人们在另一个地方能够迅速且轻而易举地找到一份条件更好的、收入更高的工作，那么就会辞职。[①] 教师在职或者离职进行工作搜寻，对深圳中小学的工资有一个起码的“心理价位”，而且很多信息都是网上或报纸公布，可搜寻到大量的教师招聘信息。内地优秀公办教师凭借自己所获得的证书和自身储备的教师人力资本，在进入深圳教师劳动力市场后，很容易进入所向往的学校，获得较高的薪资待遇。深圳教育的迅速

① 吴克明.教育与劳动力流动[M].北京:北京师范大学出版社,2009:76－77.

发展，使得对教师劳动力需求越来越多，内地教师能迅速在这里找到一份工作，这是深圳对内地中小学教师的又一“拉力”。

（3）学校教学条件优越，有利于满足教师的成就感

生活和工作条件等因素对教师供给有重要影响。克里特加德等指出，即使城市教师过剩，农村偏远地区艰苦的工作和生活条件也很难吸引教师到这些地区去工作。[①] 深圳中小学教师工作条件优越，中小学办学经费相对比较充足，有足够的经费去改善学校的硬件环境。教师教学需要的各种硬件配套设施比较完善，教师能够更加科学地组织教学，更易获得职业成就感，内地的教师更容易被深圳中小学优越的工作环境和教学条件所吸引。

如在南山区西丽二小的科学课上，学校配有专门的科学实验室，便于教师实物讲解，天花板上还绘有各种星星的形状及名称，便于学生形象记忆，室内设计符合小学生身心特点。桃源中学彭老师表示，深圳教育信息化建设取得很大成效，教育区域网已经覆盖整个深圳市。公办中小学也都已建起本校的校园网站，而且学校为每位教师配备一台电脑，教师可以通过校园网共享教育信息资源库里的优秀课例、教案、课件等，提高自身的教学水平。

以上这些都为教师的工作提供了非常便利的条件，促使教师改进教学方法和手段，及时适应社会发展的需要。而且公办中小学学生父母的文化程度相对比较高，对孩子的教育比较重视，教师和家长关于学生的教育问题便于沟通，对教师也较为尊重。比如小学科学课，有些实验是需要家长和学生共同完成实验作业的，家长能够积极配合，辅助学生把老师布置的实验做好。

（4）学校管理体制健全，有利于外来教师的成长

深圳经济发达，制度相对完善，创造了一个公平透明的竞争环境。学校管理制度完善，成为吸引外来优秀人才的重要拉力。李敏通过调研得知，很多教师是由于深圳中小学管理体制比较健全，学校氛围融洽，校领导关爱教师而流动到深圳的。如深圳中小学为教师免费提供工作餐，为教师配有午休房间，这样教师可以不用在家校之间来回奔波。在这里，教师的工作量也比较适当，教师所学专业和所教学科严格对应，不会出现“语文老师教体育课”这样的情况。受访老师表示，他们对深圳中小学这些情况的了解，流动前，更多的是从先来到深圳中小学的同事、亲人朋友处得知。到深圳后，他们发现学校管理的确比较人性化、公平、公正。

南山区塘朗小学总务处邓主任说，深圳中小学管理相对于其他省份而言

---

① ［美］Camoy M. 教育经济学国际百科全书［M］. 闵维方，译. 北京：高等教育出版社，2000：102.

较为公正、公开、透明，教师晋升、评奖、评职称等诸多方面公开透明，而其他省份的工作环境让他颇有感触，很多教师流入深圳的一个重要原因，就是在原来工作单位的上升空间被束缚。在深圳，教师凭借教学质量获得升迁和晋升职称。南山区蛇口学校一位副校长表示，“深圳是一个非常重视能力的地方，你有能力就会被重视。自己到深圳十来年，从普通教师、副主任、主任再到现在的副校长职位，非常感谢深圳给予了一个公平、公正的平台来实现自己的价值。”罗湖区滨河中学滕校长，以前是江西省的公办教师，1998 年来到深圳龙岗中学任教，他表示，相比其他省份来说，深圳中小学的领导班子思想比较开放，管理水平相对较高。市政府会定期组织中小学校长参加校长培训班学习，甚至走出国门去学习国外中小学的管理经验，不断提升校长的管理水平。他在深圳市布吉中学任副校长期间曾被派遣到美国协和大学学习考察三个月，这对他以后的管理思路有着莫大的帮助。

深圳十分注重对名师的培养，采用“请进来、送出去”的办法，对在职教师进行多种形式的培训。各级财政投入大量经费用于教师的继续教育和进修。良好的学校管理，不仅可以充分调动在职教职工的工作热情和积极性，对学校产生归属感，愿意留在深圳中小学，也吸引了一批批内地优秀教师前往。

（5）深圳城市繁华、环境优美、气候宜人

优越的生活环境也是影响众多教师流入深圳的拉力。深圳是现代化的大都市，不仅城市繁华，而且能够为市民提供相对较好的医疗、卫生、住房、交通、社会保障等服务，而且深圳的气候宜人，环境优美，加上地理位置毗邻香港和澳门，是粤港澳大湾区建设的核心城市。40.7% 的教师喜欢深圳的自然环境和人文环境而来到深圳，舒适的生活环境作为一种强大的“拉力”，吸引着外地教师前赴后继投身到深圳的教育事业中。

优秀教师对大城市生活充满向往，大城市处处充满机遇和挑战，尤其是在粤港澳大湾区建设的背景下，对于年轻的优秀教师构成强大的吸引力。深圳是一座移民城市，大家从五湖四海聚在一起，没有排外的观念，有城市融入感。很多年轻的教师到深圳后不愿意回迁到原来的工作地，愿意扎根深圳，在这里发展，实现自己的教育理想。

后　记

有好的教师，才会有好的教育。发挥教师自主迁移与流动的积极、正向的作用，可以改善育人、用人环境，展示教师的才华，激发教师工作积极性，提升教师队伍的整体素质，提高教育质量，是国家教育人事制度改革中必须正视的一个重要方面。国家或省级相关部门应建立有效的、科学的保障措施，促其得到顺利、有效的贯彻与执行。地方各级教育行政管理部门、各级各类学校应积极、主动地予以有效落实。

本书是曲中林主持的2018年广东省强师工程专项资金“区县级教师培训体系及能力建设研究”（项目编号：2018JKZ014）以及胡海建主持的2018年度教育部人文社会科学项目“基础教育‘教育优先区’政策与教育公平研究”（项目编号：18YJA880025）的研究成果。

本书的三位作者长期在师范院校从事职前教师培养、职后教师培训以及教师教育学术研究工作，积累了丰富的研究资料，前期发表了系列相关研究成果，这是本书研究的基础。同时，本书基于学者们的一些零散理论研究成果，以更系统完整的角度进行理论与实践的综合研究，着眼于发展研究。本书的写作过程得到了各方面的支持和鼓励，魏巍、张加欣、胡静漪、史峻川四位在读研究生参与了文字编辑工作，特别是对于相关专家、学者的学术资料和研究成果的搜集与整理，在本书出版之际，一并表示衷心感谢。

作者

2020年4月